반야바라밀다심경략소연주기회편
般若波羅蜜多心經略疏連珠記會編

동국대학교 불교기록문화유산아카이브사업단(ABC)
본서는 문화체육관광부 지원으로 동국대학교 불교학술원에서 간행하였습니다.

한글본 한국불교전서 조선 29
반야바라밀다심경략소연주기회편

2016년 3월 10일 초판 1쇄 인쇄
2016년 3월 21일 초판 1쇄 발행

지은이 석실 명안
옮긴이 강찬국
펴낸이 한태식
펴낸곳 동국대학교출판부

주소 100-715 서울시 중구 필동로 1길 30
전화 02-2260-3483~4
팩스 02-2268-7851
Homepage http://www.dgpress.co.kr
E-mail book@dongguk.edu
출판등록 제2-163(1973. 6. 28)
편집디자인 꽃살무늬
인쇄처 (주)타라티피에스

ⓒ 2016, 동국대학교(불교학술원)

ISBN 978-89-7801-465-6 93220

값 17,000원

이 책의 무단 전재나 복제 행위는 저작권법 제98조에 따라 처벌받게 됩니다.

한글본 한국불교전서 조선 29

반야바라밀다심경략소연주기회편
般若波羅蜜多心經略疏連珠記會編

석실 명안 石室明眼
강찬국 옮김

동국대학교출판부

반야바라밀다심경략소연주기회편 해제
般若波羅蜜多心經略疏連珠記會編

강 찬 국
울산대 원효전집번역과종합해제
토대연구사업단 연구교수

1. 책의 제작 동기와 저자들에 대해

『반야바라밀다심경략소연주기회편』(이하『회편』)이라는 서명에 그대로 나타나 있듯이, 이 책은『반야바라밀다심경』(이하『반야심경』)에 대한 소문疏文인 당나라 법장法藏(643~712)의『반야심경략소』(이하『약소』)와 이 소문에 대한 기문記文인 송나라 사회師會(1102~1166)의『반야심경략소연주기』(이하『연주기』)의 두 책을 대상으로 삼아 경經·소疏·기記를 계통적으로 구별하는 안목으로 조선의 명안明眼(1646~1710)이 한데 모아 편집(會編)한 것이다. 회편자인 명안에 따르면 나무의 뿌리에 닿기 위해서는 가지와 줄기를 지나야 하는 것처럼『반야심경』의 대의를 얻으려면 반드시 이 두 책을 통하지 않으면 안 되므로 당시 따로 유통되고 있던 두 책을 회편하였다고 한다.

부휴 선수浮休善修(1543~1615)의 계보를 이어 조선 후기에 활약했던 명안은 12세에 출가하여 선과 교를 함께 닦다가 백암 성총栢庵性聰(1631~

1700)으로부터 화엄원융華嚴圓融의 뜻을 받았으며, 만년에는 서방도량西方 道場을 결성하여 염불왕생문에 귀의하여 정토에 태어나고자 하였다고 전하여진다. 이는 조선 후기 불교계의 사상적 경향으로서, 이른바 삼문三門의 겸수, 즉 교학과 선 수행과 염불의 병행이 일반화된 분위기를 그대로 보여 주는 수행 역정이기도 하다. 명안이『회편』을 제작한 것은 59세 때인 1705년이며, 입적하는 해인 1710년에 이르러 지리산 쌍계사에서 출간하게 된다.

명안은 부휴 선수-벽암 각성碧巖覺性(1575~1660)-수초 취미守初翠微(1590~1668)-백암 성총의 법맥을 이은 것으로 알려져 있으며, 법우로는 무용 수연無用秀演(1651~1719)이 있다. 부휴계의 모운 진언慕雲震言(1622~1703)이 화엄 법회를 연 이래 백암 성총, 무용 수연을 거쳐 화엄 강의가 계속된 사실에 비추어 볼 때 명안에 의한『회편』의 제작에는 일정 정도의 필연성이 있었던 것으로 보인다. 이 책의 특징을 규정하자면 무엇보다도 반야사상의 핵심 경전인『반야심경』을 법장과 사회라는 대표적 화엄 학자가 주석한 점에 주목할 필요가 있는데, 그런 만큼 이 책의 주요 내용은 반야사상의 진공眞空의 개념과 화엄사상의 묘유妙有의 개념에 대한 통합적 사유의 모델들을 다양하게 제시하고 있는 것이라 할 수 있다. 명안은『회편』의「후서」에서 법장의『약소』에 대해서는, "환유幻有와 진공을 변론함에 숨고 드러남이 장애가 없고, 역관과 순관이 자유로워서 덕을 갖춘 중도가『반야심경』의 핵심 되는 뜻이라 판석하고 있다."라고 설명하고, 사회의『연주기』에 대해서는, "성性과 상相을 관통하여 융회融會하고, 깊은 뜻을 드러내서『약소』의 뜻을 천명하고 있다."라고 평가하고 있다. 말하자면 화엄적 입장에서 공과 유라는 서로 상반되는 개념의 통합을 추구하고 있는 이 책의 특성이 명안에게 크게 주목되었던 것이다.

법장은 화엄종 제3조로서 실질적인 중국 화엄종의 창건자이다. 자는 현수賢首이고, 호는 국일國一 법사, 향상香象 대사, 강장康藏 국사 등이다.

선조는 강거국康居國 사람으로, 조부에 이르러 중국에 들어와 장안에 거주했다. 일찍이 지엄智儼(602~668)에게서 화엄의 교리를 사사하여 그 뜻에 심취했다. 서역 여러 나라의 말과 범문 경서에 능통하였으므로 칙명으로 의정義淨(635~713), 실차난타實叉難陀(652~710), 보리류지菩提流志(572~727) 등과 더불어 80권『화엄경』,『대승입능가경大乘入楞伽經』,『보적경寶積經』등 다수의 경전들을 번역하는 데 참여하였다.『화엄오교장華嚴五敎章』,『화엄경탐현기華嚴經探玄記』,『화엄지귀華嚴旨歸』,『대승기신론의기大乘起信論義記』 등 총 25부의 저서를 남기고 있는데, 그중 반야 계통의 경전에 대한 주석으로서 현존하는 유일한 책이 바로『반야바라밀다심경략소』1부이다.

『반야심경』에 대한 간략한 주석이라는 의미의 이『반야바라밀다심경략소』는 발문에 의하면, 옹주雍州 장사長史였던 하남성河南省 형양滎陽 땅의 정 공鄭公이 여러 번 신신당부하여 책을 내게 되었다고 한다. 여기서 정 공은 문서를 담당하는 감독관이었으며, 왕의 부마였던 정만균鄭萬鈞을 지칭하는데, 당나라 제5대 예종睿宗(662~716)의 사위로 알려진다. 측천무후則天武后(624~705)의 두터운 신임을 받으면서 왕실 가문의 외호 아래 번역 및 찬술 사업에 매진하고 있었던 법장의 위세를 가히 짐작해 볼 수 있다. 이 책은 실차난타와 함께 번경 사문飜經沙門으로서 장안의 청선사淸禪寺에 머무를 무렵인 702년 그의 나이 60세 때 찬술되었다. 법장에 의해 크게 발전된 화엄사상의 요체인 이사무애의 법계연기적 관점에 따라 반야 공관의 주요 의제들이 일목요연하게 해명되고 있는 것으로 평가된다. 이외에 법장에게는 반야 계통 논서에 대한 주석서로서『십이문론종치의기十二門論宗致義記』1부가 있다.

사회는 송대 승려로서 호는 옥봉玉峯 또는 가당可堂이며, 시호는 법진法眞 대사이다. 일찍부터 화엄 교학을 연구하였는데, 당시 여러 학파의 이설이 분분하여 귀의처가 혼동되는 것을 탄식하고 화엄의 쇠퇴를 안타까워하였다고 전한다. 저술로는『화엄일승교의분제장분신華嚴一乘敎義分齊章

焚薪』, 『화엄일승교의분제장복고기華嚴一乘教義分齊章復古記』, 『화엄융회일승의장명종기華嚴融會一乘義章明宗記』 등이 있어 도정道亭·관복觀復·희적希廸과 함께 송대 화엄 4대가로 불린다. 사회의 『연주기』의 저술은 법장에 의해 시도되었던 반야사상에 대한 화엄학적 해석이라는 과제를 더욱 공고히 실현하려는 의도 속에서 성립한 것이라 볼 수 있다. 뒤에 책의 구성을 설명하는 대목에서 드러나겠지만, 사회는 자신의 견해를 덧붙이는 방식이 아니라 주로 화엄 조사들인 법장 및 징관澄觀(738~839)이나 종밀宗密(780~841)과 같은 이들의 견해를 소개하는 방식을 취하고 있다. 이로써 반야사상에 대한 화엄학적 해석의 전반적 체계를 직조해 갈 수 있었던 것이다. '연주連珠'라는 책의 명칭도 이런 맥락에서 이해할 수 있는데, 앞선 조사들의 견해들을 보배 구슬(珠)에 비유하고, 자신의 찬술 작업은 보배 구슬들을 잇는(連) 역할에 국한한다는 의미가 된다.

2. 구성과 내용

1) 특징 및 구성

2권 1책으로 짜여진 『회편』은 『약소』와 『연주기』의 두 책을 한데 모아 편집하였으므로 기본적으로 이중적 형식으로 구성되었다. 『반야심경』에 대한 법장의 해석이 『약소』이고, 이 『약소』에 대한 사회의 해석이 『연주기』이다. 말하자면 양자를 묶어 성립한 『회편』의 이중적 구성은 법장의 『약소』를 해석의 골간으로 삼고, 여기에 기초하여 더 세부적으로 경전의 뜻을 해석해 나가는 『연주기』의 내용으로써 살을 붙이는 형식이라 할 수 있다.
먼저 법장의 견해를 해석할 때 취하는 『연주기』의 형식적 특징을 구체적으로 살펴보기 위해 하나의 비근한 사례를 들자면 다음과 같다.

곧 관조반야이다. 진국 사문 징관이 말하기를, "깨달음과 깨달음의 대상을 떠나므로 묘각이라 이름한다."라고 했고, 『수능엄경』에서 말하기를, "여래는 지금 묘공妙空의 밝은 깨달음을 얻었다."라고 했으며, 『대승기신론大乘起信論』에서 말하기를, "마음의 근원을 깨달았기 때문에 구경각究竟覺이라 이름한다."라고 했고, 또 『석마하연론』에서 말하기를, "일체지一切智에는 오로지 깨달음의 관조만이 있으니, 하나 하나의 법에 깨달음 아닌 것이 없기 때문이다."라고 했으며, 소주인 법장이 말하기를, "곧 참된 근원을 오묘하게 증득한 지혜이다."라고 했다.

인용한 내용은, 법장이 『반야심경』의 대의를 설명하면서 "묘각妙覺은 참된 근원(眞源)으로 들어가는 길(玄猷)이다."라 진술하였을 때, 여기서 등장하는 '묘각'의 개념을 주석하는 대목의 전문全文이다. 사회는 『회편』의 서두에서 『연주기』가 불타와 조사가 내려 준 아름다운 문장으로 이루어진 한에서 자신의 사사로운 생각(胸臆)은 있을 수 없다고 스스로 술회하고 있는데, 이 술회가 공연한 겸사이기만 한 것이 아니라 내용 구성상에서 구체적 근거를 갖는 것임을 증거하는 대목이라고도 할 수 있겠다. 여기서 보듯이 사회는 묘각을 관조반야라 규정하는 내용을 제외하고는, 경론들이나 전대前代의 조사들의 견해에 전적으로 의존하는 방식을 취하고 있는 것이다. 특히 사회는 주요한 용어들에 대해 해설할 때마다 두순으로부터 종밀에 이르는 화엄의 조사들의 견해를 대폭 소개한다. 그럼으로써 반야사상에 깃들인 화엄의 종지를 구축하고자 하는 의도를 드러낸다.

내용 구성상의 특징에서 볼 때 『연주기』는 말 그대로 '받아 적은 문장'이라는 의미의 기문記文임에 분명하지만, 『회편』의 전체 구성의 안목에서 본다면, 『회편』의 독자는 『연주기』의 영향 아래에서 법장의 『약소』를 읽을 수밖에 없는 상황에 있다고 해야 할 것이다. 회편자 명안은 그의 「후서後序」

에서 말하기를, 『약소』의 입장이 종래의 다른 견해와는 달라서 배우는 자들 중에 의문을 품는 자들이 있었다 한다. 그도 그럴 것이 법장은 간략한 소문(略疏) 안에 거시적 관점을 압축적 언어로 응축시켰기 때문이다. 이에 사회의 『연주기』는 배우는 자의 의문을 해소해 주기 위하여 방대한 전거를 제시하고 치밀한 해석을 행하고 있었던 것이다.

2) 내용 개괄

경전에 대한 주석서로서 당연히 행해지게 마련인 분과分科의 부문에서도 법장의 분과보다는 나중에 이루어져 더욱 자세할 수밖에 없는 『연주기』의 분과법에 따라 『회편』을 독해할 수밖에 없다. 그러므로 아래에서는 『연주기』에서 제공하는 분과 및 해설을 참조하여 『회편』 내에서 『반야심경』 해석의 골간에 해당하는 『약소』의 내용을 요약하는 방식으로 개괄해 보도록 한다.

(1) 이름과 뜻을 총괄적으로 서술함(總叙名義)

『연주기』에서는 법장의 『약소』를 크게 '이름과 뜻을 총괄적으로 서술함(總叙名義)', '장문을 나누어 문장을 해석함(開章釋文)', '경찬하고 회향함(慶讚回向)'의 세 부문으로 나누고 있다. 여기서는 '이름과 뜻을 총괄적으로 서술함'과 '장문을 나누어 문장을 해석함'을 중심으로 논의를 전개하고자 한다. 주요 개념과 뜻에 대한 총괄적 서술인 '이름과 뜻을 총괄적으로 서술함'의 항목은 일반적으로 주석서의 서두에서 행해지는 현담懸談에 해당하는 부문으로서, 『반야심경』의 강요에 대한 법장의 견해가 핵심적으로 드러나 있는 대목이라 할 수 있다. 그중에서 『연주기』의 표현에 따르면 '심오한 강령을 총체적으로 서술하여 반야의 대종을 밝히는(通叙玄綱。彰般若

大宗)' 대목이 사상적으로 가장 중요한데, 그 전문을 인용해 보면 다음과 같다.

> 무릇 참된 근원(眞源)은 흠 없이 드러나 자기 성품을 유지하니, 깊고도 넓어 언어와 생각의 그물에서 벗어나 있기 때문이다. 묘각妙覺은 참된 근원으로 들어가는 길이니, 깊어서 끝이 있을 수 없어서 말과 표상을 뛰어넘는다. 비록 진속이 다 사라지더라도 이제는 항상 보존된다. 공과 유가 둘 다 없어지니 한맛으로 항상 드러난다. 진실로 진공眞空은 일찍이 유가 아닌 적이 없으니, 유에 상즉함으로써 공을 변론한다. 환유幻有는 처음부터 공이 아닌 적이 없으니, 공에 상즉함으로써 유를 밝힌다. 유는 공인 유이므로 유가 아니고, 공은 유인 공이므로 공이 아니다. 공 아닌 공은 공이지만 단견이 아니고, 유 아닌 유는 유이지만 상견이 아니다. 네 가지 집착이 이미 없어지니, 백 가지 부정도 그대로 사라진다. 반야의 깊은 뜻이 이러할진저.

먼저 위 논의의 얼개를 그려 보면 『반야심경』의 핵심 개념으로서 초두에 참된 근원과 묘각이 언급되고, 이어서 진제인 공과 속제인 유를 거론하여 중도의 개념이 등장할 길을 열고 있으며, 마지막 단락에서는 『반야심경』에서 구현하는 중도적 상즉의 구체적 논리를 나타내고 있는 구도라 할 수 있겠다. 『반야심경』에서 구현하는 중도적 상즉의 이념이란 두말할 것 없이 색즉시공·공즉시색의 저 유명한 명제로 수렴된다. 이사무애의 상즉을 추구하는 화엄 조사인 법장 역시 반야의 깊은 뜻이야말로 이 대승적 상즉의 이념에 깃들어 있음을 그의 현담 속에서 투철히 통찰하고 있는 것이다.

참된 근원의 개념에 대해 『연주기』에서는, "무상진여無相眞如를 참된 근원으로 삼은 것이다."라고 주석하여, 참된 근원이란 언어나 표상에 의해

한정될 수 없는 절대적 무한의 지평으로 자리매김된다. 사회가 인용하는 규봉 종밀에 따르면, "반야의 마음이 만법의 바탕"이며, "참된 공(眞空)이란 곧 신령하고 오묘한 마음의 근원"이다. 말하자면 참된 근원으로서의 반야의 마음은 만법의 바탕이며, 이 반야심의 근원은 진공이 된다. 그러므로 반야심의 실상인 실상반야란 곧 진공인 것이다. 묘각의 개념에 대해 『연주기』에서는 참된 근원으로 들어가는 올바른 길이고, 오묘한 과보를 이루는 깊은 원인(入眞源之正道。赳妙果之深因)으로서 곧 관조반야라고 설명한다. 사회는 한편 오시교 중 대승시교로서 점교에 소속되는 『반야심경』에 대해 어찌 참된 근원과 묘각이라는 돈교의 개념으로 그 사상적 의의를 천명하는가라고 스스로 문제를 제기한 후, 그 대답으로 돈교의 뜻을 깨달은 조사 법장의 견지에 의지하여 이 경전의 뜻이야말로 만 가지 실천의 바탕으로 손색이 없으므로 점교에 속한 사람(漸人)의 눈으로 판단해서는 안 될 일이라 해명하고 있기도 하다.

　다음 단락에서는 참된 근원과 묘각의 현의를 삼제, 즉 진제·속제·중도제로써 드러낸다(三諦以彰玄). 진제인 공과 속제인 유는 스스로를 부정함으로써만 한맛(一味)인 유도 아니고 공도 아니고, 진제도 아니고 속제도 아닌 중도를 드러낸다. 그러므로 법장은, "비록 진속이 다 사라지더라도 이제는 항상 보존되며, 공과 유가 둘 다 없어지더라도 한맛으로 항상 드러난다."라고 말함으로써 이제와 중도제의 역설적 관계를 진술하고 있는 것이다. 그런데 여기서 '항상 보존되는' 것으로서의 이제는 곧 중도적 상즉의 이념이 구현된 이제를 말한다. 다소 도식적으로 표현하자면 공과 유가 자기부정을 통해 중도를 구현할 때 사라진 공과 유는 다시 보존된 공과 유로 재현되는데, 이 보존된 공과 유가, 이른바 진공과 환유(또는 묘유)이다. 즉 진공은 공이지만 공의 자기부정성을 포함하고 있는 개념이며, 똑같이 환유는 유이지만 유의 자기부정성을 포함하고 있는 개념인 것이다.

중도적 상즉의 구체적 논리를 설시하고 있는 다음 단락에서는 이 진공과 환유의 실제 내용이 무엇인지를, 유인 공(有空)과 공인 유(空有)라는 술어로써 밝힌다. 진공은 유인 공이므로 비공이며, 환유는 공인 유이므로 비유이다. 이리하여 진공과 환유의 개념은 비유비공의 중도적 상즉을 구현하고 있는 개념으로 정립된다. 법장은 나중에 진공과 환유 개념의 상대성에 대한 논의에 천착하여 상위의相違義·불상애의不相礙義·상작의相作義의 개념을 부가하며『연주기』에서는 여기에 편승하여 화엄의 이사 10문의 관법에까지 전개해 나가고 있다. 여하튼 법장은『약소』의 서두에서『반야심경』의 주요 논지를 진공과 환유의 개념으로 표방되는 중도적 상즉사상으로 수렴시킴으로써 대승적 상즉 개념에 내포된 근원적 물음을 숙고해 나가고자 하는 것이다.

(2) 장문을 나누어 문장을 해석함(開章釋文)

『반야심경』에 대한 법장의 구체적 해석이 진행되는 '개장석문'의 부문에서, 법장은 스스로『약소』의 차례를 '가르침이 일어남(敎興)', '장藏의 소속(藏攝)', '이론적 지향점(宗趣)', '제목을 해석함(釋題)', '문장을 해석함(解文)'의 다섯 가지로 구분하여 전개한다. 첫째인 '가르침이 일어남'에서는『반야심경』의 가르침이 일어나게 된 인연에 대하여, 둘째인 '장藏의 소속'에서는『반야심경』이 소속하는 자리에 대하여, 셋째인 '이론적 지향점'에서는『반야심경』의 구체적 지향점에 대하여, 넷째인 '제목을 해석함'에서는『반야심경』의 제목의 뜻에 대하여 각각 서술하고 있다. 첫째인 '가르침이 일어남'에서 넷째인 '제목을 해석함'까지는『반야심경』의 본문에 들어가기 이전의 도입부이며, 다섯째인 '문장을 해석함'에 이르러 비로소 수문해석隨文解釋의 형식에 따르는 본격적 주석의 작업이 행해진다. 다시 법장은『반야심경』의 본문을 현료반야顯了般若와 비밀반야祕密般若의 두 부문으로 나눈다. 여기서 현료반야의 부문을 다시 약표강요분略標綱要分과 광진실의분廣陳實義分으로 나누고 있다. 『약소』에 나타나는 이러한 『반야심경』 분과의 대강을 도시해 보면 다음과 같다.

『약소』의 분과도

분과명			『반야심경』 본문
1. 교흥敎興			
2. 장섭藏攝			
3. 종취宗趣			
4. 석제釋題			
5. 해문解文	5.1. 현료반야顯了般若	5.1.1. 약표강요略標綱要	觀自在菩薩~度一切苦厄
		5.1.2. 광진실의廣陳實義	舍利子色不異空~眞實不虛
	5.2. 비밀반야秘密般若		故說般若波羅蜜多咒 ~菩提薩婆訶

가르침이 일어남(敎興)

먼저 '가르침이 일어남'에서는 『반야심경』의 가르침이 일어나게 된 인연에 대해 열 가지를 거론하고 있다. 첫째로 외도의 그릇된 견해를 논파하기 위해, 둘째로 소승을 회심시키기 위해, 셋째로 불퇴위에 들지 못한 소보살小菩薩이 공에 미혹되지 않게 하기 위해, 넷째로 이제중도의 정견을 낳기 위해, 다섯째로 깨끗한 믿음을 낳기 위해, 여섯째로 대보리심을 낳기 위해, 일곱째로 보살의 수행을 닦기 위해, 여덟째로 일체의 장애를 끊기 위해, 아홉째로 보리와 열반의 과보를 얻기 위해, 열째로 후대에까지 중생을 이익되게 하기 위해서라고 밝히는 것이 그것이다. 『연주기』에서는 첫째와 둘째가 그릇된 견해를 논파하고 소승을 회심시키는(破邪回小) 인연이고, 셋째에서 일곱째까지는 도리를 드러내어 수행을 완성시키는(顯理成行) 인연이며, 여덟째와 아홉째가 장애를 끊어 과보를 증득하는(斷障得果) 인연이고, 마지막 열째는 아름다운 소식을 만고에 전하는(傳芳萬古) 인연이라고 설명하고 있다. 『반야심경』의 교흥으로서 거론된 이제중도의 개념에 대해 『연주기』에서 이 이제중도의 도리를 반야의 뜻으로서 부연하는 지점은 주목해야 할 대목이라 할 수 있다.

장의 소속(藏攝)

'장의 소속'에서는 『반야심경』의 경전으로서의 소속에 대해 경·율·논 삼장 중 계경장契經藏에, 대승장과 소승장 중 대승장에, 그리고 권교權敎와 실교實敎 중 실교에 소속시키고 있다. 『연주기』에서는 반야의 공관을 실교에 소속시키는 대목에 주목하면서 소승교小乘敎·대승시교大乘始敎·종교終敎·돈교頓敎·원교圓敎로 구성되는 법장의 오교판론에 결부하여 치밀한 논의를 진행한다. 일반적으로 대승시교에 소속시켜 권교에 속하는 것으로 이해되는 반야 공관이 어떻게 종교와 돈교, 나아가 원교에 소속되는 실교로서 이해될 수 있는지 주로 청량 징관의 논의에 의거하여 해명하고 있다.

이론적 지향점(宗趣)과 제목을 해석함(釋題)

'이론적 지향점'에서는 『반야심경』의 구체적 지향점에 대해 먼저 총괄적으로 3종 반야, 즉 진성眞性으로서의 실상반야와 묘혜妙慧로서의 관조반야 그리고 언어적 가르침(詮上之敎)으로서의 문자반야를 거론한다. 덧붙여 이 3종 반야의 관계를 교의敎義·경지境智·인과因果의 관점에서 설명하는데, 문자반야가 교라면 실상반야와 관조반야는 의이고, 진공眞空의 실상반야가 경이라면 관조반야는 지이며, 인행因行으로서의 관조반야가 인이라면 깨달음의 과덕이 최종적 귀의처라는 것이다.

'제목을 해석함'에서는 『반야심경』의 제목의 뜻에 대해 교의敎義와 법유法喩와 체용體用으로 나누어 다채롭게 설명한다. 언어적 표현인 교敎가 '경經'이라면 그 내면적 뜻인 의義가 '반야심般若心'이고, 사람의 심장을 비유하는 '심心'이 유喩라면 또한 비유적 표현의 대상인 '반야바라밀다'가 법이며, 지혜를 뜻하는 '반야'가 체體라면 피안에 도달함인 '바라밀다'가 용用이라는 것이다.

문장을 해석함(解文)

『반야심경』본문에 대한 본격적 주석의 부문인 '문장을 해석함'에서는 앞서 보았듯이 크게 '현료반야'와 '비밀반야'의 두 부문으로 나누어 전개하는데, 단적으로 명료한 언어적 기술인 현료반야의 부문으로서는 번뇌장을 소멸시켜 지혜를 장엄하고, 신비한 주문인 비밀반야의 부문으로서는 죄업장을 소멸시켜 복덕을 장엄한다고 설명한다. 현료반야의 부문은 다시 간략히 강요를 표명하는 '약표강요분略標綱要分'과 진실된 뜻을 자세히 진술하는 '광진실의분廣陳實義分'으로 나뉜다. 『연주기』에서는 약표강요분에서 표명되는 강요에 대해 '참된 마음인 공(眞心之空)'이라 주석하고, 광진실의분에서 표명되는 요지에 대해 '색과 공의 상통과 성性과 상相의 융통(色空交徹。性相融通。)'이라 해석하고 있다.

강요를 간략히 표명하는 부분(略標綱要分)

'강요를 간략히 표명하는 부분'에 해당하는 『반야심경』의 문장을 인용해 보면, "관자재보살이 깊은 반야바라밀다를 수행할 때 오온이 모두 공임을 비추어 보고 일체의 고액을 벗어난다."라는 1절이다. 법장은, 이 한 문장을 관조의 주체(能觀人)인 관자재보살, 관조의 내용(所行行)인 반야바라밀다, 관조의 대상(觀行境)인 오온의 공성, 그리고 마지막 내용인 일체 고액의 구제의 내용을 관조의 이익(能觀利益)이라고 구분하여 항목별로 자세히 주석하고 있다.

그림으로 나타내면 다음과 같다.

관조의 주체	——	관자재보살
관조의 내용	——	반야바라밀다
관조의 대상	——	오온개공
관조의 이익	——	도일체고액

먼저 '관자재'의 용어에 대해 '이사무애의 경지에서 통달 자재하게 관조하는 것'이라 설명하는 지점은 화엄 학자로서의 풍모를 발휘하는 대목인데, 반야사상에 대한 화엄학적 해석의 대표적 사례라 하겠다. 수행의 내용과 관조 수행의 대상에서는 이른바 반야 공관의 주요 개념이라 할 인공人空과 법공法空의 의미에 대해 상세한 논의를 전개한다. 『연주기』에서는 청량 징관의 설명을 인용하여 삶과 죽음의 뿌리는 인·법에 대한 두 집착에 지나지 않으며, 깊은 반야바라밀다의 수행에서는 관조의 주체이든 관조의 대상이든 모두 수행의 대상으로 삼아 양자를 모두 부정하는 공의 도리를 증득해야 한다고 부연한다. 그리고 양자를 모두 부정하는 공의 증득으로 인해 고뇌가 사라지는 것이 곧 궁극적 해탈(究竟解脫)의 이익인 것이다.

진실된 뜻을 자세히 진술하는 부분(廣陳實義分)

법장은 '진실된 뜻을 자세히 진술하는 부분'을 '외도의 의심을 불식시킴(拂外疑)'·'법체를 드러냄(顯法體)'·'여의는 것을 밝힘(明所離)'·'얻는 것을 밝힘(辨所得)'·'반야의 우수한 능력에 대한 결론적 찬탄(結歎勝能)'의 네 부분으로 나누어 해설한다.

외도의 의심을 불식시킴(拂外疑)

소승과 보살의 그릇된 의심을 불식시키고 올바른 뜻을 드러내는 '외도의 의심을 불식시킴'의 부문은, 『반야심경』에서 "사리자여, 색은 공과 다르지 않고, 공도 색과 다르지 않다. 색이 곧 공이고, 공이 곧 색이다. 수·

상·행·식도 이와 같다."라는 내용에 해당한다. 『연주기』에서 사회가 '진실된 뜻을 자세히 진술하는 부분' 전체의 요지를, '색과 공의 상통과 성性과 상相의 융통'이라 규정하게 되는 경전적 근거가 등장하는 곳이다. 사실 법장은 색즉시공·공즉시색의 상즉사상에 천착하는데, 공과 색의 상대적 관계에 대해 서로 위배된다는 뜻의 상위의相違義, 서로 장애하지 않는다는 뜻의 불상애의不相礙義(또는 無礙義), 그리고 서로 만들어 준다는 뜻의 상작의相作義의 세 가지 개념으로 규정하고 있다. 이 대목은 차근차근 숙고해야 할 지점이다. 『연주기』에서는 이 세 가지 개념을 화엄의 이사 10문理事十門과 관련시켜 제5 이리탈사문以理奪事門, 제6 사능은리문事能隱理門, 제9 진리비사문眞理非事門, 제10 사법비리문事法非理門을 상위의에, 제1 이편어사문理遍於事門, 제2 사편어리문事遍於理門, 제7 진리즉사문眞理卽事門, 제8 사법즉리문事法卽理門을 불상애의에, 의리성사문依理成事門과 사능현리문事能現理門을 상작의에 각각 배당하고 있다.

법체를 드러냄(顯法體)

'법체를 드러냄'의 부문은, 『반야심경』에서 "사리자여, 제법의 공의 특성은 발생도 아니고 소멸도 아니며, 더러움도 아니고 깨끗함도 아니며, 늘지도 않고 줄지도 않는다."라는 내용에 해당한다. 생멸生滅·구정垢淨·증감增減에 대한 여섯 가지 부정적(六不) 진술이 전개되고 있는 이 대목에 대해 법체가 드러나는 부문이라고 지칭한 까닭은, 다름 아닌 중도의 이념이 설해지고 있기 때문이다. 『연주기』에서도 함께 소개되고 있듯이, 용수龍樹의 『중론中論』의 8불 중도에 비견되는 『반야심경』의 이 6불 중도가 바로 반야의 법체라는 것이다. 법장은 6불 중도를 세 가지 방식으로 나누어 천착한다. 먼저 계위와 관련한 해석(就位釋)에서는 생멸의 부정이 견도 이전의 범부위에 해당하고, 구정의 부정은 견도와 수도의 보살위에 해당하며, 증감의 부정은 구경의 불과위에 해당한다고 설명한다. 다음으로 법과 관련한 해석(就法釋)에서는 여섯 가지 부정이란 바로 진공의 법상法相임을 천명하고 있고, 마지막으로 관행과 관련한 해석(就觀行釋)에서는 유식 및 지론地論의 대표적 관법인 삼성설三性說에 입각하여 6불 중도를 이해하는 방식을 소개하고 있다. 말하자면 관행과 관련한 해석에서는 반야사상의 중도의 개념을 유식사상의 삼무성설三無性說에 보조를 맞추어 해명하고 있는 것이다.

여의는 것을 밝힘(明所離)·얻는 것을 밝힘(辨所得)·반야의 우수한 능력에 대한 결론적 찬탄(結歎勝能)

장애를 '여의는 것을 밝힘' 부문은, 『반야심경』에서 "그러므로 공에는 색이 없고, 수·상·행·식도 없고, 안·이·비·설·신·의도 없고, 색·성·향·미·촉·법도 없고, 안계에서 의식계까지도 없다. 무명도 없고 무명이 다함도 없으며, 내지 노사도 없고 노사가 다함도 없다. 고·집·멸·도가 없다. 지혜도 없으며 얻음도 없다."라는 내용에 해당하는데, 위에서 언급한 상위의·불상애의·상작의 중에서 기본적으로 상위의(또는 相害義)에 입각하여 진술하고 있는 부문이라고 해석한다.

'얻는 것을 밝힘'의 부문은, 『반야심경』에서 "얻는 바가 없는 까닭에 보살은 반야바라밀다에 의지하므로 마음에 장애가 없다. 장애가 없으므로 공포도 있지 않으며, 전도되고 꿈 같은 생각을 멀리 떠나 구경究竟의 열반에 이른다. 삼세의 모든 불타는 반야바라밀다에 의지하므로 아뇩다라삼먁삼보리를 얻는다."라는 내용에 해당하는데, 열반과 아뇩다라삼먁삼보리를 얻는 과정에 대해 설명하면서 구경의 궁극적 경지에 대해 '실상과 하나가 된 관법으로 지혜와 하나가 된 진여를 증험하는 것(以即實相之觀照。證彼即智之如。)'이라든가, '도리를 궁구하여 본성을 다하는 것(窮理盡性)'이라고 규정하는 대목들이 주목된다.

'반야의 우수한 능력에 대한 결론적 찬탄'의 부문은, 『반야심경』에서

"그러므로 반야바라밀다는 가장 신비한 주문이고, 가장 밝은 주문이며, 가장 높은 주문이고, 무엇과도 견줄 수 없는 주문임을 알아라. 일체의 고통을 제거할 수 있으니, 진실하여 허망하지 않다."라는 내용에 해당하며, "그러므로 반야바라밀다의 주문을 설한다. 곧 주문을 설하여 말한다. 아제아제 바라아제 바라승아제 모지 사바하."라는 『반야심경』의 마지막 부문이 '비밀반야'의 내용에 해당한다.

차례

반야바라밀다심경략소연주기회편 해제 / 5
일러두기 / 30
반야바라밀다심경략소연주기회편 서문 / 31

반야바라밀다심경략소연주기회편 제1권

제1편 제목 39

제1장 소疏의 제목을 표명함 39

제2장 아름다운 이름을 현양함 40

제2편 본문 42

제1장 이름과 뜻을 총괄적으로 서술함 42

  1. 심오한 강령을 총체적으로 서술하여 반야의 대종을 밝힘 42
   1) 심오한 내용을 올바로 서술함 43
    (1) 언어를 초월하여 본바탕을 가리킴 43
      ① 본바탕의 심오함 43
      ② 작용의 오묘함 47
    (2) 삼제三諦로써 깊은 뜻을 드러냄 52
      ① 이제의 보존과 사라짐 53
      ② 한맛으로 원만하게 드러남 58

(3) 중도로써 현묘함을 드러냄 59
　　　① 공과 유에 대한 여러 가문의 견해를 서술함 60
　　　　가) 유에 대한 여러 가문의 견해를 서술함 60
　　　　　㉮ 법상종法相宗의 설 60
　　　　　㉯ 공종空宗의 설 61
　　　　　㉰ 법성종法性宗의 설 62
　　　　나) 공에 대한 여러 가문의 견해를 서술함 63
　　　　　㉮ 법상종 63
　　　　　㉯ 공종 64
　　　　　㉰ 법성종 66
　　　② 소의 문장을 풀어냄 66
　　　　가) 공과 유를 총체적으로 융합하는 것을 상대하여 중도를 드러냄 67
　　　　나) 공과 유를 별도로 융합하여 중도를 드러냄 69
　　　　다) 올바름을 드러내고 그릇됨을 가려내어 중도를 밝힘 73
　　　　라) 그릇된 주장을 벗어나 덕을 갖춤으로써 중도를 드러냄 75
　2) 깊은 뜻을 결론지음 77

2. 참된 언어적 가르침을 나누어 찬탄하여 곡진한 묘지妙旨를 드러냄 78
　1) 자세한 가르침과 간략한 가르침을 두루 밝힘 78
　　(1) 문장을 보임 78
　　(2) 뜻을 드러냄 80
　　　① 근기에 따라 자세히 하거나 간략히 함 81
　　　② 이치는 원만하여 어디서나 나타남 82
　2) 『반야심경』을 별도로 서술함 82
　　(1) 오묘하게 근기에 투합함을 찬탄함 83
　　(2) 우선 경전의 제목을 드러내 보임 84
　　　① 간략히 강요綱要를 제시함 84
　　　② 뜻으로 결론지음 86

제2장 범주를 나누어 문장을 해석함 87

1. 범주(章門)를 표명하여 나열함 87

2. 장문章門에 따라 해석함 88
  1) 가르침이 일어남 88
   (1) 가르침이 일어나는 큰 뜻을 제기함 88
   (2) 범주(章門)를 나누어 별도로 해석함 90
     ① 바로 해석함 90
       가) 외도의 그릇됨을 논파하고 소승을 되돌림 90
       나) 이치를 드러내고 수행을 완성함 91
       다) 장애를 끊어 과보를 얻음 96
       라) 오래도록 아름다운 이름을 전함 96
     ② 결론지어 지적함 97
  2) 장藏의 소속을 밝힘 97
   (1) 장藏의 소속 98
   (2) 교敎의 소속 99
  3) 종취宗趣를 밝힘 106
   (1) 장을 열어 명칭을 해석함 106
   (2) 종취의 총괄적 의미와 개별적 의미 107
     ① 총괄적 의미 107
     ② 개별적 의미 109

반야바라밀다심경략소연주기회편 제2권

  4) 제목을 해석함 115
   (1) 장章을 읊음 115
   (2) 뜻을 연설함 116
     ① 교敎와 의義의 구분 116
       가) 표현과 뜻의 구분 116

　　　　나) 맺으면서 이합離合을 보임 ……… 119
　　② 법과 비유로 나눔 ……… 120
　　　　가) 표현의 대상을 기준 삼아 법을 가리킴 ……… 120
　　　　나) 표현의 수단으로 비유를 끌어낸 것을 찬탄함 ……… 121
　　③ 체와 용을 밝힘 ……… 124
　　　　가) 명칭을 번역하여 체體를 드러냄 ……… 125
　　　　나) 범어를 회집하여 작용을 밝힘 ……… 128
　(3) 결론적 해석 ……… 130
5) 문장을 해석함 ……… 131
　(1) 경문을 읊고 장章을 표명함 ……… 131
　(2) 갖춘 것과 빠진 것에 대해 뜻을 회통함 ……… 132
　(3) 장문을 열어 해석함 ……… 133
　　① 총·별로 열어서 판별함 ……… 133
　　　　가) 총분 ……… 133
　　　　　㉮ 경전을 판별함 ……… 133
　　　　　㉯ 뜻을 나타냄 ……… 134
　　　　나) 별판別判 ……… 136
　　　　　㉮ 경전에 대한 판별 ……… 136
　　　　　㉯ 뜻을 나타냄 ……… 137
　　② 부문에 따라 해석함 ……… 139
　　　　가) 현료반야顯了般若 ……… 139
　　　　　㉮ 강요를 간략히 표명하는 부분 ……… 139
　　　　　　ㄱ. 과목을 나눔 ……… 139
　　　　　　ㄴ. 경전을 따라가며 해석함 ……… 140
　　　　　　　ㄱ) 관조하는 사람 ……… 140
　　　　　　　　(ㄱ) 단락을 표명하고 경전을 지목함 ……… 141
　　　　　　　　(ㄴ) 이름에 따라 뜻을 설명함 ……… 143
　　　　　　　　　㉠ 개별적 명칭을 해석함 ……… 143
　　　　　　　　　㉡ 통명을 해석함 ……… 144
　　　　　　　ㄴ) 수행의 대상을 수행함 ……… 145
　　　　　　　　(ㄱ) 경을 읊음 ……… 145

           (ㄴ) 뜻을 설명함 146
              ㉠ 법의 관점에서 얕은 수행을 간별함 146
              ㉡ 때에 기준하여 깊은 수행을 드러냄 147
        ㄷ) 관조 수행의 대상 151
           (ㄱ) 경을 읊음 152
           (ㄴ) 해석 152
        ㄹ) 이익에 대한 설명 155
           (ㄱ) 경을 읊음 155
           (ㄴ) 해석 155
     ㄷ. 통틀어서 맺음 157
㉯ 진실된 뜻을 자세히 진술하는 부분 157
  ㄱ. 외도의 의심을 불식시킴 157
     ㄱ) 경을 읊음 158
     ㄴ) 해석 159
        (ㄱ) 총괄적 판별 160
        (ㄴ) 개별적 해석 161
           ㉠ 해석 방식을 총괄적으로 보임 161
           ㉡ 장을 내세우고 특징을 드러냄 162
              a. 정면으로 소승의 의심을 제거함 162
                 a) 의심하는 사람을 거론함 162
                 b) 의심을 풀어냄 163
                    (a) 유여有餘의 지위 164
                    (b) 무여의 지위 165
                    (c) 통틀어서 결론을 보임 166
              b. 겸하여 보살의 의심을 풀어냄 167
                 a) 표방 168
                 b) (논을) 나열하고 해석함 168
                 c) 결론을 보임 169
              c. 곧바로 올바른 뜻을 드러냄 170
                 a) 공과 유로 성립하는 까닭을 드러냄 171
                    (a) 무애인 까닭을 정면으로 드러냄 171

　　　　　　ⓐ 표방하고 (뜻을) 보임 171
　　　　　　ⓑ 특성을 해석함 173
　　　　(b) 원만한 소통의 까닭을 단계적으로 보임 175
　　　　　　ⓐ 묘색에 대한 진공의 관계 177
　　　　　　ⓑ 진공에 대한 묘색의 관계 178
　　　b) 원만한 소통을 깨달아 경의 종지를 결론적으로 보임 180
　　d. 관행觀行의 관점을 통한 해석 183
　　　a) 지관양륜 184
　　　b) 머무르지 않는 도道 187
　　　c) 일심삼관一心三觀 188
ㄴ. 법체法體를 드러냄 192
　ㄱ) 총괄적 해석 192
　　(ㄱ) 경을 읊음 192
　　(ㄴ) 해석 193
　　　㉠ 총괄적으로 과목의 이름을 나열함 193
　　　㉡ 뜻에 의거하여 해석함 193
　　　　a. 경을 해석함 194
　　　　b. 논서를 인용함 195
　ㄴ) 개별적 해석 197
　　(ㄱ) 경을 읊음 197
　　(ㄴ) 해석 방식 199
　　(ㄷ) 해석 199
　　　㉠ 취위석就位釋 199
　　　　a. 직접 해석함 200
　　　　b. 논서를 인용함 203
　　　　　a)『불성론』을 인용함 203
　　　　　b)『대승법계무차별론』을 인용함 205
　　　㉡ 취법석就法釋 206
　　　　a. 해석하여 구별함 206
　　　　b. 회집하여 총괄함 207
　　　㉢ 취관행석就觀行釋 208

　　　　a. 정면적인 해석 ······ 208
　　　　　a) 삼무성三無性에 대한 설명 ······ 209
　　　　　b) 해당되는 성품을 직접적으로 설명함 ······ 211
　　　　b. 회집하여 총괄함 ······ 212
　ㄷ. 여의는 것을 밝힘 ······ 212
　　ㄱ) 정면으로 경전의 뜻을 해석함 ······ 212
　　　(ㄱ) 법상개합문法相開合門 ······ 213
　　　　㉠ 경을 읊음 ······ 213
　　　　㉡ 판석判釋 ······ 213
　　　　　a. 총괄적 판별 ······ 214
　　　　　b. 개별적 해석 ······ 215
　　　　　　a) 경전의 뜻이 중도로 회통함을 보임 ······ 215
　　　　　　b) 법상法相으로 개합開合을 드러냄 ······ 216
　　　(ㄴ) 연기역순문緣起逆順門 ······ 219
　　　　㉠ 경을 읊음 ······ 219
　　　　㉡ 해석 ······ 221
　　　(ㄷ) 염정인과문染淨因果門 ······ 223
　　　　㉠ 경을 읊음 ······ 223
　　　　㉡ 해석 ······ 224
　　　(ㄹ) 경지능소문境智能所門 ······ 228
　　　　㉠ 경을 읊음 ······ 228
　　　　㉡ 해석 ······ 229
　　ㄴ) 문답으로 뜻을 드러냄 ······ 231
　　　(ㄱ) 소승의 전철을 밟는 물음 ······ 232
　　　(ㄴ) 경전의 취지에 원만히 소통하는 대답 ······ 232
　ㄹ. 얻는 것을 밝힘 ······ 235
　　ㄱ) 앞에서 무소득을 첩문하여 뒤의 소득을 일으킴 ······ 237
　　　(ㄱ) 경을 읊음 ······ 237
　　　(ㄴ) 판석判釋 ······ 237
　　ㄴ) 얻는 것을 정면으로 밝힘 ······ 240
　　　(ㄱ) 장애를 끊는 과보를 얻음에 대해 밝힘 ······ 240

㉠ 사람을 거론하고 법에 의거함 ……… 241

　　　　a. 경을 읊음 ……… 241

　　　　b. 판석 ……… 241

　　　㉡ 장애를 끊어 과보를 얻음 ……… 242

　　　　a. 수행이 완성됨 ……… 242

　　　　　a) 경을 읊음 ……… 243

　　　　　b) 해석 ……… 243

　　　　b. 장애를 끊음 ……… 244

　　　　　a) 경을 읊음 ……… 244

　　　　　b) 해석 ……… 245

　　　　c. 열반의 과보를 얻음 ……… 246

　　　　　a) 경을 읊음 ……… 246

　　　　　b) 해석 ……… 247

　　(ㄴ) 모든 불타가 지혜의 과보를 얻음 ……… 249

　　　㉠ 사람을 거론하고 법에 의거함 ……… 249

　　　　a. 경을 읊음 ……… 249

　　　　b. 해석 ……… 249

　　　㉡ 과보를 얻음을 정면으로 밝힘 ……… 250

　　　　a. 경을 읊음 ……… 251

　　　　b. 해석 ……… 251

ㅁ. 반야의 우수한 능력에 대한 결론적 찬탄 ……… 252

　ㄱ) 우수한 덕에 대한 개별적 찬탄 ……… 252

　　(ㄱ) 경을 읊음 ……… 253

　　(ㄴ) 해석 ……… 253

　　　㉠ 앞을 이어서 뒤를 일으킴 ……… 253

　　　㉡ 간략히 네 가지 덕을 찬탄함 ……… 254

　　　　a. 취법석就法釋 ……… 254

　　　　b. 약공능석約功能釋 ……… 255

　　　　c. 취위석就位釋 ……… 256

　ㄴ) 우수한 능력에 대한 총괄적 결론 ……… 257

　　(ㄱ) 경을 읊음 ……… 257

                    (ㄴ) 해석 257
            나) 비밀반야秘密般若 258
                ㉮ 앞을 이어서 뒤를 일으킴 258
                    ㄱ. 경을 읊음 259
                    ㄴ. 판석 259
                ㉯ 주문의 말을 정면으로 설함 260
                    ㄱ. 경을 읊음 260
                    ㄴ. 소어疏語 261
                        ㄱ) 이치상으로는 해석할 수 없음 261
                        ㄴ) 근기에 따라 억지로 해석함 262

제3장 경찬하고 회향함(慶讚[回向]) 265

『반야바라밀다심경략소』 발문 267
석각본石刻本 『반야심경』을 기리는 서문 269
『반야바라밀다심경략소연주기』 발문 271
반야심경략소연주기회편 후서後序 280

찾아보기 / 284

일러두기

1 '한글본 한국불교전서'는 문화체육관광부의 지원을 받아 동국대학교 불교학술원에서 수행하고 있는 '불교기록문화유산아카이브(ABC)사업'의 결과물을 출간한 것이다.
2 이 책은 『한국불교전서』(동국대학교출판부 간행) 제9책의 『반야바라밀다심경략소연주기회편般若波羅蜜多心經略疏連珠記會編』을 저본으로 하여 번역하였다.
3 번역문에 이어 원문을 수록하고 표점을 찍었다.
4 원문의 교감 사항은 번역문의 각주와 별도로 원문 아래 부분에 제시하였다.
　　㉠은 『한국불교전서』 편찬자가 교감한 내용이다.
　　㉡은 번역자가 교감한 내용이다.
5 약물은 다음과 같다.
　　『　』: 서명
　　「　」: 편명, 산문 작품
　　〈　〉: 시 작품, 노래(歌), 편 안의 소제목
　　【　】: 원문 협주
　　T : 대정신수대장경
　　X : 만속장경
　　H : 한국불교전서

반야바라밀다심경략소연주기회편 서문

이 반 지紙의 경전은 글자 수가 적고 문장도 간략하지만, 『대반야바라밀다경』 600권의 핵심을 담아서 모든 반야의 뜻을 포괄하고 대장경의 이치를 다 포섭하였으니, 가히 모든 불타의 어머니이자 만행萬行의 근원이라 할 수 있다. 이에 관음보살이 불타의 신력神力을 이어받아 넓은 뜻을 간략히 설하여 모든 세간에 남겨 두었으니, 7부의 대중(七衆)[1]의 언설에서 항상 회자된다. 『화엄경』이 일체경의 으뜸 되는 근원일지라도 많이 수지·독송하는 것으로는 이 『반야심경』을 능가하지 못한다. 만약 뜻이 풍부하되 문장이 간략하지 않았다면, 상相을 쓸어 없애고 공을 밝히며 허공 꽃을 보는 백태를 긁어내고 나비로 변한 꿈을 깨움이 어찌 이와 같을 수 있겠는가. 그런데 돌 속의 온기와 습기에 대해, 이를 보는 자는 많아도 아는 자는 드물다. 이에 현수 법장의 『반야심경략소般若心經略疏』와 옥봉 사회의 『반야심경략소연주기般若心經略疏連珠記』가 어쩔 수 없이 지어졌다. 우리의 사형인 석실 공石室公 명안明眼[2]이 다행히도 『약소』와 『연주기』를 구하

---

1 7부의 대중(七衆) : 크게 출가와 재가로 나뉘는 일곱 종류의 불제자. 비구·비구니·사미沙彌·사미니沙彌尼·식차마나式叉摩那·우바새優婆塞·우바이優婆夷.
2 석실 공石室公 명안明眼(1646~1710) : 조선 후기 스님. 속성은 장張이고, 자字는 백우百愚이다.

여 기꺼이 그 『약소』를 가지고 『반야심경』을 소통시키고, 『연주기』를 가지고 『약소』를 소통시켰으니, 바로 가지로 인해 줄기를 얻고 줄기로 인해 뿌리를 얻는 것과 같았다. 그런데 『연주기』가 별도로 유행하여 보는 자들이 힘들어함을 개탄하였으므로 모아서 편집하였다. 장차 판각, 인쇄하는 사람에게 부탁하여 온 나라에 공개함으로써 심오한 경전의 오묘한 뜻이 활연히 단박에 마음의 눈에 나타나 불법을 경외하는 마음을 열게 할 것이니, 실로 도달했다고 할 수 있다. 옛날 행책行策[3]이 석벽石壁 스님의 기문을 규봉 종밀圭峯宗密[4]의 소문에 이어 달아서[5] 『금강경』의 위대한 뜻이 천년 후에도 환히 밝을 수 있도록 하였는데, 지금 석실 공 명안의 마음이 곧 행책의 마음이다. 지금을 들어 옛날과 비교해 보면 누가 먼저이고, 누가 뒤이겠는가. 이윽고 명안 공께서 나(秀演)를 비루하다고 여기지 않으시고 나에게 교증校證하고 그 전말을 서술하게 하였다. 그러므로 나는 그 번성해질 것을 기뻐하여 손을 다칠 것[6]도 잊고 감히 한 번 찡그림[7]을 흉내낸 것이다.

---

3 행책行策(1628~1682) : 중국 청나라 때 스님이다. 속성은 장蔣이고, 자字는 절류截流이다.
4 규봉 종밀圭峯宗密(780~841) : 중국 당나라 때 스님. 화엄종의 제5조이다.
5 행책은 종밀의 『금강반야경소론찬요金剛般若經疏論纂要』(T33)와 자선子璿(965~1038)의 『금강경찬요간정기金剛經纂要刊定記』(T33)를 회편하여 『금강반야경소론찬요간정기회편金剛般若經疏論纂要刊定記會編』(X25)을 내었다. 『금강반야경소론찬요간정기회편』의 서문(X25, 485b)에서는, "석벽 스님이 (종밀 스님의 『금강반야경소론찬요』를) 별도로 자세히 해석하였는데, 지나치게 번다하여 장수 자선長水子璿 스님이 다시 일으켜 삭제할 것을 삭제하고 나서 『간정기』를 완성하였다.(石壁師別為廣解。又失之太繁。長水師復起。而翦削之。成刊定記。)"라고 하여 『간정기』가 종밀에서 석벽으로, 그리고 송대宋代의 자선에 이르러 완성되는 과정을 보이고 있다.
6 손을 다칠 것(傷手) : 적임자가 아님에도 섣불리 임무를 맡는 것을 뜻한다. 『노자』 제71장의, "목수를 대신해서 자귀질을 하는 사람치고 그 손을 다치지 않는 자가 드물 것이다.(夫代大匠斲者。希有不傷其手矣。)"에서 온 말이다.
7 한 번 찡그림(一嚬) : 섣불리 속내를 드러내는 것을 뜻한다. 『한비자』 「내저설內儲說」 상의 "현명한 군주는 한 번 찡그리거나 웃는 것도 아낀다.(明主之愛一嚬一笑)"에서 온 말이다.

때는 강희 연간 용집龍集(歲次) 병무년(1706) 8월 모일, 해동 무용無用 사문 수연秀演[8]이 삼가 쓰다.

般若心經疏記會編[1]序

此半紙經。字少文略。而居六百卷之中心。包括諸般若之義。攝盡大藏敎之理。可謂諸佛之母。萬行之源。肆以觀音大士。承佛神力。略說廣義。留諸世間。常轉於七衆。唇舌之上。華嚴雖爲一切經之宗源。而誦持之盛。莫尙於此。若非義豐文約。蕩相明空。刮見花之翳。覺化蝶之夢。焉得如是也哉。然石裡溫潤。觀者多而知者鮮矣。此賢首之略疏。玉峯之連珠記。不獲已而作也。我門兄石室公。幸獲疏若記。喜其疏以通經。記以通疏。政如因枝得幹。因幹得根。而慨乎記獨別行。觀者病之。故會而編焉。將付剞劂氏。公諸一國。使深經奧義。歘[2]然頓現於心目之間。開膈可畏之心。實謂到矣。昔策公係石壁記。於圭峯疏。使金剛大義。煥然乎千載之後。今石室之心。乃策公之心也。引今較古。孰先孰後。旣而公不以演爲鄙。碁余校證而爲叙其顚末。故余悅其松茂。忘其手傷。敢效一顰。[3]

旹康熙龍集丙戌。仲秋。日。海東無用沙門秀演謹序。

1) ㉔ 강희 경인년(1710) 지리산 쌍계사 개간본開刊本(국립도서관 소장). 2) ㉔ '歘'은 '豁'인 듯하다.(편자) 3) ㉕ '顰'은 '嚬'인 듯하다.

---

8 수연秀演(1651~1719) : 호는 무용無用. 부휴 선수浮休善修(1543~1615)의 법손으로 회편자 석실 명안石室明眼의 법우이다. 19세에 송광사에서 출가한 이후 백암 성총栢庵性聰(1631~1700)의 법제자로서 그의 강석을 이어받아 남방 불교계의 대종장이 되었다. 주로 화엄과 선을 강설하였고, 만년에는 염불에 전념하였다. 문집으로 『무용집無用集』이 전한다.

반야바라밀다심경략소[병서]연주기회편 제1권
| 般若波羅蜜多心經略疏[幷序]連珠記會編 卷第一 |

기 이렇게 제목¹을 지은 까닭은, 나의 사사로운 생각(胸臆)²이 없음을 보이려는 것이다. 이 기기의 글은 모두 불타와 조사의 영사靈蛇³이고 야광 夜光⁴이며 적야赤野⁵이고 단연丹淵⁶으로 밝은 달에 의해 이지러지고 온전해 지는 것이다. 주홍실과 금실로 차례대로 잇달아 꿰어 기를 완성하였으니, 창오蒼梧의 주구珠丘⁷와도 같은 것이다.

記¹⁾ 立斯題者。示無胸臆爾。謂此記文。是皆佛祖之靈蛇夜光赤野丹淵。明月虧全者也。第以朱絲金縷。貫連成記。有類蒼梧之珠丘焉。

1) ㉩ '記'는 『한국불교전서』의 편자가 삽입한 것이다. 이하 이와 같다.

당나라 번경翻經 사문 법장法藏이 소疏를 짓다.
송나라 옥봉玉峯 사문 사회師會가 기기를 짓다.
해동국 사문 명안明眼이 회편會編하다.⁸

唐翻經沙門法藏述疏。
宋玉峯沙門師會述記。
海東國沙門明眼會編。

---

1 제목 : "연주기"를 가리킨다.
2 나의 사사로운 생각(胸臆) : 가슴·속마음·마음속의 생각과 기개, 자기 판단 또는 억측.
3 영사靈蛇 : 뱀이 물어다 주었다는 진기한 구슬. 아름다운 문장을 비유한다.
4 야광夜光 : 구슬의 이름.
5 적야赤野 : 전설상의 주옥珠玉이 난다는 곳.
6 단연丹淵 : 전설상의 달이 떠오른다는 못.
7 창오蒼梧의 주구珠丘 : 왕가王嘉의 『습유기拾遺記』에 나오는 지명. "창오"는 호남성 영원현 남쪽에 있는 산으로 순舜임금이 이곳에서 죽었다고 한다. 순임금이 창오 땅에 묻히자 공작을 닮은 새가 푸른 모래구슬을 머금고 날아서 쌓아서 언덕을 이루었는데, 이곳을 구슬 언덕이라는 뜻에서 "주구珠丘"라 한다.
8 위 세 사람의 생몰 연대와 행적에 대해서는 본 서의 해제 참고.

기 이 소疏의 본문을 두 가지로 나누어 해석하겠다.

기 將釋此疏文二。

제1편 제목

처음은 제목이니, 둘이 있다.

初題目二。

제1장 소疏의 제목을 표명함

첫째, 소의 제목을 표명한다.

初標疏題。

그런데 제목에는 두 종류가 있다. 앞머리의 경명을 경經의 제목이라 하고, 소疏 앞에 표명된 것을 소의 제목이라 한다. 여기서는 소의 제목이다. "반야바라밀다심경"은 해석의 대상인 경經이고, "약소"는 곧 해석하는 소疏이다. 해석의 대상인 경전의 제목과 해석하는 소를 취하여 제목을 삼은 것이다. 다른 명칭들을 나누어 취하면 유재석有財釋이 되고, 『반야바라밀다심경』의 소라 하면 곧 의주석依主釋이 된다.[9] "약략"이란 요략要略의 '약

---

[9] 반야바라밀다심경약소는 '반야바라밀다심경'과 '약소'의 복합어인데, 이것을 유재석(소유복합어)으로 이해하여 복합사 전체가 형용사적 기능을 발휘하게 되면 '반야바라밀다심경을 약소한' 문헌이라 읽게 되고, 의주석(격한정복합어)으로 이해하여 전항이 후항의

이며, 별도로 자세한 소가 있는 것은 아니다. "병서幷序"란 겸하여 하나의 서문이 있다는 것이다.

> 然題目有二種。冠之經首。則曰經題。標於疏前。乃曰疏目。今則疏題。般若等。是所解之經。略疏。乃能解之疏。取所解之經目。能解之疏。分取他名有財釋。若云之疏。則¹⁾依主釋。略者。要略之略。非別有廣疏也。幷序者。兼有一序也。

1) ㉠ '則'을 난외欄外에서 손글씨로 '卽'이라 고쳤다.(편자)

제2장 아름다운 이름을 현양함

둘째, 아름다운 이름을 현양한다.

> 二顯嘉號。

"번경翻經"에 대해 설명해 보자. 강소성江蘇省 진강부鎭江府(京口)에서 근공僅公이 판각했고, 『경소』에 과목을 끼워 넣은 후에 간행하였는데, 조사祖師가 스스로 말하기를, "나 법장은 장안長安 2년(702) 수도의 청선사淸禪寺에서 경전을 번역할 겨를에 사례부¹⁰ 검교¹¹에 배속된 옹주雍州 장사¹²였던 하남성河南省 형양滎陽 땅의 정 공鄭公¹³이 여러 번 신신당부하여 『약소』

주격이 되면 '반야바라밀다심경의 약소'로 읽게 된다는 것이다.
10 사례부司禮部 : 당나라 때 궁정의 예의에 관한 일을 주관하였던 부서.
11 검교檢校 : 일정한 직무가 없이 명칭만 있는 산관散官.
12 장사長史 : 주州의 자사刺史 아래 벼슬.
13 정 공鄭公 : 본 서 후미에 수록되어 있는 「석각본 『반야심경』을 기리는 서문(石刻般若心經贊序)」에 따르면, "문서를 담당하는 감독관이었고, 왕의 부마였던 형양 땅의 정

를 내었다."라고 했다.[14] 이미 "경전을 번역할 겨를(翻經之暇)"이라 했으니, 일찍이 역장에 참여하지 않았을 때 (출간했다는) 말이다. "사문沙門"은 근식勤息[15]으로 의역된다. 다음의 두 글자는 소주疏主의 아름다운 이름이다. "술述"이란 (『논어』에서) '술이부작述而不作'이라 할 때의 겸사이다.

翻經者。京口僅公所刻。夾科經疏之後刊。祖師自題云。法藏。長安二年。於京淸禪寺。翻經之暇。屬司禮部兼檢校雍州長史榮陽鄭公。再三殷勤。令出略疏。旣曰翻經之暇。非曾預譯場之謂也。沙門者。此翻勤息。次二字。疏主之令名。述者。述而不作之謙詞也。

만균鄭萬鈞(秘書少監駙馬都尉榮陽鄭萬鈞)"이라고 나온다. 당나라 제5대 예종睿宗 (662~716)의 사위이다.
14 본 서의 뒤에 나오는 『반야바라밀다심경략소』 발문을 참조할 것.
15 근식勤息 : 범어 śramaṇa의 의역. 또는 지식止息. 부지런히 선법을 닦고, 온갖 악법을 쉰다는 뜻이다.

제2편 본문

둘째, 본문이니, 세 가지가 있다.

二本文三。

첫째는 이름과 뜻을 총괄적으로 서술한 것이고, 둘째는 범주를 나누어 문장을 해석한 것이며, 셋째는 경찬하고 회향한 것이다.

初總敍名義。二開章釋文。三慶讚回向。

제1장 이름과 뜻을 총괄적으로 서술함

처음에 두 가지가 있다.

初中二。

1. 심오한 강령을 총체적으로 서술하여 반야의 대종을 밝힘

첫째, 심오한 강령을 총체적으로 서술하여 반야의 대종을 밝힌다. (여기에) 두 가지가 있다.

初通叙玄綱彰般若大宗二。

1) 심오한 내용을 올바로 서술함

첫째, 심오한 내용을 올바로 서술하는 것이니, 여기에 세 가지가 있다.

初正叙幽深三。

(1) 언어를 초월하여 본바탕을 가리킴

첫째, 언어를 초월하여 본바탕을 가리키는 것이니, 여기에 두 가지가 있다.

初超言以指體二。

① 본바탕의 심오함

첫째, 본바탕의 심오함이다.

初體玄。

소 무릇 참된 근원은 흠 없이 드러나 자기 성품을 유지하니, 깊고도 넓어 언어와 생각의 그물에서 벗어나 있기 때문이다.[16]

---

16 아래의 기문記文에서 "이유를 말하는 것이다.(以言由也)"라고 설명한 것에서 미루어 볼 때, "참된 근원은 흠 없이 드러나 자기 성품을 유지하니(眞源素範)"의 구절이 불교 논리학에서 말하는 '종宗'에 해당하고, "깊고도 넓어 감각이나 사유의 그물에서 벗어나

疏[1] 夫以眞源素範. 沖漠隔於筌罤.

1) ㉔ '疏'는 『한국불교전서』의 편자가 삽입한 것이다. 이하 이와 같다.

기 "무릇" 등은 다음과 같다. "무릇"은 말을 시작하는 것인데, 그로써 이유를 말하는 것이다. "참된 근원(眞源)"이란 허망한 생각이 없는 것을 '참된'이라 하고, 모든 존재의 성품과 바탕을 '근원'이라 하니, 곧 실상반야 實相般若이고, 무상진여無相眞如이다.

청량 징관淸凉澄觀(738~839)이 찰나제삼매刹那際三昧를 해석하면서 말하기를, "곧 법의 참된 근원을 궁구하는 것이니, 찰나의 개념을 추궁하여 시간의 모습이 모두 적멸하면 찰나에 사이가 없어지는 것을 말한다. 청정한 진여는 본래 모습이 없음을 통달함으로 말미암기 때문이다."[17]라고 했으니, 곧 무상진여를 참된 근원으로 삼은 것이다.

記 夫以等者. 夫乃發語之詞. 以言由也. 眞源者. 非虛妄念慮曰眞. 是諸法性體曰源. 即實相般若. 無相眞如也. 淸凉釋刹那際三昧云. 即窮法眞源. 謂窮彼刹那. 時相都寂. 則刹那無際. 由達淸淨眞如. 本無相故. 則以無相眞如爲眞源矣.

(징관의)『정원신역화엄경소』에서 말하기를, "허망한 번뇌가 대상에 따라 변하면 본바탕(體)도 모습(相)을 따라 변한다. 북 치듯이 참된 근원을 울리면 넓고 넓어 끝이 없다."[18]라고 했는데, 그곳에서는 옷 속에 몰래 감추어진 보배 구슬[19]을 사물의 성품의 참된 근원으로 삼았다.[20]

있기 때문이다.(沖漠隔於筌罤)"의 구절은 '인因'에 해당한다.
17 징관澄觀,『화엄경소華嚴經疏』권45(T35, 841a).
18 징관,『정원신역화엄경소貞元新譯華嚴經疏』권1(X5, 49c).
19 옷 속에 몰래 감추어진 보배 구슬(衣珠秘藏) : 『법화경』권4(T9, 29a)에 나오는 비유로서 일반적으로 '의리계주衣裏繫珠의 비유'라 한다. 옷 속에 보배 구슬이 달려 있는 줄도

초당사 규봉 종밀은 『원각경략소초』에서 "반야의 마음이 만법의 바탕이다."[21]라 하였고, 또 (같은 책에서) "참된 공이란 곧 신령하고 오묘한 마음의 근원이다."[22]라고 하였다. 진실로 (모든 것은) 본래 진여이지만 일심이 생멸과 합한 것을 아뢰야식이라 하고, (이것이) 변하여 근신根身(유정의 신체)과 기세계器世界의 색 등의 모든 것들을 일으키는데, 그것들을 추구해 보아도 실체가 없는 것이다. 진심眞心의 공에 돌아가니 곧 제일의공이며, 모든 것들의 본원임으로 말미암아 '참된 근원'이라 한다.[23] 『중론』에서 "공의 뜻이 있으므로 일체법이 이루어질 수 있다."[24]라 했고, 『유마힐소설경』에서 "머무름 없는 근본에서 일체법을 세운다."[25]라고 했다. 진국鎭國 사문 청량 징관은 『화엄경수소연의초』에서 "머무름 없음과 본성공과 진여는 모두 실상의 다른 이름이다."[26]라고 했다.

소주인 법장은 『화엄경탐현기』에서 또 말하기를, "교화의 대상(機)으로 하여금 참된 근원을 증험하여 과해果海에 들어가게 한다."[27]라고 했으니, 과해를 참된 근원으로 삼은 것이다.

모르고 가난하게 사는 이가 등장한다.
20 징관의 『정원신역화엄경소』 권1(X5, 49c), "진실로 중생들은 성품에 지혜의 바다를 머금어 참된 공을 통찰하지만 옷 속에 감춰진 검은 구슬이고 집안에 묻힌 비밀 창고이어서 허망한 번뇌가 대상에 따라 변하면 본바탕(體)도 모습(相)을 따라 변한다. 북치듯이 참된 근원을 울리면 넓고 넓어 끝이 없다.(良以衆生. 性含智海. 識洞眞空. 衣蔽玄珠. 室埋祕藏. 而妄隨境變. 體逐相遷. 鼓擊眞源浩蕩無際.)"가 더 자세하다.
21 종밀宗密, 『원각경소초圓覺經略疏鈔』 권7(X9, 890b).
22 종밀, 『원각경략소초』 권8(X9, 899c).
23 진실로 (모든 것은)~'참된 근원'이라 한다 : 이 부분은 종밀의 『주화엄법계관문注華嚴法界觀門』(T45, 685a~b)에서, "以色等本是眞如一心. 與生滅和合. 名阿梨耶識等. 而爲能變. 變起根身器界. 即是此中所名色等諸法. 故今推之. 都無其體. 歸於眞心之空. 不合歸於斷滅之空. 以本非斷空之所變故."라고 한 것과 내용적으로 일치한다.
24 『중론中論』 권4(T30, 33a).
25 『유마힐소설경維摩詰所說經』 권중(T14, 547c).
26 징관, 『화엄경수소연의초華嚴經隨疏演義鈔』 권24(T36, 183b).
27 법장法藏, 『화엄경탐현기華嚴經探玄記』 권2(T35, 138b).

貞元曰. 妄隨境變. 體逐相遷. 鼓擊眞源. 浩蕩無際. 彼以衣珠秘藏. 爲物性之眞源. 草堂曰. 般若之心. 是萬法之體. 又曰眞空者. 即靈妙心源. 良由本是眞如. 一心與生滅合. 名梨耶. 變起根身器界色等諸法. 推之無體. 歸於眞心之空. 則第一義空. 爲諸法之本源. 故曰眞源. 論曰. 以有空義故. 一切法得成. 經云. 從無住本. 立一切法. 鎭國曰. 無住性空眞如. 皆實相之異名. 疏主又曰. 令機證眞源. 入果海也. 則以果海. 爲眞源矣.

"흠 없이 드러나 자기 성품을 유지하니(素範)"에서 '소素'는 흠 없이 드러나는 것이고, '범範'은 자기 성품을 유지하는 것이다. 말하자면 그 바탕이 얼음이나 서리와 같이 흠이 없고, 성품이 주옥처럼 유지되어서 번뇌의 진흙탕 속에서도 변함없이 굳세고 정결한 것이다. 『석마하연론』에서 말하기를, "여여如如의 체體 가운데 갠지스 강의 모래알보다 많은 오염된 존재들이 모두 다 공이니, 공이어서 있는 바가 없기 때문이다."[28]라고 했고, 소주인 법장은 『십이문론종치의기』에서 말하기를, "흠 없이 드러나 자기 성품을 유지함은 망정妄情을 넘어서는 것이니, 공과 유는 여기에서 모두 다 사라진다."[29]라고 하였다.

"깊고도 넓어(冲漠)"에서 '충沖'은 깊어서 그윽한 것을 말하고, '막漠'은 넓고 먼 것을 말한다. 소주인 법장이 『화엄경탐현기』에서 또 말하기를, "끝없이 넓어서 보거나 듣는 것을 넘어서고, 끝없이 깊어서 생각이나 의론을 막는다."[30]라고 했고, 『석마하연론』에서 말하기를, "사유의 경계를 넘어서고, 눈에 보이는 영역을 끊어 버린다."[31]라고 했으니, 이것을 어찌 통발(筌)과 그물(罤)로 포획할 수 있겠는가? "통발(筌)"이란 물고기를 잡는

---

[28] 용수龍樹, 『석마하연론釋摩訶衍論』 권2(T32, 607c).
[29] 법장, 『십이문론종치의기十二門論宗致義記』 권상(T42, 212b).
[30] 법장, 『화엄경탐현기』 권1(T35, 107a).
[31] 용수, 『석마하연론』 권1(T32, 592b).

기구이며, "그물(罞)"이란 토끼를 잡는 장치이니, 말과 생각이 참된 이치와 격절隔絶되어 있음을 비유로 설명한 것이다.

素範者。素表無瑕。範持自性。謂其體若氷霜。性猶珠玉。在煩惱泥。不改堅白。論云。如如體中。過恒沙染法。皆悉空空無所有故。疏主曰。素範超情。空有以玆雙泯。沖漠者。沖曰深玄。漠言廣遠。疏主又曰。廓無涯而超視聽。深無極而抗思議。論曰。超思惟之境。絶窺窺之域。是豈筌罞所能獲哉。筌者。取魚之器。罞者。網兎之置。以況談思與眞理隔絶也。

② 작용의 오묘함

둘째, 작용의 오묘함이다.

二用妙。

소 묘각妙覺은 참된 근원으로 들어가는 길이니, 깊어서 끝이 있을 수 없어서 말과 표상을 뛰어넘는다.

소 妙覺玄猷。奧賾[1]超於言象。

1) ㉠『대정신수대장경』(이하『대정장』으로 약칭)에 수록된『반야심경약소』에 따르면 '賾'은 '頤'이다. 이하 이와 같다.

기 곧 관조반야이다. 진국 사문 징관이 말하기를, "깨달음과 깨달음의 대상을 떠나므로 묘각이라 이름한다."[32]라고 했고,『수능엄경』에서 말하기

---

32 징관,『대화엄경략책大華嚴經略策』권1(T36, 705c).

를, "여래는 지금 묘공妙空의 밝은 깨달음을 얻었다."[33]라고 했으며, 『대승기신론大乘起信論』에서 말하기를, "마음의 근원을 깨달았기 때문에 구경각究竟覺이라 이름한다."[34]라고 했고, 또 『석마하연론』에서 말하기를, "일체지一切智[35]에는 오로지 깨달음의 관조만이 있으니, 하나하나의 법이 깨달음 아닌 것이 없기 때문이다."[36]라고 했으며, 소주인 법장이 말하기를, "곧 참된 근원을 오묘하게 증득한 지혜이다."[37]라고 했다.

"참된 근원으로 들어가는 길(玄猷)"에서 '유猷'란 길이자 원인이니, 이 묘각은 참된 근원으로 들어가는 올바른 길이고, 오묘한 결과를 이루는 깊은 원인임을 말한다. 그러므로 아래의 법장의 소에서 말하기를, "이 묘혜妙慧로 말미암아 생사의 과실을 뒤집어 참된 공의 경계에 남김 없이 도달한다."라고 했다.

> 記 即觀照般若也。鎭國曰。離覺所覺。故名妙覺。經云。如來今得妙空明覺。論曰。覺心源故。名究竟覺。又論曰。薩般若慧。唯有覺照。無一一法而非覺故。疏主即曰。[1] 妙證眞源之智慧也。玄猷者。猷者。道也。因也。言此妙覺。入眞源之正道。尅妙果之深因。故下疏云。由斯妙慧。翻生死過。盡至眞空之際。

1) ㉲ 저본의 난외欄外에 주석이 있는데, "'即曰'의 두 글자는 '曰即'이 뒤바뀐 듯하다."라고 하였다.(편자)

"깊어서 끝이 있을 수 없어서(奧頤)"란 반야의 심연과 대해가 깊어서 끝

---

33 『대불정여래밀인수증요의제보살만행수능엄경大佛頂如來密因修證了義諸菩薩萬行首楞嚴經』 권4(T19, 120b).
34 『대승기신론大乘起信論』 권1(T32, 576b).
35 일체지一切智 : 범어 sarvajña의 의역. 음차어는 살반야薩般若.
36 용수, 『석마하연론』 권3(T32, 614b).
37 뒤의 소疏에서 "곧 반야는 체이니~오묘하게 증험한 것이다."라고 한 것을 가리킨다.

이 있을 수 없음을 말한다. 『대지도론』에서 말하기를, "반야지般若智의 대해大海는 오로지 불타만이 끝까지 다할 뿐이다."[38]라고 했다.

"말과 표상을 뛰어넘는다.(超於言象)"란, 경에서 "반야의 뜻에는 이름도 없고 설명도 없다."[39]라고 하였고, 또 "참된 반야는 허공처럼 청정하니, 앎도 없고 봄도 없으며 지음도 없고 인연도 없다."[40]라고 하였다. 옛 대덕은 "바탕에서는 본래 상대가 끊어져 있으니, 이름과 설명이 모두 고요하다."라고 하였다. 그러므로 말과 표상을 뛰어넘는 것이다. 앞에서 통발과 덫이라 한 것은, 곧 말과 표상을 비유하려고 함께 거론한 것이니, 문장의 묘미를 살리고자 한 것이다.

> 奧頤者。謂般若淵海。深而不可極也。大論云。智慧大海。唯佛窮底。超於言象者。經云。般若義者。無名無說。又曰眞般若者。淸淨如虛空。無知無見。無作無緣。古德云。體本絕待。名說俱寂。故超言象也。前云筌罤。乃言象之喩而互擧者。欲文妙耳。

『주역약례』에서 말하기를, "말은 표상에서 생겨나므로 말을 탐구하면 표상을 볼 수 있고, 표상은 뜻에서 생겨나므로 표상을 탐구하면 뜻을 볼 수 있다. 뜻은 표상을 통해 다하고, 표상은 말을 통해 드러나므로 뜻을 얻으면 표상을 잊고, 표상을 얻으면 말을 잊는다. 토끼 잡는 덫은 토끼를 잡기 위한 것이니 토끼를 잡으면 덫을 잊는 것이고, 물고기 잡는 통발도 물고기를 잡기 위한 것이니 물고기를 잡으면 통발을 잊는 것과 같다. 말을 남겨 두는 자는 표상을 얻지 못하고, 표상을 남겨 두는 자는 뜻을 얻지 못

---

38 『대지도론大智度論』 권1(T25, 57c).
39 승조僧肇가 『조론肇論』(T45, 153c)에서 반야부 경전을 취의 요약하여 인용한 것과 일치한다.
40 승조가 『조론』(T45, 153c)에서 반야부 경전을 취의 요약하여 인용한 것과 일치한다.

한다."⁴¹라고 했다. 그리하여 저 학문하고자 하는 자는 말을 버리고 뜻을 구하는 것이다. 지금 소疏를 내는 이가 이에 묘공妙空과 진각眞覺을 말하는데, 이치는 원만하지만 말은 치우치니 필경 모습을 설명할 수 없다. 그러므로 소주인 법장은 말하기를, "깊은 길은 아득하여 이름이나 말로 그 끝을 찾기 어렵고, 흠 없는 성품은 망망하여 표상을 보는 것으로는 그 근원을 구할 수 없다."⁴²라고 했다. 이리하여 말에 나아가 말을 잊고 표상에 나아가 표상을 잊는 것이니, 만물을 씻어 버리고 보는 것과 듣는 것을 막아 버려서 고요하고 텅 비게 한 후에라야 참된 근원이 되는 것이라고 말하는 것은 아니다.⁴³

周易略例云。言生於象故。可以尋言以觀象。象生於意故。可以尋象以觀意。意以象盡。象以言箸故。得意忘象。得象忘言。猶罤者。所以在兎。得兎而忘罤。筌者所以在魚。得魚而忘筌。存言者。非得象。存象者。非得意。然彼欲學者。捨詮而求旨也。今之疏者。乃謂妙空眞覺。理圓言偏。畢竟不可說相。故疏主曰。渺渺玄猷。名言罕尋其際。茫茫素範。相見靡究其源。是則即言忘言。即相忘相。非謂滌除萬物。相¹⁾塞視聽。寂寥虛欸。²⁾ 然後爲眞者也。

---
1) ㉯『조론』에 따르면 '相'은 '杜'이다. 2) ㉯ 欸은 豁'인 듯하다.(편자)

문 때가 된 후에 말해야 하니 때가 아닌데 말하는 것을 잘못된 말이라 한다. 또 이 가르침(敎)을 일으키는 것은 수행자로 하여금 큰마음을 내어

---
41 왕필王弼,『주역약례周易略例』, '명상明象'.
42 법장,『화엄경탐현기』권1(T35, 107a).
43 만물을 씻어~것은 아니다 : 승조僧肇의『조론肇論』(T40, 152b)에서 '본무종본無宗'을 비판하면서 서술한 글과 일치한다. 원문은 "豈謂滌除萬物。塞視。寂寥虛豁。後爲真諦者乎。"에 해당한다.

넓은 수행을 하게 하며, 외도를 논파하고 소승을 회심시키며, 장애를 끊고 과보를 얻게 하여 중생을 이익되게 하고자 하는 것이다. 그런데 소주인 법장은 어떤 연유로 저 만법의 근원을 기준으로 삼아 궁극적인 과보를 오묘하게 깨닫는 바에 대해 곧바로 서술하는가?

답 원인을 닦는 것(修因 : 因地心)이 과지각果地覺(究竟覺)과 동일한 것임을 나타내고자 하기 때문이다. (그러므로) 문수보살이 처음에 본기本起의 인因을 물었는데, 지성至聖(세존)이 첫머리에 구경의 과果를 제시한 것이다.[44] 본성이 금이나 옥이 아니라면 비록 쪼아 다듬더라도 그릇이 되지는 않는다. 그러므로 『화엄경』에서 말하기를, "자기의 마음도 알지 못하면서 어찌 올바른 도리를 알겠는가?"[45]라고 했다.

> 問曰。時然後言。非其時而言。謂之過言。且此敎之興。欲令行者。發大心。修廣行。破外回小。斷障得果。益衆生也。疏主何由。約彼萬法之源。妙覺極果。而遽叙耶。答曰。欲顯修因同果地覺故。文殊創問本起之因。至聖首提究竟之果。若性非金玉。雖琢不成器。故經云。不能了自心。云何知正道。

또 문 진실로 『수능엄경』·『원각경』 등 돈교頓敎의 깊은 경전에서 서술된 것은 가히 수준 높은 논의라 할 만하다. 지금 이 경전은 오시의 점교漸敎에 나란히 소속됨이 분명한데, 어찌 참된 근원과 묘각을 곧바로 서술하는가? 점교를 가지고 함부로 돈교라 하니, 어찌 잘못이 아니겠는가?

답 우리 조사의 마음은 큰 가르침에서 노닐어 원교圓敎의 뜻을 오묘하게 깨달았으니, 행하는 것마다 자기의 마음을 깨닫고 글자마다 돈교의 취

---

44 『원각경圓覺經』(T17, 913b)에서 문수사리가 법회에 모인 대중 가운데 처음으로 여래가 본래 일으킨 청정한 인지因地의 법행法行이 무엇인지를 물었고, 여래가 바로 그 자리에서 원각圓覺을 설한 것을 가리킨다.
45 『화엄경』 권16(T10, 82a).

지를 만났다. 원교와 돈교의 으뜸가는 주인인 화엄의 조사가 어찌 삼시교나 오시교를 배우는 이나 방편에서 출발하여 진실로 돌아가는 점교의 사람과 더불어 논하겠는가? 또 더구나 이 경전의 으뜸가는 뜻은 만 가지 실천이 유래하는 바임에랴.

> 又問。苟叙首楞圓覺頓敎深經。可如高論。今此經者。列屬五時漸敎。明矣。何以直叙眞源妙覺。以漸濫頓。寧無過乎。答曰。吾祖心游大敎。妙悟圓宗。行行令了自心。字字朝宗頓旨。圓頓宗主華嚴祖師。豈與夫三時五時之學士。會權歸實之漸人。同日而語哉。又況一經之所宗。萬行所由生也。

(2) 삼제三諦로써 깊은 뜻을 드러냄

둘째, 삼제로써 깊은 뜻을 드러낸다.

> 二三諦以彰玄。

아래의 소에서 말하기를, "이제중도를 깨달아 올바른 견해를 내게 하기 때문이다."라고 했다. 공과 가명은 모두 중도이어서 색과 공에는 의지할 데가 없다는 것이 바로 이 경전의 으뜸가는 뜻이자 제일의제인 참된 공이기 때문이다. 여기에는 두 가지가 있다.

> 下䟽云。令悟二諦中道。生正見故。空假皆中。色空無寄。方爲此經所宗。第一義諦之眞空故。於中有二。

① 이제의 보존과 사라짐

첫째, 이제의 보존과 사라짐이다.

初二諦存泯。

소 비록 진속이 다 사라지더라도 이제는 항상 보존된다.

疏 雖眞俗雙泯。二諦恒存。

기 본문에 두 구절이 있다. 앞 구절은 서로 위배됨의 뜻이므로 다 사라지고, 아래 구절은 서로 만들어 줌과 서로 장애하지 않음의 뜻이므로 다 보존된다. 진국 사문 징관이 말하기를, "색과 공의 상호 관계에는 모두 세 가지 뜻이 있다. 첫째 서로 위배됨(相違)의 뜻이고, 둘째 서로 장애되지 않음(不相礙)의 뜻이며, 셋째 서로 만들어 줌(相作)의 뜻이다."[46]라고 했고, 결론지어 말하기를, "이 세 가지에 있어서 장애 없는 것을 바로 진공이라 하고, 또 묘유라 칭한다."[47]라고 했고, 법장의 『십이문론종치의기』에서 "진속이 다 사라지는 이유는 진眞이란 진공의 이치를 진제로 삼고, 속俗이란 색 등의 제법을 속제로 삼기 때문이다."[48]라고 했고, 또 말하기를, "단지 연에

---

46 징관, 『화엄경수소연의초』 권74(T36, 584c).
47 징관, 『화엄경수소연의초』 권74(T36, 584c).
48 『십이문론종치의기十二門論宗致義記』 권상(T42, 212b)에서 "무릇 깊은 기강에 상대가 끊어져 있음은 진속이 모두 융합되기 때문이고, 흠 없이 드러나 자기 성품을 유지하여 망정을 넘어섬은 공과 유가 여기에서 모두 사라지기 때문이다. 그러나 성공性空은 일찍이 유가 아닌 적이 없으므로 유에 상즉하여 공을 변론하는 것이고, 환유幻有는 애초부터 공이 아닌 적이 없으므로 공에 상즉하여 유를 밝히는 것이다. 유인 공은 유이므로 유가 아니고 공인 유는 공이므로 공이 아니다. 극단적 견해에 대한 집착이 없어진 마당에 들고 보는 것도 따라서 사라진다. 그릇됨의 원천이 의지하고 있는 바를 고갈시키면

의해 일어난 만 가지 차별상을 속제라 하고, 자성이 없어서 한 가지 맛인 것을 진제라 한다."⁴⁹라고 했다.

> 記 文有二句。上句相違義故。雙泯。下句相作不相礙義故。雙存。鎭國曰。色空相望。總有三義。一相違義。二不相礙義。三相作義。結云。此三無礙。方曰眞空。亦稱妙有。義記曰。所以眞俗雙泯者。眞者眞空之理爲眞諦也。俗者。色等諸法爲俗諦也。又曰。但緣起萬差爲俗。無性一味爲眞。

"다 사라지더라도"란, 이제는 하나가 아니어서 서로 위배됨의 뜻이기 때문에 속제는 진제를 침해하여 진제가 사라지고, 진제는 속제를 위배하여 속제가 없어진다. 서로 부정하여 둘 다 없어지니, 이것을 "다 사라지더라도"라고 한 것이다.

> 雙泯者。以二諦不一相違義故。以俗害眞眞泯。以眞違俗俗亡。互奪兩亡。是曰雙泯。

또한 『십이문론종치의기』에서 말하였다.

> 又曰。

---

49 네 가지 집착은 구름처럼 흩어지고, 올바른 진리가 이지러짐 없이 깨어나면 이제二諦는 여기서 제자리를 잡는다.(夫以玄綱絶待。眞俗所以俱融。素範超情。空有以茲雙泯。但以性空未嘗不有。即有以辨於空。幻有未始不空。即空以明於有。有空有故不有。空有空故不空。邊執旣亡。聞見隨喪。竭邪源之有寄。則四執雲銷。挺正法之無虧。則二諦斯在。)"라고 한 것을 취의 요약한 것으로 보인다.
49 『십이문론종치의기』 권상(T42, 215b).

이 연하여 일어난 법은 성공性空으로 말미암기 때문에 저 환유幻有[50]로 하여금 또한 유일 수 없게 한다. 그러므로 모든 것은 오로지 진공眞空일 뿐이다. 『화엄경』에서 "제법은 필경에 공이니, 털끝만 한 특징도 있지 않다."[51]라고 했고, 또 경에서 "일체법은 공이니, 마치 겁이 다하여 모두 타 버린 것과 같다."[52]라고 했으며, 『대반야경』에서 "색 등이 공하므로 공에는 색이 없다."[53]라고 했다. 저 환유가 비유非有라는 문門에 의거한 것과 진공은 불공不空이 아니라는 문에 의거한 것이다. 저 진공을 설하면 줄곧 환유를 침해한다. 그러므로 마침내 속제의 모습으로 하여금 영원히 사라지게 하여 진제가 된다.

또한 이 연하여 일어난 법은 환유의 모습으로 말미암기 때문에 저 진공은 또한 불공을 성립시킨다. 오로지 이것은 연하여 일어난 것은 환유에 의해 차별된 것일 뿐이다. 그러므로 『능가아발다라보경』에서 "소멸하고 다시 생겨나면서 서로 이어가며 인연하여 일어나는 것을 부정한 것은 아니라네."[54] 등이라고 했고, 『섭대승론』·『유가사지론』 등에서는, 의타기성의 존재가 결코 무가 아님을 밝혔다. 이와 같은 것은 진공이 비공이라는 문에 의거한 것과 환유는 불유가 아니라는 문에 아울러 의거한 것이다. 저 인연의 유를 설하면 결코 공이 아니므로 곧 속제가 된다.

이와 같이 이제는 극단의 모습으로 서로의 형상을 부정함으로써 바로

---

[50] 환유幻有 : 유이지만 유의 부정성 또는 공성의 의미를 포함하고 있는 용어. 법장은 『화엄경탐현기』(T35, 118a)에서 "대승법이란 공과 유의 무애함(空有無礙。名大乘法。)"이라고 전제하면서, "말하자면 공은 유와 다르지 않으니, 유는 환유이다.(謂空不異有。有是幻有。)"라고 밝혔다. 환유는 공의 개념에 의해 부정되기만 하는 것이 아니라 공의 개념과 양립하기도 하는 유의 대승적 의미를 대변함으로써 공의 의미를 유의 지평에서 표현하고 있는 개념인 것으로 설명하고 있다.
[51] 『화엄경』 권25(T9, 558a).
[52] 경전에서 정확히 일치하는 문장을 찾을 수 없다.
[53] 『대반야경大般若經』 권403(T7, 14a).
[54] 『능가아발다라보경楞伽阿跋多羅寶經』 권2(T16, 490b).

본래의 자리를 잡는 것이다. 『보살영락본업경』에서 "세제는 유이므로 공이 아니고, 진제는 공이므로 유가 아니다."[55]라고 하였다.[56]

此緣起法。由性空故。令彼幻有。亦不得有。是故一切唯是眞空。經云。諸法畢竟[1)]空。無有毫末相。又[2)]云一切法空。如劫盡燒等。大般若云。色等空故。空中無色。依彼幻有非有之門。及依眞空非不空門。說彼眞空。永害幻有。是故遂令俗相永盡。而爲眞諦。又此緣起法。由幻有相故。令彼眞空亦成不空。唯是緣起幻有差別。故楞伽云。非遮滅復生。相續因緣起故。[3)] 攝論瑜伽等中。明依他起法。永不是無。如是並依眞空非空門。及依幻有非不有門。說彼緣有。永非是空故。方爲俗諦。如是二諦。極相形奪。方爲[4)]本位。瓔珞云。世諦有故不空。眞諦空故不有。

1) ㉠『화엄경』(T9, 558a10)에 따르면 '畢竟'은 '本性'이라 되어 있다. 관련 주석서에서 '畢竟'이라 쓴 것이 많아서 전자에 의거하여 풀었다. 2) ㉠『십이문론종치의기』에 따르면 '又' 뒤에 '經'이 누락되었다. 3) ㉠『십이문론종치의기』에 따르면 '故'는 '等'이다. 4) ㉑ '爲'를 난외에서는 손글씨로 '成'이라 고쳤다.(편자)

그러므로 '다 사라지는 것'이다.

故雙泯也。

"이제는 항상 보존된다.(二諦恒存)"란, 『십이문론종치의기』에서 "만약 인연으로 발생하지 않는다면 자성이 없는 것도 성립되지 않기 때문이다. 인연의 유有라고 하는 것은 스스로 존재하는 것이 아님을 드러내고, 스스로 존재하지 않는다면 이것은 자성이 없는 것이다. 또 자성이 없는 것은

---
55 『보살영락본업경菩薩瓔珞本業經』(T24, 1018b).
56 법장, 『십이문론종치의기』 권상(T42, 216a).

스스로 존재하는 것이 아님을 드러내고, 스스로 존재하지 않는다면 이것은 인연의 유이다. 그러므로 『대반야경』에서 '색이 곧 공이고, 공이 곧 색이다'라고 하였다. 『섭대승론석』에서 '지해智解의 장애로 인해 극도로 사리를 분간하지 못하게 되면 진제와 속제를 따로따로 집착하게 된다'[57]라고 하였다. 또한 자성이 공이라고 여길 수 없으므로 인연으로 발생함을 받아들이지 못하고, 인연으로 발생함이 없다고 여기므로 공이 성립하지 않는다. 그러므로 『십이문론』에서 '유위법은 공이다'[58]라고 했으니, 인연에 따라 발생하기 때문이다. 또 이것은 참된 공이지 단멸의 공이 아니기 때문이다. 만약 단멸을 기다려 인연으로 발생한 것이 바로 공이라 한다면, 이것은 망정妄情의 악취공惡趣空이다. 그러므로 진제로써 속제를 부정하여 속제가 다하여도 속제는 항상 보존된다. 또한 인연의 유를 받아들일 수 없으므로 진공을 위해하게 된다. 만약 공이 아니라면 이것은 인연의 유가 아니다. 만약 스스로 존재하는 것이라면 인연으로 발생하지 않기 때문이다. 그러므로 속제가 진제를 위해하여 진제가 사라지지만 진제는 항상 보존된다. 또 유와 다르지 않은 공이 바로 진공이고, 공과 다르지 않은 유가 바로 환유이다. 그러므로 이 둘은 둘이 아니다."[59]라고 했다. 보존과 사라짐이 동시인 것이다.

二諦恒存者。宗致曰。以若不緣生。不無性故。謂緣有者。顯不自有。不自有者。則是無性。又無自性者。顯非自有。非自有者。則是緣有。下[1)]經云。色即是空。空即是色。論云。智障極盲暗。謂眞俗別執。亦不得以性空故。而不許緣生。以無緣生空不立。故論云。有爲法空。以從緣生故。又此是眞空非斷空故。若待滅緣生。方爲空者。是則情中惡趣空也。是故以眞奪俗。

---

57 세친世親, 『섭대승론석攝大乘論釋』 권1(T31, 153c).
58 용수龍樹, 『십이문론十二門論』 권1(T30, 160b).
59 법장, 『십이문론종치의기』 권상(T42, 215c).

俗盡而俗常存也。又亦不得許緣有故。違害眞空。以若不空。非是緣有。若自有者。非緣生故。是故以俗害眞。眞泯而眞常存也。又不異有之空。方爲眞空。不異空之有。方是幻有。是故此二不二。存泯同時也。

1) ㉾ 『십이문론종치의기』에 따르면 '下'는 '是故'이다.

② 한맛으로 원만하게 드러남

둘째, 한맛으로 원만하게 드러난다.

二一味圓彰。

소 공과 유가 둘 다 없어지니 한맛으로 항상 드러난다.

疏 空有兩亡。一味常顯。

기 규산의 종밀이 말하기를, "말하자면 하나의 참된 심성은 공도 아니고 색도 아니면서 능히 공일 수도 있고 색일 수도 있으니, 마치 거울의 밝음과 같다."[60]라고 했으니, 이는 이제의 뒤에 제일의제를 더한 것이다. 말하자면 자성이 없으므로 인연으로 발생하니, 공이 사라진다. 인연으로 발생하므로 자성이 없으니, 유가 사라진다. 공과 유가 모두 사라지니 한맛인 법이다. 그러므로 "항상 드러난다."라 했다. 아래의 소에서 말하기를, "환색幻色은 있고 없음에 걸림이 없고, 진공은 숨고 드러남에 자재하다. 합하면 한맛으로 원만히 소통되어 의존하지 않으니, 이것이 그 법이다."라고 했다.

---

60 종밀宗密, 『원각경약소圓覺經略疏』 권상 1(T39, 526a).

記 圭山曰。謂一眞心性。非空非色。能空能色。如鏡之明。是於二諦之後。加第一義諦。謂無性故。緣生空亡也。緣生故。無性有亡也。空有俱亡。爲一味法。故云常顯。下䟽曰。幻色存亡無礙。眞空隱顯自在。合爲一味圓通無寄。是其法也。

(3) 중도로써 현묘함을 드러냄

셋째, 중도로써 현묘함을 드러낸다.

三中道以顯妙。

청량 징관이 말하기를, "뜻은, 여기서 공과 유는 모두 중도임을 밝힌 것이다."[61]라고 했다. 그리하여 환유와 진공은 삼성三性에 통하는데도 여러 조사들의 해석은 의타기성이라 하는 것이 대부분이니, 여러 종파의 주장이 같지 않음과 여러 가르침의 깊고 얕음이 크게 다름을 서술하려 한다. 선정宣政[62] 이래로 심오한 뜻이 쇠미해져서 마침내 거짓말하는 무리들이 심오한 경전을 크게 거슬러 천한 방편으로 삼았다. 지금 마땅히 공과 유에 대한 여러 스님들의 견해를 먼저 서술하여 대낮같이 앞에서 밝혀 두고, 그런 뒤에 소의 문장을 풀어내고자 한다.

淸凉曰。意明此中空有。皆是中道。然幻有眞空。雖通三性。諸祖釋義。多就依他。以叙諸宗立義不同。諸敎淺深迥異。而宣政之來。奧義湮微。遂令

---

61 징관, 『화엄경수소연의초』 권32(T36, 242a).
62 선정宣政 : 북송 휘종徽宗(재위 1100~1125)의 연호인 정화政和와 선화宣和의 병칭. 또는 휘종을 가리키기도 한다. 휘종은 예술을 장려한 황제로 이름이 높으나 북송을 멸망시킨 여진족에 의해 비참한 최후를 맞았다.

駕說之流。多抑深經。以爲權淺。今當先叙諸家所宗空有。令畫然在前。後銷疏文。

① 공과 유에 대한 여러 가문의 견해를 서술함

가) 유에 대한 여러 가문의 견해를 서술함

먼저 "환유幻有"라 하는 것은, 또한 '연유緣有'·'묘유妙有'·'가유假有'·'사유似有'라고도 한다. 『십이문론종치의기』에서 "이 대승 안에는 인연으로 발생하는 존재(緣生法)에 대해 두 가지 주장이 크게 다투고 있다."[63]라고 했다.

初言幻有者。亦名緣有妙有假有似有。宗致曰。此大乘內。於緣生法。二宗盛諍。

㉮ 법상종法相宗의 설

첫째, 법상종法相宗의 설이다. (같은 책에서) "이 인연으로 발생한 것은 반드시 공이 아니다. 인연이 있어 발생했기 때문이니, 마치 마술사의 환술 같아서 없다고 할 수는 없다. 만약 공이라 한다면 인연으로 발생하지 않아야 하니, 토끼의 뿔과 같은 것이다."[64]라고 했고, 또 말하기를, "삼론에서는 단지 소승과 외도가 실아實我와 실법實法을 두루 집착하는 것을 논

---

[63] 법장,『십이문론종치의기』 권상(T42, 217c). 이하 법장의 『십이문론종치의기』에서는 법상종과 공종의 두 가지 주장만을 다루고, 법성종의 설은 징관의『화엄경수소연의초』에 의거하여 다룬다.
[64] 법장,『십이문론종치의기』 권상(T42, 217c).

파하기만 할 뿐 대승의 의타기성을 논파하지 않는다. 환유幻有에는 과실이 없기 때문이다. 만약 이것까지 논파한다면 단멸의 악취공에 포섭되니, 올바른 법이 아니기 때문이다."[65]라고 했으며, (또 말하기를,) "이미 (이 악취공은) 깊은 과실이니, 인연으로 발생된 것은 반드시 무도 아님을 분명히 알 수 있으리라. 『섭대승론』·『유가사지론』·『해심밀경』 등에서는 반드시 유를 설하니, 위배되지 않기 때문이다."[66]라고 했다. 이것이 곧 시교始敎인 법상종의 설이니, 여기서 말하는 환유는 공에 상즉함을 허용하지 않는다.

> 一法相宗說。此緣生。決之不空。以有因緣之所生故。猶如幻事。不可言無。若言空者。應非緣生。如兎角等。又云。三論但破小乘外道。徧計實我實法。不破大乘依他起性。以是幻有。非過失故。若此亦破。則是斷滅惡趣空攝。非正法故。旣是深過。明知緣生。決之不無。攝論瑜伽深密經等。決之說有。不可違故。此乃始敎相宗說。此幻有不許卽空也。

㉯ 공종空宗의 설

둘째, 공종空宗의 설이다. (같은 책에서) "이 인연으로 발생된 존재는 반드시 공이다. 인연에 따라 발생된 것은 반드시 자성이 없으니, 마치 마술사의 환술 같아서 있다고 할 수 없다. 만약 있다고 한다면 인연에 따르지 않으니, 인연에 따르지 않으므로 연기된 존재가 아니다."[67]라고 했고, 또 말하기를, "설사 『유가사지론』 등의 논서에서 의타기성을 성립시켜도 삼론에서는 역시 논파하니, 모든 인연으로 발생된 것은 공이 아닌 것이 없

---

65 법장, 『십이문론종치의기』 권상(T42, 215a).
66 법장, 『십이문론종치의기』 권상(T42, 215a).
67 법장, 『십이문론종치의기』 권상(T42, 215a).

기 때문이다. 만약 이것이 논파되지 않는다면 견해가 없어지지 않고 이치가 다하지 않기 때문이다."[68]라고 했다. 이것이 시교인 공종의 설이다. 여기서 말하는 환유는 있다고 할 수 없다. 만약 있다고 한다면 병든 눈의 어리석은 범부가 가지고 있는 법집法執이 아직 다하지 않은 것이다.

> 二空宗說。此緣生法。決之是空。以從緣生。必無自性。猶如幻事。不可言有。若言有者。則不從緣。不從緣故。則非緣起之法也。又云。設使瑜伽等論所立依他。三論亦破。以諸緣生。無不空故。若此不破。見不亡故。理非盡故。此是始教空宗說。此幻有不得言有。若言其有。則是病眼愚夫所取法執未盡也。

㉰ 법성종法性宗의 설

셋째, 법성종의 설이다. (『화엄경수소연의초』에서) "이 환유는 인연에 따르며 자성이 없다. 마치 마술로 변화된 사람과 같으니 마술로 변화된 사람은 없는 것은 아니지만 마술로 변화된 사람이 참된 사람은 아니다. 그러므로 환유라고 한다. 또 묘유라고도 하니, 비유로써 유를 삼으므로 묘유라 한다."[69]라고 했고, 또 말하기를, "공에 상즉하는 색을 묘색이라 한다. 색은 없는 것이지만 색으로 드러남을 깨달음으로 말미암아 묘색을 성립시킨다."[70]라고 했으며, 또 말하기를, "공에 상즉하는 유가 바로 덕을 갖춘 유이다."[71]라고 했고, 또 말하기를, "환유의 뜻이란, 이것은 곧 유도 아니고 불유不有도 아닌 것을 이름하여 환유라 한다."[72]라고 했으며, 또 (『십

---

68 법장, 『십이문론종치의기』 권상(T42, 215a).
69 징관, 『화엄경수소연의초』 권32(T36, 242a).
70 징관, 『화엄경수소연의초』 권74(T36, 585b~c).
71 징관, 『화엄경수소연의초』 권75(T36, 592a).

이문론종치의기』에서) 말하기를, "하나의 극단에 떨어지지 않는 것을 속 제중도俗諦中道라 한다."⁷³ 등이라고 했다. 이것은 곧 법성종에서 공과 유의 상즉을 기준으로 삼아 환유의 뜻을 드러내는 것이다.

三法性宗說。此幻有從緣無性。如幻化人。非無幻化人。幻化人非眞。故云 幻有。亦名妙有。以非有爲有。故名妙有。又曰。以卽空之色爲妙色。由了 無色而現色。故成妙色。又曰。卽空之有。方爲具德之有。又曰。幻有義者。 是則非有非不有。名爲幻有。又云。不隨¹⁾一邊爲俗諦中道等。此乃法性宗。 約空有相卽。以顯幻有義也。

1) ㉮『대정장』에 따르면 '隨'는 '墮'이다.

나) 공에 대한 여러 가문의 견해를 서술함

㉮ 법상종

다음으로 '진공'이란 다음과 같다. 첫째, 법상종이다. 저 변계소집을 기준으로 삼아 은밀한 뜻으로 모든 존재의 자성은 모두 공이라 하고, 저 소승을 뒤집어서 육식을 공이라고 설한다. 의타기성과 원성실성은 유이므로 공에 상즉할 수 없으며, 변계소집은 공이다. 단지 공이어서 없는 것만을 또한 진공이라고 한다.

次言眞空者。一法相宗。約彼遍計所執。密意說言。諸法自性皆空。翻彼小 乘而空六識。依圓是有。不得卽空。遍計是空。但是空無。亦曰眞空。

---

72 징관,『화엄경수소연의초』권32(T36, 242b).
73 법장,『십이문론종치의기』권상(T42, 215b~c).

㈏ 공종

둘째, 공종의 설이다. 마음과 대상이 모두 공이니, 평등한 한맛이다. 규봉 종밀이 말하기를, "모든 존재는 자성이 없다는 것을 곧 참된 이치라 한다. 마치 허깨비 꽃이 실체가 없는 것과 같으니, (있는 것은) 곧 태허太虛뿐이다."[74]라고 했고, 또 (같은 책에서)『십이문론』을 인용하여 말하기를, "(『십이문론』에서) '대승의 깊은 뜻은 이른바 공이다'[75]라고 했으니, 가명과 중도는 단지 공을 중심으로 설한 것이다."[76]라고 했다. 청량 징관이 말하기를, "삼론종에서는 망령된 희론이 유이고, 진제이므로 공이라고 한다."[77]라고 했다. 의타기성과 변계소집성이 속제이고, 속제이므로 유이다. 원성실성이 진제이고, 진제이므로 공이다. 인연에 따라 생겨난 법은 결코 자성이 없다. 그러므로 진공이라 한다. 만약 유라고 한다면 곧 법집이다. 지광智光[78]·축법태竺法汰[79]·강법랑康法朗[80] 등 여러 법사의 주장이다. 축법태 법사는 본무론本無論을 주장하여 말하기를, "유가 아니므로 유는 곧 무이고, 무가 아니므로 무는 곧 무이다. 그러므로 '진공'이라 한다."[81]라고 했다. 그러므로 승조가「부진공론不眞空論」을 지었다. 징관은『화엄경수소연

---

74 종밀宗密,『원각경대소석의초圓覺經大疏釋義鈔』권2 하(X9, 511b).
75 용수,『십이문론』권1(T30, 159c).
76 종밀,『원각경대소석의초』권2 하(X9, 511b).
77 징관,『화엄경수소연의초』권80(T36, 628b).『대정장』에는 "妄說爲有. 眞諦空故."로 되어 있다.
78 지광智光 : 현장이 인도에 유학할 당시 반야 중관의 대가였던 나란타사의 학승. 법상유식의 대가인 계현戒賢과 함께 쌍벽을 이루었다.
79 축법태竺法汰(320~387) : 동진東晉의 승려. 반야학파 육가 칠종 중 본무이종本無異宗의 대표 인물.
80 강법랑康法朗 : 진대晉代의 승려. 서역의 여러 나라를 편력하고 돌아와 법상학을 선양하였다.『양고승전梁高僧傳』에서 축법아竺法雅·도안道安 등과 함께 격의불교의 대표 인물로 등장하였다.
81 『조론』「부진공론」(T45, 152a).

의초』에서 그 제목(부진공론)을 해석하여 말하기를, "여기서(본무론) '진공'은 묘유를 상대하는 진공이 아니니, 이 진공은 논파되어야 할 병통이다. 그가 말하는 진제는 한결같이 사물이 없는 것으로 진공을 삼기 때문이다. 승조는 '불不' 자로써 (이런 의미의) 진공을 부정하여 말하기를, 한결같이 사물이 없는 것은 아니라고 하였다. 그러므로 '부진공不眞空'이라 한다."[82] 라고 했다. 또 말하기를, "이것은 단지 삼론에서 일부분의 공의 뜻을 얻은 것일 뿐이다."[83]라고 했다. 초당사 종밀은 "그들은 또한 진제도 세우지 않거늘 하물며 망령된 것에 있어서랴."[84]라고 했다. (공종은) 진제를 진공으로 삼는다.

二空宗說。心境俱空。平等一味。圭峯曰。以諸法無性。即名眞理。如幻花[1] 無體。即是太虛。又引門論云。大分深義所謂空也。假名及中道。但就空說。 淸凉曰。三論宗云。妄說爲有。眞諦故空。依計是俗。俗故是有。圓成是眞。 眞故是空。從緣生法。決無自性。故曰眞空。若言有者。即是法執。智光竺 汰康朗諸師之所宗也。汰法師本無論曰。非有有即無。非無無即無。故曰眞 空。所以肇公作不眞空論。演義釋其題曰。此中眞空。非是對妙有之眞空。 此眞空。是所破病。彼謂眞諦。一向無物爲眞空故。肇公以不不之云。不一 向是無物。故曰不眞空。又曰。此但得三論一分空義耳。草堂曰。彼且不立 眞。何況於妄。以眞諦爲眞空也。

1) ㉮『원각경대소석의초』에 따르면 '花'는 '化'이다.

---

82 징관,『화엄경수소연의초』권32(T36, 242b).
83 『화엄경수소연의초』에서 꼭 일치하는 문장은 찾을 수 없다. 다만『화엄경수소연의초』 권32(T36, 242b)에서 "강 공이 말하기를, '만법은 진眞이 아니기 때문에 공이다'라고 했다. 이는 승조의 뜻을 얻지 못한 것이다.(康公云。萬法不眞故空。不得肇意。)"라고 했는데, '강 공'을 당대의 삼론학자 원강元康이라고 보면 이 문장을 취의 요약한 것으로 볼 수도 있다.
84 출처를 알 수 없다. 다만『종경록』권5(T48, 440b)에서 종밀이 설한 파상종破相宗(공종)의 입장을 인용하면서 "彼且本不立眞。何況於妄。"이라 했다.

㉓ 법성종

셋째, 법성종에서 설하는 진공이다. 진국 사문 징관이 말하기를, "색에 상즉하는 공이라야 바로 진공이고, 또 묘유라고도 한다."[85]라고 했고, 또 말하기를, "요컨대 모두 유에 상즉하는 공이 바로 덕을 갖춘 공이다."[86]라고 했으며, 또 말하기를, "공이 아닌 공이라야 덕을 갖춘 것이 될 따름이다."[87]라고 했다. 이것이 곧 법성종이 드러내는 중도中道의 진공이다.

三法性宗所說眞空。鎭國曰。卽色之空。方曰眞空。亦稱妙有。又曰。要皆卽有之空。方爲具德之空。又曰。非空之空爲具德耳。此卽法性宗所顯。中道之眞空也。

② 소의 문장을 풀어냄

다음으로 소의 문장을 풀어낸다. 문장에는 네 구절이 있다.

次銷疏文。文有四節。

소 진실로 진공은 일찍이 유가 아닌 적이 없으니, 유에 상즉함으로써 공을 변론한다. 환유는 처음부터 공이 아닌 적이 없으니, 공에 상즉함으로써 유를 밝힌다.

---

85 징관, 『화엄경수소연의초』 권74(T36, 585a). '卽色之空'은 『초』에서 이전에 논의한 것을 『기』의 저자가 취의 요약한 것이다.
86 징관, 『화엄경수소연의초』 권75(T36, 592a).
87 징관, 『화엄경수소연의초』 권75(T36, 592a).

疏 良以眞空未嘗不有。即有以辨於空。幻有未始不空。即空以明於有。

가) 공과 유를 총체적으로 융합하는 것을 상대하여 중도를 드러냄

기 첫째, 공과 유를 총체적으로 융합하는 것을 상대하여 중도를 드러낸다. 앞 과목에서 세 가지 진리가 원만하게 통일되고 공과 유가 한맛인 까닭은, 진실로 환유와 진공이 둘이 아니어서 중도이기 때문이다. 『화엄경소』에서 중도를 결론지으면서 말하기를, "공도 아니고 유도 아니니, 이것이 중도의 뜻이다."[88]라고 했고, 『화엄경수소연의초』에서 말하기를, "그 바른 뜻은 진공의 두 가지 뜻을 종합하여 총괄적으로 비공非空이라 이름하고, 환유의 두 가지 뜻을 종합하여 총괄적으로 비유非有라 이름하니, 공과 유가 둘이 아니다. 그러므로 중도이다."[89]라고 했다. "진공의 두 가지 뜻"이란 곧 공과 비공이고, "환유의 두 가지 뜻"이란 곧 유와 비유이다.

記 初對總融空有。以顯中道。所以前科三諦圓通。空有一味者。良由幻有眞空無二爲中道故。大疏結成中道云。非空非有。是中道義。鈔云。然其正意。合眞空二義。摠名非空。合幻有二義。摠名非有。空有不二。故爲中道。眞空二義。即空與非空。幻有二義。即有與非有也。

"진공"이란, 청량 징관이 말하기를, "자성이 없으므로 공이니, 이것은 공의 뜻이다. 인연으로 발생하므로 공이니, 이것은 공인 까닭이다. 공인 까닭이 곧 인연인데, 왜 무성無性으로 공의 뜻을 성립시킬 수 있다고 하는가? 해석하여 말하자면, 인연으로 발생한 까닭에 자성이 없다. 그러므로

---

88 징관, 『화엄경소華嚴經疏』 권14(T35, 604c).
89 징관, 『화엄경수소연의초』 권32(T36, 242c).

연생緣生과 무성無性은 공인 까닭이다."⁹⁰라고 했다. 이미 인연에서 발생한 법은 자성이 없으므로 공이다. 그러므로 진공이라 한다. 그런데 또 저 차별적인 법체가 파괴되는 것을 기다린 후라야 공인 것은 아니니, 그러므로 진공은 일찍이 유가 아닌 적이 없다. 또 곧 이 유법有法은 연생하여 무성이니, 바로 진공이라 이름한다. 그러므로 "유에 상즉함으로써 공을 변론한다."라고 했다.

> 言眞空者。淸凉曰。由無性故空。是空義。緣生故空。是空之所以。所以即是因緣。謂何以無性。得成空義。釋云。由從緣生。所以無性。是故緣生無性。是空之所以。旣是從緣生法。無性故空。故曰眞空。而又不待壞彼差別法體。然後方空。是故眞空。未嘗不有。又即此有法。緣生無性。便名眞空。故云即有以辨於空。

"환유"란 청량 징관이 말하기를, "인연으로 발생하므로 유이니, 이것은 유의 뜻이다. 자성이 없으므로 유이니, 이것은 유인 까닭이다."⁹¹라고 했고, 또 말하기를, "왜 인연으로 발생한 것이 유의 뜻이 될 수 있는가? 해석하여 말하자면, 특별히 고정된 자성이 없으므로 비로소 인연에 따라 환유가 성립한다. 그러므로 무자성이 유인 까닭이다."⁹²라고 했다. 이미 인연에 따라 자성이 없는 유라면 이 유는 항상 자성이 없다. 그러므로 "환유는 처음부터 공이 아닌 적이 없으니"라고 했다. 또 곧 이 자성이 없음에 대해 그 바탕을 거론하면, 인연에 따라 유를 성립시키는 것이니, 그러므

---

90 징관, 『화엄경수소연의초』 권32(T36, 241b~c). 『기』의 저자인 사회가 징관의 『화엄경수소연의초』에서 공과 유를 함께 논의한 것 중 공과 관련된 것만 모은 것이다.
91 징관, 『화엄경수소연의초』 권32(T36, 241b). 『기』의 저자인 사회가 징관의 『화엄경수소연의초』에서 공과 유를 함께 논의한 것 중 유와 관련된 것만 모은 것이다.
92 징관, 『화엄경수소연의초』 권32(T36, 241c).

로 "공에 상즉함으로써 유를 밝힌다."라고 했다. 그런데 이 소의 문장에서는 진공이 환유에 상즉하는 진공이고, 환유가 진공에 상즉하는 환유임을 직접 밝힌다. 그러므로 "공과 유를 총체적으로 융합하여 중도를 드러낸다."라고 했다.

> 言幻有者。淸凉曰。緣生故有。是有義。無性故有。是有之所以。又曰。何以緣生。得爲有義。釋云。特由無之性故。方始從緣而成幻有。是故無性。是有之所以。旣是從緣。無性之有。則此有常無自性。故云幻有未始不空。又卽此無性。擧體從緣而成於有。是故卽空以明於有。然此䟽文。直明眞空是卽幻有之眞空。幻有是卽眞空之幻有。故云摠融空有。以顯中道。

소 유는 공인 유이므로 유가 아니고, 공은 유인 공이므로 공이 아니다.

䟽 有空有故不有。空有空故不空。

나) 공과 유를 별도로 융합하여 중도를 드러냄

기 둘째, 공과 유를 별도로 융합하여 중도를 드러낸다. 곧 환유와 진공에서 각각 하나의 중도의 뜻을 드러낸다. 먼저 "유"라는 것은 환幻인 것 그 자체를 가리키니, 곧 환유의 입장에서 본다면 유가 아님이 없다는 뜻이다. 다음으로 "공인 유(空有)"라고 한 것은 다음과 같다. 말하자면 이 환인 것은 인연에 따라 생긴 것으로서 자성이 없으니, 공에 상즉하는 유이다. 이것은 공이라는 집안(空家)의 유이니, 그러므로 "공인 유"라 한 것이다. "그러므로 유가 아니고(故不有)"라는 것은, 그 환유의 바탕을 거론하면 완전히 공이어서 있는 바가 없으므로 곧 환유의 입장에서 본다면 유가 아니라는 뜻이다. 유가 아님과 유가 아닌 것이 아님이 둘이 아니어서 하나의 환유가 된다. 『십이문론종치의기』에서 "첫째, 비유非有의 뜻은 바탕을 거론하면 완전히 공이어서 있는 바가 없다는 것을 말한다. 둘째, 비불유非不有의 뜻은 저 차별상이 파괴되는 것에 의존하지 않음을 말한다. 그러므로 『마하반야바라밀경』에서 말하기를, '제법은 있는 바가 없지만 이와 같이 있다'[93]라고 했다. 그러므로 비유비불유非有非不有를 환유라고 이름한다."[94]라고 했다.

記 二別融空有。以顯中道。即於幻有眞空之上。各顯一中道義也。初言有者。是指幻法自體。即幻有上。非不有義也。次言空有者。謂此幻法從緣無性。即空之有。是空家之有。故言空有。故不有者。以其擧體。全空無所有故。即幻有上。非有義也。非有非不有無二。爲一幻有。宗致曰。一非有義。謂擧體全空。無所有故。二非不有義。謂不待壞彼差別相。故大品云。諸法無所有如是有。是故非有非不有。名爲幻有。

다음으로 "공"이라 한 것은, 진공에서 공이 아님이 없다는 뜻을 가리킨다. "유인 공(有空)"이라 한 것은 다음과 같다. 말하자면 이 진공은 인연으로 발생하여 자성이 없는 공이니, 유에 상즉하는 공이다. 이것은 유라는 집안(有家)의 공이니, 그러므로 "유인 공"이라 한 것이다. "그러므로 공이 아니다.(故不空)"란, 인연으로 발생한 존재가 소멸하는 것에 의존하지 않는 것이 비로소 공이 되므로 완전한 유인 공이다. 그러므로 공이 아닌 것이다. 곧 진공의 입장에서 본다면 공이 아니라는 뜻이다. 공이 아님과 공이 아님도 아닌 것이 둘이 아니어서 하나의 진공이 된다. 『십이문론종치의기』에서 "둘째, 진공에도 두 가지 뜻이 있다. 첫째, 공이 아님의 뜻이니,

---

93 『마하반야바라밀경摩訶般若波羅蜜經』 권3(T8, 238c).
94 법장, 『십이문론종치의기』 권상(T42, 215b).

말하자면 공에는 공의 자성이 없기 때문이다. 둘째, 공이 아님도 아님의 뜻이니, 말하자면 여타의 모든 모습이 사라지지 않음이 없기 때문이다. 그러므로 비공비불공非空非不空을 진공이라 한다. 경에서 '공도 불공도 얻을 수 없다'[95]라고 한 것을 진공이라 한다.『중론』에서 '자성이 없는 법 또한 없으니 일체법은 공이기 때문이다'[96]라고 했다."[97]라고 했다.

次云空者。是指眞空上非不空義也。言有空者。謂此眞空。是緣生無性之空。即有之空。是有家之空。故云有空。故不空者。不待滅緣生。方爲空故。全有之空。故不空也。即眞空之上非空義也。非空非不空無二。爲一眞空。宗致曰。二眞[1]中亦二義。一非空義。謂以空無空相故。二非不空義。謂餘一切相無不盡故。是故非空非不空。名爲眞空。經云。空不空不可得。名曰眞空。中論云。無性法亦無。一切法空故。

---
1) ㉲『대정장』에 따르면 '二眞'은 '二眞空'이다.

『십이문론종치의기』에서 말했다.
"합하면 여기에 5겹의 중도가 있다. 첫째, 말하자면 유가 아니면 이것은 유 아님도 아님이니, 이 둘 아님을 환유로 삼는다.『대승장엄경론』에서 말하기를, '실체도 없고 실체가 없는 것도 아니니, 실체가 없는 것도 아닌 것이 곧 실체이다. 실체가 없는 것과 실체가 둘이 아니다. 그러므로 이것은 환幻이라고 설한 것이다'[98]라고 했다. 이것은 실체가 없음을 환유의 실체로 삼은 것이다. 그러므로 둘 아님을 설한 것이다. 이 둘 아님으로 인해 하나의 극단에 떨어지지 않으므로 중도라 한다. 이것은 속제중도이다.

95『문수사리소설마하반야바라밀경文殊師利所說摩訶般若波羅蜜經』(T8, 734a).
96『중론中論』권2(T30, 18a).
97 법장,『십이문론종치의기』권상(T42, 215b).
98 무착無著,『대승장엄경론大乘莊嚴經論』권4(T31, 611c).

둘째, 진공에서 공 아님은 곧 공 아님도 아님이니, 이 둘 아님을 진공으로 삼는다. 두 극단을 모두 떠난 것을 중도라 한다. 이것은 진제중도이다.

셋째, 환유에서 유가 아니라는 것은 진공에서는 공 아님이 아니라는 뜻이다. 환유에서 유 아님이 아니라는 것은 진공에서는 공 아님의 뜻이다. (환유와 진공) 모두 둘이 아니므로 이 둘 아님으로 인해 앞의 (속제중도와 진제중도의) 둘 아님과 더불어 다시 둘 아님이다. 그러므로 이제가 모두 융합되어 하나의 극단에 떨어지지 않는 것을 중도라 한다. 이것은 이제중도이다.

넷째, 환유에서 유 아님과 진공에서 공 아님이 융합되어서 둘 아니므로 중도라 한다. 이것이 비유비공의 중도이다. 경에서 '비유비무를 중도라 한다'[99]라고 했다.

다섯째, 환유에서 유 아님이 아닌 것은 진공에서는 공 아님이 아님이니, 이리하여 유 아님이 아님과 무 아님이 아님의 중도가 성립되고, 이를 일러 중도를 끊은 중도(絶中之中)라 한다. 그러므로 이제가 용해되고 융합되어 중도의 극단을 오묘히 끊는다는 것이 이러한 뜻이다."[100]

宗致。合此有五重中道。一謂非有則是非不有。以此無二爲幻有。莊嚴論云。無體非無體。非無體即體。無體體無二。是故說是幻。此以無體爲幻體。故說無二。由此無二。不墮一邊。故名中道。此是俗諦中道。

二眞中非空。即是非不空。以此無二爲眞空。雙離二邊。名爲中道。此是眞諦中道。

三幻中非有。則眞中非不空義。幻中非不有。則眞中非空義。以並無二故。由此無二。與前無二。復無二。是故二諦俱融。不墮一邊。名爲中道。此是

---

99 『보살선계경 菩薩善戒經』 권2(T30, 968c).
100 법장, 『십이문론종치의기』 권상(T42, 215b~c).

二諦中道。

四幻中非有與眞中非空。融無二故。名爲中道。此是非有非空之中道。經云。非有非無。名爲中道。

五幻中非不有 則是眞中非不空。此則非非有非非無之中道。謂絶中之中也。是故二諦鎔融。妙絶中邊。是其意也。

여기서 앞의 두 가지 중도는 공과 유가 별도로 융해된 것이고, 뒤의 세 가지 중도는 (공과 유의) 이제가 서로 갈마들어 중도를 드러낸 것이다.

此中初二中道。是空有別融。後三二諦交絡。以顯中道也。

소 공 아닌 공은 공이지만 단견이 아니고, 유 아닌 유는 유이지만 상견이 아니다.

疏 不空之空空而非斷。不有之有有而不常。

다) 올바름을 드러내고 그릇됨을 가려내어 중도를 밝힘

기 셋째, 올바름을 드러내고 그릇됨을 가려내어 중도를 밝힌다. "공 아닌 공(不空之空)"이란, 곧 자성이 없으므로 공이고 인연으로 발생하므로 공인 것을 진공으로 삼은 것이니, 진국 사문 징관은, "올바름을 드러낸다."[101]라고 하였다. "공이지만 단견이 아니고(空而非斷)"란, 무견·단견의 공이 아닌 것이니, 진국 사문 징관은, "그릇됨을 가려낸다."[102]라고 하

---

101 징관, 『화엄경수소연의초』 권32(T36, 242a).
102 징관, 『화엄경수소연의초』 권32(T36, 242a).

였다. 단견의 무는 고정된 자성의 무이니, 고정된 무라면 단견에 집착하는 것이다. 지금 인연으로 발생하므로 공이라는 것이니, 고정된 무가 아니다. 자성이 없으므로 공이라는 것이니, 역시 고정된 무가 아니다. 고정된 무란 한결같이 없는 사물이니, 마치 거북 털이나 토끼 뿔과 같다. 지금 다만 인연에 따라 자성이 없으므로 고정된 무가 아니다. 그러므로 공이지만 단견이 아니다. "유 아닌 유(不有之有)" 등이란, 또한 먼저 올바름을 드러내고, 뒤에 그릇됨을 가려낸 것이다. "유 아닌 유"란, 곧 자성이 없으므로 유이고, 인연으로 발생하므로 유인 것이다. 이 두 가지 유는 모두 상견의 유가 아니다. 상견의 유는 고정된 자성의 유이다. 지금 인연에 따라 자성이 없는 유는 고정된 자성의 유가 아니라 환유를 드러낸 것이니, 올바름을 드러낸 것이다. 이미 고정된 자성의 유가 아니므로 "유이지만 상견이 아니다."라고 한 것이니, 그릇됨을 가려낸 것이다. 곧 진공묘유로서 단견과 상견을 벗어난 중도이다.

記 三顯正揀非。以明中道。言不空等者。即無性故空。緣生故空。爲眞空也。鎭國云。顯正也。空而非斷者。非無見斷見之空。鎭國云。揀非也。斷見之無。是之性之無。之無則着斷。今緣生故空。非是之無。無性故空。亦非之無。之無者。一向無物。如龜毛兔角。今但從緣無性。故非之無。是故空而非斷也。不有等者。亦先顯正。後揀非。不有之有者。即無性故有。緣生故有。此二種有。並非常見之有。常見之有。是之性有。今從緣無性之有。非之性有。顯是幻有。顯正也。旣非之性之有。故云有而不常。揀非也。則是眞空玅有。離斷常之中道也。

疏 네 가지 집착이 이미 없어지니, 백 가지 부정도 그대로 사라진다.

疏 四執旣亡。百非斯遣。

라) 그릇된 주장을 벗어나 덕을 갖춤으로써 중도를 드러냄

기 넷째, 그릇된 주장을 벗어나 덕을 갖춤으로써 중도를 드러낸다. 진국 사문 징관은 말하기를, "중도란 비유비무뿐 아니라 비단비상非斷非常 등도 모두 중도이다."[103]라고 했다.

"네 가지 집착(四執)"이란, 사방四謗(네 가지의 훼손)이라고도 한다. 진국 사문 징관이 말하기를, "고정된 유는 증익방增益謗이고, 고정된 무는 손감방損減謗이며, 역유역무는 상위방相違謗이고, 비유비무는 희론방戲論謗이다."[104]라고 했다. 일一·이異·역일역이亦一亦異(俱)·비일비이非一非異(不俱)나 상·무상·(역상역무상·비상비무상)을 모두 사방이라 한다. 마치 망정에 의해 막힌 것처럼 4구를 고정적으로 집착하니, 그러므로 모두 방謗(비방·훼손)을 이룬다. 반야의 지혜는 4구를 벗어나 유와 무에 집착하지 않으므로 이제 네 가지 집착이 이미 사라지면 네 가지 덕을 이룬다. 조사祖師 징관이 또 말하기를, "그러나 모두 덕을 갖추면 사방이 되지 않는다."[105]라고 했으니, 말하자면 이 4구가 곧 덕을 갖추면 진眞과 계합하므로 망정에 의한 계탁과는 같지 않다는 것이다. 또 말하기를, "고정된 유를 멸진한 공과 고정된 공을 멸진한 유는 바로 덕을 갖춘 것이다. 또 유에 상즉하는 공이 바로 덕을 갖춘 공이고, 공에 상즉하는 유가 바로 덕을 갖춘 유이다. 또 한 구절에 따라 반드시 나머지 세 구절이 갖추어져야 하니, 하나라도 빠지면 덕이 갖추어지지 않는다."[106]라고 했다.

記 四離謗具德。以顯中道。鎭國曰。中道者。非唯非有非無。而非斷非常

---

103 징관, 『화엄경수소연의초』 권73(T36, 583a).
104 징관, 『화엄경수소연의초』 권75(T36, 592a).
105 징관, 『화엄경수소연의초』 권75(T36, 592a).
106 징관, 『화엄경수소연의초』 권75(T36, 592a).

等。皆中道也。四執者。亦云四謗。鎭國謂。之有者。增益謗。之無者。損減謗。亦有亦無。相違謗。非有非無。戲論謗。一異俱不俱常無常等。皆曰四謗。如情所封。之執四句。故皆成謗。般若離四句。不可以有無取故。今四執旣亡。則成四德。吾祖又曰。然皆具德。不成四謗。謂此四句。卽是具德。以稱眞故。不同情計。又曰。盡有之空。盡空之有。方爲具德。又皆卽有之空。方爲具德之空。卽空之有。方爲具德之有。又隨一句。必具餘三。若隨闕者。則非具德。

"백 가지 부정도 그대로 사라진다.(百非斯遣)"란, 『석마하연론』에서 말하기를, "백 가지 부정에서 부정이 부정되고, 천 가지 긍정에서 긍정이 부정된다."[107]라고 했고, (또 말하기를,) "백 가지 부정을 부정하고 천 가지 긍정을 위배한다. 중도를 거듭 부정하고 천리天理를 거듭 위배하니, 긴 물길 같은 담론이 다리가 끊어져 그치고, 심려하는 헤아림이 손이 없어져 정지한다."[108]라고 했으니, 반야와 이제와 중도의 큰 뜻이라 할 만하다. 옛사람이 말하기를, "경계와 지혜의 다른 과목이 꿰이지 않으면 뜻은 아직 안정되지 못한 것과 같다."라고 했으니, 그 전철을 따르지 않으려고 했다. 여기까지 "심오한 내용을 올바로 서술하는 것"이 끝났다.

百非斯遣者。論曰。百非非非。千是非是。非百非背千是。非非中中。背背天天。演水之談。足斷而止。審慮之量。手亡而住。可謂般若二諦中道之大宗也。古云。境智餘科不貫。義似未安。故不欲循其轍也。上來正叙幽深竟。

---

107 용수, 『석마하연론』 권2(T32, 605c).
108 용수, 『석마하연론』 권5(T32, 637c).

2) 깊은 뜻을 결론지음

둘째, 깊은 뜻을 결론짓는다.

二結歸玄旨。

소 반야의 깊은 뜻이 이러할진저.

소 般若玄旨。斯之謂歟。

기 "반야의 깊은 뜻(般若玄旨)"이란, 대개 뭇 언어의 종극宗極이고 참된 하나의 무차별이며, 열여섯 번 법회에서의 격언[109]이고, 반야에 대한 21년[110]간의 훈계[111]이다. 성품과 이치가 은미하여 망정을 넘고 견해를 벗어나서 홀로 유명有名의 밖으로 벗어나서 구차한 세속[112]에서 멀리 벗어난다. 깊고도 깊고 오묘하고도 오묘해도 또한 이 서문에 다 드러나지 않겠는가? 그러므로 "이러할진저."라고 한 것이다.

기 夫般若玄旨¹⁾者。盖群詮之宗極。眞一之無差。一十六會之格言。

---

[109] 열여섯 번 법회에서의 격언 : 『대반야경』600권은 4처 16회에 걸쳐 20만 송의 강설로 성립되었음을 일컫는다.
[110] 종래 불타의 설법 기간을 49년으로 말해 왔는데, 그런 속에서는 반야부 경전은 21년 동안 설해졌다고 한다. 그러나 근래 『불광대사전佛光大辭典』 등에서는 22년이라 말하기도 한다.
[111] 반야에 대한 21년간의 훈계 : 천태 오시교판에 따르면 불타 성도 후 설법의 시기는 제1 화엄시 21일, 제2 녹원시 12년, 제3 방등시 8년, 제4 반야시 21년, 제5 법화열반시 8년으로 나뉜다.
[112] 구차한 세속(曳尾之塗) : 『장자』「추수秋水」편의, 신령한 거북은 죽어서 묘당에 간직되기보다는 살아서 진흙 속에 꼬리를 끌며 다니기를 더 바란다는 말에서 유래한다.

二十一²⁾年之雅誥。性理幽微。超情離見。獨拔於有名之表。穎脫於曳尾之
塗。玄雖玄矣。妙復妙焉。不亦罄於玆序哉。故云斯之謂歟。

1) ㉿ '玄旨'를 난외에서는 손글씨로 '虛玄'이라 고쳤다. 저본의 난외에 주석이 있는
데, "'虛玄'은 '玄旨'의 오기인 듯하다."라고 하였다.(편자) 2) ㉿ '二十一'에 대해 저
본의 난외에 주석이 있는데, "24년이라는 것이 어디에 근거하는지 알지 못하겠다."
라고 하였다. '一'에 대해 난외에는 손글씨로 '四'라고 고쳐져 있었다.(편자)

2. 참된 언어적 가르침을 나누어 찬탄하여 곡진한 묘지妙旨를 드러냄

둘째, 따로이 참된 언어적 가르침을 찬탄하여 곡진한 묘지를 드러낸다.
여기에 둘이 있다.

二別歎眞詮。顯曲盡妙旨二。

1) 자세한 가르침과 간략한 가르침을 두루 밝힘

첫째, 자세한 가르침과 간략한 가르침을 두루 밝힌다. 여기에 둘이 있다.

初通明廣略二。

(1) 문장을 보임

첫째, 문장을 보인다.

初示文。

소 일에 따라 갖추어 진술하자면 말이 20만 송을 넘어서겠지만, 그 핵

심을 간추리면 이치는 14행에서 다한다.

> 疏 若歷事備陳。言過二十萬頌。若撮其樞要。理盡一十四行。

기 "일에 따라 갖추어 진술하자면 말이 20만 송을 넘어서겠지만"이란, 색·심 등의 일에 따라 올바른 이치를 갖추어 진술하면 8부[113] 20만 송이 있게 된다는 것을 말한다. 송에는 네 종류가 있다. 첫째, 아누솔도파阿耨窣覩婆[114]이니, 수자송數字頌이라 의역한다. 그 앞에 산문이 있든지 없든지 32음절이 되기만 하면 1송이라 한다. 둘째, 가타伽陀(gāthā)이니, 풍송諷頌이라고도 의역하고, 직송直頌이라고도 의역한다. (그 앞에 산문을 설하지 않고) 곧바로 게송으로 법문을 읊어 찬미하기 때문이다. 셋째, 기야祇夜(geya)이니, 이것은 응송應頌이라 의역한다. 앞의 산문에 상응하는 게송이기 때문이다. 넷째, 집시송集施頌이니, 법문의 뜻을 모아 읊도록 하기 때문이다. 여기서는 ('20만 송'이라 할 때의 '송'이) 첫 번째에 해당된다. "[그 핵심(樞要)을] 간추리면" 이하는, 곧 경전을 간추린다는 것이다. '추樞'는 문의 지도리를 말한다. 『이아』에서 "사립문을 만들고 문 옆에 붙이는 것을 추樞라고 한다."[115]라고 했다. 세간에서 문의 코라고 부르는 것이 이것이다. 또 (『주역』에서) "언행은 군자의 추기樞機이다."[116]라고 했으니, 대개 아름다운 집의 요충이고, 사지의 근본을 말한다. 8부로 진술된 돈교 실

---

113 8부 : 여덟 부의 반야계 경전을 가리키는 말. 『대품반야경大品般若經』·『소품반야경小品般若經』·『방광반야경方廣般若經』·『광찬반야경光讚般若經』·『도행반야경道行般若經』·『금강반야경金剛般若經』·『승천왕반야경勝天王般若經』·『문수반야경文殊般若經』을 가리킨다.
114 아누솔도파阿耨窣覩婆 : 범어로 anuṣṭubha라고 한다. 1구에 8음절로 되어 있는 구절이 4구 모여서 32음절로 이루어진 게송을 말한다. 범어의 운율 중에 가장 많이 쓰이는 형식이라 할 수 있다.
115 현행하는 『이아爾雅』에 '추樞'에 대한 위의 내용은 탐색되지 않는다.
116 『주역周易』「계사전繫辭傳」.

상의 뜻을 비유하니, 이『반야바라밀다심경』이 그 뜻을 다한다. 그러므로 "그 핵심을 간추리면 이치는 14행에서 다한다."라고 하였다. 여기서 행은 17자로 된 행일 따름이다.『대반야경大般若經』제10회「반야이취분般若理趣分」의 서문에서 "이 경전(반야이취분)은 모든 법석이 귀의하는 뜻을 확인하고, 수많은 편장篇章의 마루가 되는 실마리를 꿴 것이다."[117]라고 했고, 청량 징관은 말하기를, "(「반야이취분」은) 이『대반야경』600권의 이취를 밝힌 것이다."[118]라고 했다. 지금 이 경전은 역시『대반야경』600권의 추요樞要인 것이다.

記 若歷等者。謂歷色心等事。備陳正理。則有八部二十萬頌。頌有四種。一阿耨窣覩婆。此云數字頌。不論長行。但數三十二字。則云一頌。二伽陀。此云諷頌。亦云直頌。直以偈頌。諷美法門故。三祇夜。此云應頌。應前長行頌故。四集施頌。積集法義。令誦持故。今即初也。若撮下。即略經也。樞謂門樞。爾雅曰。制扇以枏門傍。曰樞。即俗呼門準。是也。又言行乃君子之樞機。盖言華屋之要。四體之本也。以況八部所詮頓實之旨。斯經盡之。故曰撮其樞要。理盡一十四行。行即十七字之行耳。理趣般若序云。此經並[1)]乃麗諸會之旨歸。縮積篇之宗緒。清凉曰。明是六百卷理趣也。今經亦六百卷之樞要矣。

1) ㉘ '並'에 대해 저본의 난외에 주석이 있는데, "'並' 자를 어떤 판본에서는 '蓋'라고 했다."라고 하였다.(편자) ㉑『대정장』에서는 '蓋'라고 했다.

(2) 뜻을 드러냄

둘째, 뜻을 드러낸다. 여기에 둘이 있다.

---

117 『대반야경大般若經』권578(T7, 986a).
118 징관,『화엄경수소연의초』권25(T36, 189a).

二顯意二。

① 근기에 따라 자세히 하거나 간략히 함

첫째, 근기에 따라 자세히 하거나 간략히 한다.

初廣略由機。

소 참된 언어적 가르침은 자세하기도 하고 간략하기도 하여 근기에 따름을 알아라.

疏 是知詮眞之敎。乍廣略而隨緣。

기 소주인 법장이 말하기를, "근기의 인연에 따라서 각각 감感을 달리하니, 성인이 응應함에 있어서 분수를 나누는 까닭이다."[119]라고 했고, 『석마하연론』에서는 "광자력근廣自力根과 약자력근略自力根이 있다."[120]라고 했다. 그래서 여래는 경전을 자세히 설하기도 하고 간략히 설하기도 하여 이들에 응하는 것이다. 그러므로 "자세하기도 하고 간략하기도 하여 근기에 따른다."라고 한다. "연緣"이란 근기의 인연이다.

記 疏主曰。機緣感異。聖應所以殊分。論說。廣自力根。略自根力。[1] 如來則以廣說修多羅。略說修多羅以應之。故曰廣略隨緣。緣者。機緣也。

1) ㉠『석마하연론』에 따르면 '根力'은 '力根'이다.

---

119 법장, 『화엄경탐현기』 권1(T35, 107a).
120 용수, 『석마하연론』 권1(T32, 599b). "一者廣自力根。二者略自力根。"

② 이치는 원만하여 어디서나 나타남

둘째, 이치는 원만하여 어디서나 나타난다.

二理圓俱現。

소 말을 뛰어넘는 으뜸된 성품은 원만하게 소통하여 어디서나 나타난다.

疏 超言之宗性。圓通而俱現。

기 소주인 법장이 또 말하기를, "성인이 응함이 비록 다르지만 불가사의함은 같다."[121]라고 했고, 『사익범천소문경』에서 말하기를, "비유하자면 어리석은 사람이 허공을 두려워하여 항하사 겁 동안 달려도 벗어날 수 없으니, 끝까지 갈 수 있는 곳까지 가더라도 허공을 벗어나지 못하는 것과 같다."[122]라고 했다. 참으로 진공묘종眞空妙宗의 성품은 있지 않음이 없기 때문에 어디서나 나타날 수 있는 것이다.

記 疏主又曰。聖應雖殊。不思議一。經云。譬如癡人。畏空而走。經恒沙劫。不能得出。在所至處。不離虛空。良以眞空妙宗。性無不在故。能俱現矣。

2) 『반야심경』을 별도로 서술함

둘째, 『반야심경』을 별도로 서술한다. 여기에 둘이 있다.

---

121 법장, 『화엄경탐현기』 권1(T35, 107a).
122 『사익범천소문경思益梵天所問經』 권1(T15, 37a).

二別叙今經二。

(1) 오묘하게 근기에 투합함을 찬탄함

첫째, 오묘하게 근기에 들어맞음을 찬탄한다.

初妙讚投機。

소 『반야심경』이란, 실로 저문 거리를 밝히는 높은 횃불이요, 고통의 바다를 건너게 하는 빠른 배라 말할 수 있으니, 중생을 구제하고 어리석은 무리들을 인도하기에는 이보다 더 뛰어난 것은 없다.

疏 般若心經者。實謂曜昏衢之高炬。濟苦海之迅航。拯物導迷。莫斯爲最。

기 "저문 거리(昏衢)"와 "고통의 바다(苦海)"란, 유정이 삶과 죽음 사이를 바쁘게 뛰어다니면서 지혜로 밝아짐이 없이 5고·8고[123]가 끝나지 않는 것을 비유한 것이다. "높은 횃불(高炬)"과 "빠른 배(迅航)"란, 이 『반야심경』이 세 가지 무상無相의 지혜로 다양한 중생들을 구제하고 어리석은 무리들을 인도하니, 뭇 경전들 중에 이보다 뛰어난 것이 없음을 비유한 것이다.

記 昏衢苦海。以喩有情。奔馳生死。無智慧明。五苦八苦。不得邊底也。高炬迅航。以況斯經。三無相慧。拯接物機。導引迷徒。羣修多羅。莫比斯最。

---

[123] 5고·8고 : 5고는 일반적으로 생로병사고生老病死苦·애별리고愛別離苦·원증회고怨憎會苦·구부득고求不得苦·오음성고五陰盛苦이고, 8고는 생고·노고·병고·사고·애별리고·원증회고·구부득고·오음성고이다.

(2) 우선 경전의 제목을 드러내 보임

둘째, 우선 경전의 제목을 드러내 보인다. 여기에 둘이 있다.

二聊示經目二。

① 간략히 강요綱要를 제시함

첫째, 간략히 강요를 제시한다.

初略提綱要。

소 그러므로 "반야"는 신통한 통찰력을 바탕으로 삼고, "바라밀다"는 피안으로 건너감을 공덕으로 삼으며, "심"은 긴요하고 미묘한 것이 귀결되는 바를 드러낸 것이고, "경"은 곧 언교를 꿰뚫은 것이다.

소 然則般若。以神鑑爲體。波羅蜜多。以到彼岸爲功。心顯要妙所歸。經乃貫穿言敎。

기 "반야는 신통한 통찰력을 바탕으로 삼고"란, 승조가 『조론』에서 말하기를, "그러므로 반야의 지혜(智)에는 심오한 이치를 탐구하는 통찰은 있으나 지식(知)은 없고, 반야의 정신(神)에는 감응하여 부합하는 작용은 있으나 사려(慮)는 없다. 반야의 정신에는 사려가 없으므로 세상 밖에서 홀로 존귀할 수 있고, 반야의 지혜에는 지식이 없으므로 사물 밖에서 깊이 비출 수 있다."[124]라고 했다. 경에서 "반야에는 앎이 없지만 알지 못하는 바도 없다."라고 하였으니, 곧 실상을 관조하는 것이다.

"바라밀다는 피안으로 건너감을 공덕으로 삼으며"에서 '공덕(功)'이란 공용功用이다. 말하자면 사람과 천天·용龍 등 팔부 대중을 다하여 생사의 바다를 넘게 하고 열반의 언덕에 두는 것이 곧 이 오묘한 지혜의 공용이다. "심은 (긴요하고 미묘한 것이 귀결되는 바를) 드러낸 것이고"란, 능전 能詮인 경전이 간략하지만 광대한 것의 미묘하고 뛰어남을 섭수하는 것을 찬탄한 것이다. 마치 『원각경』의 제목에서 '수다라요의修多羅了義' 다섯 자와 같다. 그러므로 규산 종밀은 ('대방광원각수다라요의경'에서) 뒤의 ('수다라요의경'의) 여섯 자를 나누어 총괄적으로 능전에 소속시켰다. 『원각경략소초』에서 말하기를, "앞의 ('수다라요의'의) 다섯 자는 다른 경전들과 비교하여 이 경전의 우수함을 찬탄한다. 『원각경』이라는 한 경전이 경장 중에서 요의경이라는 뜻을 드러낸다."[125]라고 했다. 지금 소주인 법장은 14행이 (『대반야경』) 600권의 요점이라고 밝히니, 반야부에서 핵심이라는 뜻으로 말한 것이다. 마치 사람의 심장이 몸 전체의 긴요처인 것과 같다. 앞에서 이미 소전所詮인 뜻의 심오함을 자세히 서술했으므로 여기서는 특별히 능전인 문자반야를 드러내었으니, 마치 (심장 속의) 정기精氣가 밝게 드러나는 것과 같다. 대체로 번역한 사람의 뜻에 따라 독자적으로 비유에 의해 밝힌 것이다. "경은 곧" 등이란, 실은 꽃을 꿸 수 있고 날실은 씨실을 지탱할 수 있으니, 성인이 법과 의를 베풂에 경으로 그것을 꿰는 것이다.

記 般若等者。肇公曰。然則智有窮幽之鑑而無知焉。神有應會之用而無慮焉。神無慮故。能獨王於世表。智無知故。能玄照於事外。經云。般若無知無所不知。則觀照實相也。波羅下。功者。功用也。謂漉人天龍。渡生死海。

---

124 승조僧肇,『조론肇論』권1(T45, 153b).
125 종밀,『원각경략소초』권5(X9, 865a).

置涅槃岸。乃斯妙慧之功用也。心顯等者。讚能詮經略能攝廣之妙勝也。如圓覺題中。修多羅了義五字。是故圭山科下六字。摠屬能詮。鈔曰。上五字。是比對諸經。歎此經殊勝。意顯圓覺一經。是修多羅藏中了義之經。今䟽主特彰一十四行。是六百卷中之要妙。意言是般若部中之心。如入¹⁾心藏。是一身之要也。前已廣叙所詮甚深故。此特顯能詮。文字般若。如精曜氣絲焉。盖順譯主。獨就喩彰。經乃等者。線能貫華。經能持緯。聖宣法義。經以貫之也。

---

1) ㉑ '入'을 난외에서는 손글씨로 '人'이라 고쳤다.(편자)

② 뜻으로 결론지음

둘째, 뜻으로 결론짓는다.

二以義結成。

소 법에 따르고 비유에 나아가며, 전詮(언어적 표현)과 지旨(뜻)에 의거하여 제목으로 삼는다. 그러므로 "반야바라밀다심경"이라 한다.

䟽 從法就喩。詮旨爲目。故言般若波羅蜜多心經。

기 "반야"는 법이고, "심"은 비유이며, "심경"은 언어적 표현이고, "반야"는 그 뜻이니, 맺어서 제목으로 삼은 것이다.

記 般若法也。心乃喩焉。心經爲詮。般若爲旨。結爲題目矣。

제2장 범주를 나누어 문장을 해석함

둘째, 범주를 나누어 문장을 해석한다. 여기에 둘이 있다.

二開章釋文二。

1. 범주(章門)를 표명하여 나열함

첫째, 범주를 표명하여 나열한다.

初標列章門。

소 다섯 가지 부문으로 나누어 이 경전을 해석하겠다. 첫째 가르침이 일어나는 것(敎興)이고, 둘째 장의 소속(藏攝)이며, 셋째 종취(宗趣)이고, 넷째 제목을 해석하는 것(釋題)이며, 다섯째 본문을 풀이하는 것(解文)이다.

疏 將釋此經。五門分別。一敎興。二藏攝。三宗趣。四釋題。五解文。

기 "다섯 가지 부문"이란, (법장의) 소가 『반야심경』을 따라가면서 대강 부문을 나누어 해석하는데, 다섯 가지 부문에서 그친 것이다. 앞의 세 가지는 뜻의 부문이고, 뒤의 두 가지는 바로 해석한 것이니, 경전의 제목은 본문에 해당하기 때문이다. 그런데 이 5문이 생겨난 데에는 계통이 있다. 처음의 "가르침이 일어나는 것"이란, 대저 성인의 말은 허투루 나오지 않아 일어나면 반드시 연유가 있으니, 위대한 인연이 아니면 그러한 가르침이 일어나지 않는다는 것이다. 가르침이 비록 무량하지만 (대·소의) 이 장二藏과 (성문·연각·보살의) 삼장과 권교와 실교의 문門을 벗어나지 않는다. 깊은 뜻을 안다고 하더라도 아직 가장 숭상되어야 할 바가 무엇인지를 알지 못한다. 이 근본된 뜻(宗趣)이 밝혀지고 나면 제목을 알아야 하며, 그리하여 강요가 드러나고 나면 문장에서의 어려움이 요해된다. 다섯 가지의 장절이 생겨난 것은 그 대강이 이와 같다.

記 五門者。疏從經略門。止五焉。前三義門。後二正釋。以經題目。即本文故。然此五門。生起有緒。初教興者。夫聖人言不虛發。動必有由。非大因緣。莫興斯教。教雖無量。不出二藏三藏。權實教門。雖知深旨。未悉所崇。宗趣既明。須知題目。綱要已彰。在文難曉。五章生起。其略如是。

2. 장문章門에 따라 해석함

둘째, 장문에 따라 해석한다. 여기에 다섯이 있다.

二依門解釋五。

1) 가르침이 일어남

첫째, 가르침이 일어남이다. 여기에 둘이 있다.

初教興二。

(1) 가르침이 일어나는 큰 뜻을 제기함

첫째, 가르침이 일어나는 큰 뜻을 제기한다.

初生起大意。

소 첫째, 가르침이 일어남이란 『대지도론』에 의거하여 말하자면, 수미산이 아무 인연도 없거나 적은 인연으로 진동할 수 없는 것과 같이 반야의 가르침이 일어나는 것도 이와 같아서 많은 인연을 갖춘다는 것이다.

소 初教興者。依大智度論云。如須彌山王。非無因緣。非少因緣。令得振動。般若教興。亦復如是。具多因緣。

기 "가르침이 일어남"이란 다음과 같다. 『대지도론』에서 "묻는다. 불타는 어떤 인연으로 『반야바라밀경』을 설하였는가? 모든 불타는 아무 일이 없거나 적은 인연으로 스스로 발언하지 않는다. 비유하자면 수미산이 아무 일이 없거나 적은 인연으로 움직이지 않는 것과 같다. 지금 어떤 위대한 인연으로 『반야바라밀경』을 설하였는가?"[126]라고 했다. 그러므로 소에서 이 부분을 인용하여 가르침이 일어난 큰 뜻을 제기한 것이다.

기 教興者。論問曰。佛以何因緣故。說般若波羅蜜經。諸佛不以無事及少[1]事[2]因緣而自發言。譬如須彌山王。不以無事及少事*因緣故動。今以何等大因緣故。說般若波羅蜜經。故疏引此。生起教興大意。

1) ㉮ '少'를 난외에서 손글씨로 '小'라 고쳤다. 다음에 나오는 '少'도 같다.(편자) 2) ㉯ 『대품반야경』에 따르면 '事'는 연자이다. 이하 동일하다.

---

[126] 『대지도론』 권1(T25, 57c).

(2) 범주(章門)를 나누어 별도로 해석함

둘째, 장문章門을 나누어 별도로 해석한다. 여기에 둘이 있다.

二開章別釋二。

① 바로 해석함

첫째, 바로 해석한 것이다. 여기에 넷이 있다.

初正釋四。

가) 외도의 그릇됨을 논파하고 소승을 되돌림

첫째, 외도의 그릇됨을 논파하고 소승을 되돌린다.

初破邪回小。

소 첫째, 말하자면 외도의 모든 그릇된 견해를 논파하고자 하기 때문이다. 둘째, 이승을 되돌려 대승에 들어가게 하고자 하기 때문이다.

疏 一謂欲破外道諸邪見故。二欲回二乘。令入大乘故。

기 말가려末伽黎[127] 등의 외도들이 널리 유와 무 등의 견해를 일으켜 이

---

127 말가려末伽黎 : 범명 Makkhaligosāla. 인도 육사외도六師外道 중 하나로서 중생의 고

치 바깥으로 벗어나 버리자, 세존이 『반야경』 등의 경전을 설하여 실아와 실법을 논파하고 교화하여 불도에 들게 한 것을 말한다. 둘째, 소승 녹원 鹿苑의 근기가 방등方等의 규탄과 책망으로 점점 성숙해지자 반야의 경전에서 제법의 자성이 모두 공임을 널리 설하니, 저 소승을 뒤집어 대승으로 이끌어 들어간다. 그러므로 『대품경』에서 "아라한과를 얻고자 한다면 반야바라밀을 배워야 한다."[128] 등이라고 했다. 소주인 법장이 말하기를, "95종의 외도가 그릇된 학풍을 다투어 부채질하고 열여덟 개의 소승 부파가 다투어 횃불을 휘두르자 마침내 진공의 지혜의 빛이 광채를 감추고 구름에 가리며 반야의 검은 구슬이 물고기의 검은 눈알로 미혹된다."[129]라고 했다.

> 記 謂末伽黎等。廣起有無等見。行於理外。世尊說般若等經。破實我法。化令入道。二者鹿苑之器。方等彈訶。漸已成熟。般若之經。廣說諸法。自性皆空。翻□[1)]小乘。引令入大。故大品云。若人欲得阿羅漢果。當學般若波羅蜜等。疏主曰。九十五種。競扇邪風。一十八部。爭揮爝火。遂使眞空慧日。匿輝昏雲。般若玄珠。惑玆魚目。

1) ㉮ '□'를 난외에서 손글씨로 '彼'라 고쳤다.(편자)

나) 이치를 드러내고 수행을 완성함

둘째, 이치를 드러내고 수행을 완성한다.

락은 자연적으로 발생한다고 하는 숙명론적 자연론자이다.
[128] 『대품반야경大品般若經』 권13(T8, 313c)의 다음 내용에 해당한다. "선남자와 선여인이 수다원과 사다함과 아나함과 아라한의 과보를 얻고자 한다면 반야바라밀을 배워 실천해야 한다.(善男子善女人。欲得須陀洹。斯陀含果。那含果。羅漢。當習行般若波羅蜜。)"
[129] 법장, 『십이문론종치의기』 권상(T42, 212b).

二顯理成行。

소 셋째, 소보살[130]이 공에 미혹하지 않게 하기 때문이다. 넷째, 이제 중도를 깨달아 올바른 견해를 내게 하기 때문이다. 다섯째, 불타의 수승한 공덕을 드러내어 깨끗한 믿음을 낳게 하기 때문이다. 여섯째, 대보리심을 발생시키기 때문이다. 일곱째, 보살의 깊고 넓은 수행을 닦게 하기 때문이다.

疏 三令小菩薩。不迷空故。四令悟二諦中道。生正見故。五顯佛勝德。生淨信故。六欲令發大菩提心故。七令修菩薩深廣行故。

기 앞의 두 가지는 이치를 드러내는 것이고, 다음의 세 가지는 수행을 완성하는 것이다.

"소보살이" 등이란, 곧 뒤[131]에서 세 가지로 (공에 대한) 혼란된 생각을 가진 이들이니, 이들을 위해 반야를 설함으로써, 뜻을 깨끗이 하여 이치에 들게 하는 것이다.

"넷째, (이제중도를) 깨달아" 이하에서 "올바른 견해를"까지는, 진제의 올바름을 믿어 이해하고 중도의 참됨을 깨달아 고정적이고 실체적인 색과 공에 집착하지 않는 것을 바로 올바른 견해라 한다는 것이다. 이제중도가, 이 경전에서 말하고자 하는 바이기 때문이다. 『십이문론종치의기』에서 "삼론三論(『중론』·『백론』·『십이문론』)의 종취는 반야로 통하고, 이제중도가 반야의 종취이다."[132]라고 했다.

---

130 소보살小菩薩 : 불퇴위不退位에 도달한 보살을 대보살大菩薩, 그렇지 못한 보살을 소보살이라 한다.
131 법장은 '겸하여 보살의 의심을 풀어냄(兼釋菩薩疑)'의 대목에서 『보성론』에 의거하여 소보살의 의심을 세 가지로 나눈다.

記 前二顯理。次三成行。令小等者。即下三亂意人。爲說般若。令意淨入理也。四令悟下正見者。令信解眞正。了悟中眞。不執之實色空。方名正見。二諦中道者。以是此經之所詮故。義記云。二[1]論宗於般若通。以二諦中道而爲其宗。

1) ㉠『십이문론종치의기』에 따르면 '二'는 '三'이다.

그 글(『십이문론종치의기』)에서 진속·공유의 긍정과 부정 및 보존과 파괴를 갖추어 드러내어 다음과 같이 밝혔다. 인연유와 본성공은 때로는 서로 부정하여 모두 사라지고 때로는 서로 긍정하여 모두 보존되며, 때로는 스스로 파괴하거나 스스로 보존하기도 하여 걸림이 없다. 서로 긍정하는 차원에서는 유를 파괴하지 않는 공과 저 공을 파괴하지 않는 유는 이치가 서로 섞이지 않으므로 (공과 유가) 같지 않는 차원을 이룬다. 서로 부정하는 차원에서는 이 유를 파괴하는 공과 공을 사라지게 하는 유가 모두 (서로를) 부정하므로 같지 않다. 각각 스스로 보존하는 차원에서는 서로 긍정하지 않으므로 같지 않다. 각각 스스로 파괴하는 차원에서는 같다고 할 만한 것이 하나도 없으므로 같지 않다. 보존과 파괴가 걸림이 없어서 (공과 유의) 두 가지 이치가 섞이지 않고, 극단에 떨어지지 않으므로 중도를 잃지 않는다. 이것을 이제중도라 한다. 다르지 않음의 뜻은 그곳에서 밝힌 바와 같다. 또 같지 않음과 다르지 않음은 결코 둘이 아니다. 연기는 둘이 아니기 때문이다. 유를 파괴하는 공이 곧 공을 사라지게 하는 유이어서 걸림이 없으므로 극단적으로 서로 위반하는 것이 다시 극단적으로 서로 따른다. 그러므로 서로 부정함과 서로 긍정함이 결코 둘이 아니라 용융되어 걸림이 없는 것이다. 같지 않음이 곧 다르지 않음이므로 곧

---

132 법장, 『십이문론종치의기』 권상(T42, 215b)에서 "삼론을 통틀어 변론하자면 이제중도를 종취로 삼는다.(通辨三論。總以二諦中道爲宗趣。)"라고 했다.

이제가 중도이고, 다르지 않음이 곧 같지 않음이므로 곧 중도가 이제이다. 또 같지 않음과 다르지 않음이 또한 같지 않다. 그러므로 같지 않음에 상즉하는 다르지 않음과 다르지 않음에 상즉하는 같지 않음은 뜻이 서로 섞이지 않으므로 같지 않다. 말하자면 중도와 다르지 않은 이제와 이제와 다르지 않은 중도는 융통하면서도 섞이지 않으므로 중도도 아니고 이제도 아니면서 중도와 이제를 갖추게 된다. 이것을 중도와 극단에 막힘이 없고 걸림이 없는 중도라 한다.[133]

> 彼文具彰眞俗空有。與奪存壞。以明緣有性空。或相奪全盡。或相與全存。或自壞自存。無有障礙。若相與門。則不壞有之空。與彼不壞空之有。理不雜故。成非一門。若相奪門。則此壞有之空。與盡空之有。全奪故。非一也。若各自存門。則不相是故。非一也。若各自壞門。則無一可一故。非一也。以存壞無礙。二理不雜。不隨邊故。不失中道。是謂二諦中道也。非異之義。如彼所明。又非一與非異。復無有二。以緣起無二故。以壞有之空。即是盡空之有。無障礙故。極相違反。還極相順。是故相奪相與。復無有二。鎔融無礙也。由非一即非異故。即二諦爲中道。由非異即非一故。即中道爲二諦。又非一與非異。亦非一。是故即非一之非異。與即非異之非一。義不雜故。而非一也。謂不異中之二。不異二之中。融通不雜故。非中非二。具足中二。是謂中邊無障無礙之中道。

이것을 깨닫게 하기 때문에 가르침이 일어난 것이다.

> 令悟此故。斯敎興也。

---

133 법장,『십이문론종치의기』권상(T42, 216b~c).

"다섯째, (불타의 수승한 공덕을) 드러내어" 등이란, 여기부터는 수승한 실천을 완성하고자 하기 때문에 이 경전을 연설한 것이다. 깨끗한 믿음과 위대한 보리심이 만 가지 실천의 근본이고, 세 가지 마음[134]을 내는 것과 열 가지 믿음[135]을 닦는 것이 곧 실천이기 때문이다. '불타의 공덕'이란, 상常·낙樂·아我·정淨의 4덕과 완전한 불지佛地의 항하사 모래알만큼 많은 참되고 청정한 공덕이다. 뜻은 『화엄경』에서와 같다. 과보를 거론하여 기꺼이 신심을 내도록 권장하는 것이다.

문 『원각경대소석의초』에서 공종空宗에서는 불타의 공덕을 공이라 한다고 설하면서, "모든 반야부 경전과 『중론』·『백론』·『십이문론』 등이 수미일관 모두 이러하다."[136]라고 하였고, 또 이 반야부 경전의 무소득 등을 인용하면서 모두 그(공) 뜻이라고 하였는데,[137] 무슨 까닭에 지금 상·낙·아·정의 공덕을 설하는가?

답 그것(공)은 나란타사 지광의 뜻을 성립시키고, 이것은 소주인 법장을 따른다. 아래 소에서 과보를 얻는 바를 변론하면서 "공덕이 갖추어지지 않음이 없는 것"이라고 했으니, 그러므로 불타의 공덕은 공하지 않다. "대보리심"이란, 곧 직심直心·심심深心·대비심大悲心의 세 가지 마음이 깊고 넓어진 것이다. "수행"이란 상相을 떠난 것을 "깊고"라고 하고, 상에 따르는 것을 "넓은"이라고 하니, 반야는 두 가지 수행을 갖추어 밝히기 때문이다.

---

134 세 가지 마음 : 진여를 똑바로 염상하는 직심直心, 모든 선한 행동을 하고자 하는 심심深心, 일체중생의 고통을 제거하고자 하는 대비심大悲心.
135 열 가지 믿음 : 보살의 52계위五十二階位 중 최초 열 가지 신위信位에서 닦아야 하는 열 가지 마음. 신심信心·염심念心·정진심精進心·정심定心·혜심慧心·계심戒心·회향심廻向心·호법심護法心·사심捨心·원심願心.
136 종밀, 『원각경대소석의초』 권2 하(X9, 512a).
137 앞의 『원각경대소석의초』 해당처의 앞부분 반야부 경전에서 설한 무소득의 가르침을 인용한 것을 말한다.

五顯等者。此下欲成勝行。故演斯經。以淨信大心萬行之本。又發三心。修
十信。即是行故。佛德者。常等四德。及佛地河沙眞淨功德。義同華嚴。擧
果勸樂生信心也。問覺鈔說。空宗佛德空云。諸部般若。中百門論。首末皆
是。又引此經無所得等。皆曰彼義。何由今說常樂等德。答彼成智光。此順
疏主。下辨所得中云。德無不備故。非佛德空也。大菩提心者。即直等三心
深廣。行者。離相爲深。隨相爲廣。般若具明二行故。

다) 장애를 끊어 과보를 얻음

셋째, 장애를 끊어 과보를 얻는다.

三斷障得果。

소 여덟째, 일체의 무거운 장애를 끊게 하기 때문이다. 아홉째, 보리와
열반의 과보를 얻게 하기 때문이다.

疏 八令斷一切諸重障故。九令得菩提涅槃果故。

기 두 가지 장애와 두 가지 과보는 모두 뒤에서 설하는 것과 같다.

記 二障二果。並如下說。

라) 오래도록 아름다운 이름을 전함

넷째, 오래도록 아름다운 이름을 전한다.

四傳芳萬古。

소 열째, 후대에까지 이르러 중생을 이익되게 하기 때문이다.

소 十流至後代。益衆生故。

기 이것은 미래에도 똑같이 이익을 입는 것이다.

기 此爲未來。等蒙益也

② 결론지어 지적함

둘째, 결론지어 지적한 것이다.

二結指。

소 간략히 이 열 가지를 설하니, 저 의미들을 모두 거두어들이고자 이 가르침을 일으킨 것이다.

소 略說此十。具收彼意。令此敎興。

2) 장藏의 소속을 밝힘

기 둘째, 장藏의 소속을 밝혔다. 여기에는 둘이 있다.

기 二明藏攝二。

(1) 장藏의 소속

첫째, 장藏의 소속이다.

初藏攝。

소 둘째, 장의 소속이란, 말하자면 삼장 중에서는 계경장契經藏에 포섭되고, 이장 안에서는 보살장菩薩藏에 수렴된다는 것이다.

소 第二藏攝者。謂三藏之中。契經藏攝。二藏之內。菩薩藏收。

기 "삼장"이란 경·율·논을 말한다. 통틀어서 '장藏'이라 한 것은 품고 포함하기 때문이다. 일체의 알아야 할 바의 뜻을 포함한다는 것을 말하니, "섭攝"은 곧 포함하는 것이기 때문이다. "계경"이란 이치에 계합하고 근기에 계합하여 꿰뚫어서 교화의 대상인 중생을 거두어들이는(攝持) 것이니, 곧 언교를 꿰뚫어 교화의 대상인 중생을 거두어들이는 것이다. 경장이고 다른 두 가지인 율장과 논장이 아니므로 계경에 포섭된다. "이장"이라는 것은, 대승과 소승에 의거하여 나눈 것이니, 지금 이승(소승)이 아니므로 보살장에 수렴된다.

기 三藏者。謂經律論也。通稱藏者。以含攝故。謂攝一切所應知義。攝即包含故。契經者。謂契理契機。貫穿攝化。即貫穿言教。攝持所化也。經非餘二故。契經攝。二藏者。則約大小以分。今非二乘故。菩薩藏收。

(2) 교敎의 소속

둘째, 교敎의 소속이다.

二敎攝。

소 권교權敎와 실교實敎 중에서 실교에 포함된다.

초 權實敎中。實敎所攝。

기 진국 사문 징관은 말하기를, "앞에서 경장에 권교와 실교가 있으므로 이러한 부문이 있다."[138]라고 했다. 그런데 소주인 법장의 술작述作은 상황에 맞추어 기준을 제정한 것이니, 하나의 기준만 있었던 것은 아니었다.[139] 『화엄경』에 대해서는 (소승교小乘敎・대승시교大乘始敎・종교終敎・돈교頓敎・원교圓敎의) 5교를 갖추어 베풀었고, 『대승기신론』에 대해서는 큰 차이는 없지만 오로지 (수상법집종隨相法執宗・진공무상종眞空無相宗・유식법상종唯識法相宗・여래장연기종如來藏緣起宗의) 4종宗을 기준으로 삼았으며, 이 경전에서는 단지 권교와 실교만을 밝혔고, 『범망경』에 대해서는 독특하게 화교化敎와 제교制敎[140]로 나누었다. 대개 봄날의 높은 노랫가락 같은 교리들을 조화하고자 금과옥조 같은 의론의 귀결을 추구하니, 그리하

---

138 징관, 『화엄경수소연의초』 권5(T36, 38b).
139 아래의 내용은 법장이 『화엄오교장華嚴五敎章』・『대승기신론의기大乘起信論義記』・『반야심경약소般若心經略疏』・『범망경보살계본소梵網經菩薩戒本疏』 등을 저술하여 다양하게 불교 교리를 전개한 사실을 말한다.
140 화교化敎와 제교制敎 : 화교는 대승과 소승 경에서 설해진 교법을 일컫고, 제교 또는 행교는 율장에서 설해진 계행을 일컫는다. 법장의 『범망경보살계본소』 제3 「섭교분제攝敎分齊」(T40, 603b 이하)에서는 이 화제 2교의 구분법에 따르고 있다.

여 대목마다 날카롭게 해석하여 동쪽으로 흘러온 가르침이 뜻마다 얼음이 녹듯 풀어졌다. (소승이든 대승이든) 삼장의 계경戒經은 모두 경중輕重을 설하고, 모두 계율을 지키게 되는 상황과 어긋나게 되는 상황을 밝혀서 화교와 제교를 기준으로 풀어 통하게 하였으니, 어찌 뜻을 얻은 것이 아니겠는가. 반야부는 시간적으로 (권실의) 2시二時를 꿰뚫고 공간적으로 5교에 통한다. 어느 하나를 어느 하나에 부속시키기도 하고, 둘 다 평등하게 세우기도 하며, 공을 말하기도 하고 유를 말하기도 하니, 권교와 실교를 드러내어 밝힘에 가히 절창이라 할 만하다. 그리고 하나의 대장경이 모두 불설이라 하지만 근기에 따라 방편으로 시의적절하게 설하기도 하고, 성품이 그 자체로 청정한 차원에서 결정적인 진실을 설하기도 한다. 지금 이 경전은 결정적인 진실을 설한 것이다. 그러므로 "실교에 포함된다."라고 했다.

記 鎭國曰。由前經藏有權實等。故有此門。然䟽主述作。隨宜制度。事非一準。且華嚴備張五敎。起信無差。唯約四宗。斯經但明權實。梵網獨開化制。盖以欲和陽春之高唱。乃追玉舌之旨歸。然則門門刃解。東流義義氷融。[1] 三藏戒經。具說重輕。僉明持犯。約化制以釋通。豈非得旨。般若堅貫二時。橫通五敎。有帶有雙。談空談有。彰權實以明之。可稱絕唱。且一大藏經。雖皆佛說。然有就機方便權宜說。有稱性決了眞實說。今經決了眞實。故云實敎攝也。

1) ㉠ '融'을 난외에서 손글씨로 '鎔'이라 고쳤다.(편자)

단 권교와 실교에는 차원이 다양하지만 이치를 간략히 변론하자면 설에 따라 세 가지가 있다. 첫째, 5교에서 앞의 소승교·대승시교·종교·돈교의 네 가지는 모두 권교이고, 뒤의 원교 한 가지만이 실교이다. 이것은 『화엄공목장』과 『화엄오교장』 등에서 설한 것[141]과 같다. 둘째, 앞의 둘이 권교이고, 뒤의 셋은 모두 실교이다. 『화엄경』과 『원각경』 등의 소에서 설한 것[142]과 같다. 셋째, 정토에서 설한 것은 진실이고, 사바세계에서 말한 것은 방편이다. 『원각경수증의』에서 설한 것[143]과 같다. 법장의 소는 두 번째에 의거한다.

🔲 문 반야에서는 공을 말한다. 공은 시교이니, 반드시 방편에 속하기 때문이다. 정관貞觀(627~649) 이래로 이것의 권실에 대한 의론에 있어 많은 설들이 다양하였다. 때로는 소승과 대승을 기준으로 하고, 때로는 통·별을 기준으로 하고, 때로는 가르침과 과보는 권교이고, 이치와 실천은 실교라고 한다. 어찌 『연주기』에서 모두 서술하지 않는 것인가?

🔲 답 『대지도론』에서 "불타가 득도한 밤부터 열반에 이르기까지 항상 반야를 설하였다."[144]라고 하였다. 이 경전은 권·실을 쌍으로 드러내며, 점·돈을 겸하여 주창하니 여러 종파의 판석이 같지 않다. 그러므로 후대

---

141 법장, 『화엄오교장』 권2(T45, 488a)의 다음 내용에 해당한다. "일체가 모두 무이지만 불타 한 사람은 제외된다고 하기도 하고, 소승에서 설명하는 경우는 일체가 모두 유이지만 풀이나 나무 등은 제외된다는 것이고, 종교에서 설명하는 경우는 유이기도 하고 무이기도 하다는 것이고, 시교에서 설명하는 경우는 한 부분이라도 자성이 없으므로 유도 아니고 무도 아니라는 것이고, 돈교에서 설명하는 경우는 (앞의) 개념들을 벗어나므로 (오히려) 앞의 네 경우를 갖춘다는 것이고, 일승교에서 설명하는 경우는 원인에 나아가 과보를 구비하므로 세 가지 세간을 소통시킨다는 것이고, 원교에서 설명하는 경우는 여타의 것에 준하여 알 만하다.(或一切皆無。唯除佛一人。如小乘說。或一切皆有。唯除草木等。如終教說。或亦有亦無。如始教說。以許一分無性故。或非有非無。如頓教說。以離相故。或具前四。如一乘方便處說。或即因具果通三世間。如圓教說。餘可準知。)"
142 징관, 『화엄경소』 권2(T35, 513b1~2)의 다음 내용에 해당한다. "둘째로 권교에 대해 실교를 드러내는 것이다. 앞의 두 가지가 삼승이고, 뒤의 세 가지가 일승이니, 곧 법화의 사승四乘과 어긋나지 않는다.(二對權顯實。前則二是三乘。後三爲一乘。則不違法華四乘。)"
143 종밀, 『원각경수증의圓覺經修證儀』 권4(X74, 393c)의 다음 내용에 해당한다. "혹 정토에 산다면 열다섯 가지 본경을 설하고, 혹 사바세계를 보응한다면 열두 가지 분교를 담론한다.(或居淨土。說十五本經。或應娑婆。談十二分教。)"
144 『대지도론』 권1(T25, 59c)의 『이야경二夜經』을 인용한 것을 참조할 것.

의 제현들이 많이 오해하게 되었다.

但以權實多門。理須略辨。約說有三。一就五教。前四皆權。後一方實。此如孔目教章等說。二者前二爲權。後三皆實。如華嚴圓覺等疏所說。三者淨土說爲眞實。娑婆談是權宜。如修證儀說。疏依第二。問。般若談空。以空爲始。固屬權故。政觀¹⁾以來。議斯權實。衆說不同。或約大小。或約通別。或曰敎果是權。理行是實。何以記皆不叙。答曰。論云。從得道夜。乃至涅槃。常說般若。斯經權實雙彰。漸頓兼唱。諸宗判釋不同。故使後賢□²⁾誤。

1) ㉠ '政觀'은 법장 당시의 당唐 연호인 '貞觀'(627~649)의 오기인 듯하다. 2) ㉡ '□'를 난외에서 손글씨로 '多'라 고쳤다.(편자)

지금 갖추어 열거하여 저변의 흐름을 모두 드러내 보겠다. 첫째, 계현戒賢 논사가 말한다. 변계소집성에 의거하여 제법의 자성은 모두 공이라고 설한다. 의타기성과 원성실성은 아직 있다고 설해지지 않는다. 곧 반야부 경전들과 『중론』·『백론』 등의 논서를 판석하자면, 육식이 공이라고 설하고, 공의 이치를 많이 담론하니, 제2시第二時인 법계의 무차별성에 속한다. 논이나 소에서는 이것에 의거하여 반야부 경전은 제2종第二宗에 속하는 것으로 교판한다.

둘째, 지광智光 논사가 말한다. 제3시에서 바로 상근기를 위해 무상無相의 대승을 설한다. 말하자면 이 인연으로 발생한 것이, 곧 본성이 공인 평등한 하나의 모습이니, 의타기성과 변계소집성은 유이고, 원성실성은 공이라는 것이다. 이것에 의거하여 반야부 경전을 교판하자면, 대승과 소승의 법상을 총괄적으로 논파하고, 팔식까지 모두 공이라고 하여 공의 이치를 많이 설하니, 『원각경소』 등에서 저 교판의 대상인 반야부 경전과 『중론』·『백론』 등의 논서가 공종에 속하고, 대승시교에 포함된다고 서술한다.

今將具列。以罄源流。一戒賢論師曰。依徧計所執而說諸法自性皆空。依他圓成。猶未說有。即判般若等經。中百等論。說六識空。多談空理。屬第二時。法界無差。論疏依此。以判般若等經。屬第二宗攝。二智光論師曰。第三時中。方爲上根。說無相大乘謂此緣生。即是性空。平等一相。依計是有。圓成是空。依此以判般若等經。揔破大小法相。八識俱空。多說空理。圓覺疏等。叙彼所判般若等經。中百等論。屬於空宗。始敎所攝。

셋째, 우리 조사 진국 대화상 징관은 말하기를, "만약 오로지 『법화경』만이 진실이라 설한다면, 모든 부류의 반야와 요의了義의 대승 경전들을 억누르는 것이 된다."[145]라고 하였고, (또 말하기를,) "반야는 4구를 벗어나는데, 어찌 일찍이 공만을 보존했겠는가? 반야는 4구를 파괴하지 않는데, 어찌 묘유가 없겠는가?"[146]라고 했으며, (또 말하기를,) "실상반야가 곧 정인불성正因佛性이고, 관조반야가 요인불성了因佛性이 됨을 알아야 한다."[147]라고 했다. 『대품경』·『인왕경』·『반야이취경』 등은 모두 종교終敎에 속한다.

넷째, 조사들은 모두 말한다. 두 극단을 이미 벗어나면 중도도 존재하지 않게 되고, 마음과 대상이 둘 다 사라진다. 사라져 끊어짐도 또한 끊어지면 반야가 현전하니, 8부의 반야부 경전이 무상대승의 극치에 해당되는 것이다. 진국 사문 징관은 말하기를, "곧 지혜로 불이중도를 비춤과 같으니, 또한 돈교와 같다."[148]라고 했다. 『문수사리문경』·『광찬반야경』·『방광반야경』 등을 모든 조사들이 함께 돈교라 하였다.

다섯째, 진국 사문 징관이 말하기를, "『대품경』에서 '일체법이 색에 나

---

145 징관, 『화엄경소』 권2(T35, 509c).
146 징관, 『화엄경소』 권1(T35, 509a).
147 징관, 『화엄경소』 권2(T35, 509a).
148 징관, 『정원신역화엄경소貞元新譯華嚴經疏』 권1(X5, 56c).

아간다'[149]라고 하였으니, 곧 일체가 모두 색이다."[150]라고 했다. 하나 중에 일체를 갖추니, 곧 사사무애이다. 반야의 뜻은 5교를 포괄하니, 곧 원교를 갖춘다.

> 三吾祖鎭國大和尙曰。若唯說法華爲實。則抑諸部般若了義大乘之經。般若離四句。何曾存空。般若不壞四句。豈無妙有。是知實相般若。即是正因佛性。觀照般若。即爲了因。大品仁王理趣等經。皆屬終敎。四者諸祖皆曰。二邊旣離。中道不存。心境兩亡。亡絕亦絕。般若現前。已當八部無相大乘之極致。鎭國曰。即同智照無二。亦同頓敎。文殊問光讚放光等經。諸祖並曰頓敎。五鎭國曰。大品云。一切法趣色。即一切皆色。一中具一切。即事事無礙。般若義該五敎。即具圓矣。

그런데 소주인 법장은, 계현과 지광의 두 뜻에 의해 판석된 진제의 공은 제일의공이 아니므로 이 뜻을 취하지 않으며, 뒤의 세 가지에 해당하므로 "실교에 포함된다."라고 하였다.

지금 이 경전에 나아가 언어에 의해 나타낸 것의 분제를 드러내면, 진국 사문 징관이 말하기를, "삼관三觀으로 『반야심경』의 뜻을 살펴보면, 색이 공과 다르지 않다는 것은 속제가 진제와 다르지 않음을 밝힌 것이고, 공이 색과 다르지 않다는 것은 진제가 속제와 다르지 않음을 밝힌 것이며, 색과 공이 서로 같다는 것은 중도를 밝힌 것이니, 공·가·중의 삼관이 된다."[151]라고 했고, 소에서도 또한 삼관으로 경전을 해석했으니,[152] 앞의 세 번째 (종교의) 뜻에 해당한다.

---

149 『대품반야경』 권15(T8, 333b).
150 징관, 『화엄경수소연의초』 권62(T36, 498b).
151 징관, 『화엄법계현경華嚴法界玄鏡』 권상(T45, 675b).
152 뒤의 『약소』에서 '삼관三觀'을 설한 것을 참조할 것.

而疏主以戒賢智光二宗所判眞諦之空。非第一義空故。不攝此義。當後三。故言實攝。若約今經。顯詮分齊者。鎭國云。若以三觀。就心經意。色不異空。明俗不異眞。空不異色。明眞不異俗。色空相卽。明是中道。爲空假中之三觀。疏中亦以三觀釋經。當前第三義也。

또 말하기를, "색을 통해서 중도를 관찰함으로써 색이 공과 다르지 않음 등을 밝히고, 공이 색임을 밝히는 것에서는 공이 색과 다르지 않음 등을 밝힌다. (반야의 가르침을 종교로 보는) 세 번째 관법은 단지 앞의 둘을 합하는 것이고, (돈교로 보는) 네 번째 관법은 앞의 4구의 형상을 부정하여 진공의 모습은 생겨나지도 소멸하지도 않고, 지식도 아니며 얻을 수 있는 것도 아님을 드러낸다. 진공관이 갖추어진 것이다."[153]라고 했고, 징관의 『정원신역화엄경소』에서는 돈교와 같다고 판석하였으니,[154] 곧 앞의 네 번째 뜻이다.

소의 앞부분에서는 중도를 자세히 서술했는데, 뒤의 문장에서는 서로 만들고 이루어지며 서로 보존하고 소멸시킴이 걸림 없이 자유로움을 갖추어 드러내니, 원교 중의 동교同敎이다. 경전에서 굳건하고 진실한 일심을 말한 것이 곧 원각묘심이니, 원교 중의 별교別敎에 포함된다. 모두 앞의 다섯 번째 뜻이다. 소의 문장은 경전의 뜻을 마치 눈부신 해처럼 밝히고 있지만 별도로 권교와 실교를 의론한 것은 의혹이 심하기 때문이다.

又云。以會色觀中。明色不異空等。明空卽色中。明空不異色等。第三觀。但合前二。第四拂前四向[1)]相。現眞空相不生不滅。無智亦無得。眞空觀備矣。貞元判同頓教。卽前第四義也。前疏廣叙中道。下文備彰。相作相成。

---

153 징관,『화엄법계현경』권상(T45, 675b).
154 징관,『정원신역화엄경소』권1(X5, 56c).

互存互泯。無礙自在。圓中同教。經詮堅實一心。即圓覺妙心。含圓別矣。
皆前第五義也。疏文經旨。明若矖日。別議權實者。惑亦甚焉。

1) ㉑ '向'에 대해 저본의 난외에 주석이 있는데, "'向' 자는 '句' 자의 오기인 듯하다."
라 하였다.(편자)

3) 종취宗趣를 밝힘

셋째, 종취를 밝힌다. 여기에 둘이 있다.

三明宗趣二。

(1) 장을 열어 명칭을 해석함

첫째, 장을 열어 명칭을 해석한다.

初唱章釋名。

소 셋째, "종취宗趣"를 설명해 보자. 언어에 의해 드러난 바를 '종宗'이라 하고, 이 '종'의 귀결을 '취趣'라 한다.

疏 第三宗趣者。語之所表曰宗。宗之所歸曰趣。

기 "종"이란 존숭이고 숭상이다. 지금 "언어에 의해 드러난 바"라 한 것은, 곧 이 경전이 표창하고 표현하려는 숭상할 만한 뜻이다. "취"란 나아가야 할 지향이니, 곧 숭상할 만한 뜻의 귀결점이다.

記 宗者。崇也。尚也。今云語之所表者。即此經表彰表顯之崇崇[1]尚也。趣者。趣向也。即宗意所歸趣之處也。

1) ㉮ '崇崇'에 대해 저본의 난외에 주석이 있는데, "'崇崇' 두 글자는 하나의 '崇' 자인 듯하다."라고 하였다.(편자)

(2) 종취의 총괄적 의미와 개별적 의미

둘째, 종취의 총괄적 의미와 개별적 의미이다. 여기에 둘이 있다.

二摠別演義二。

① 총괄적 의미

먼저 총괄적 의미이다.

先摠。

소 그런데 먼저 총괄이고, 나중에 개별이다. 총괄하여 3종 반야를 종지宗旨로 삼는다. 첫째로 실상반야이니, 관조의 대상인 참된 본성을 말한다. 둘째로 관조반야이니, 관조하는 묘혜를 말한다. 셋째로 문자반야이니, 언어상의 가르침을 말한다. 이 세 가지를 벗어나지 않으므로 이것을 종지로 삼는다.

疏 然先摠後別。摠以三種般若爲宗。一實相。謂所觀眞性。二觀照。謂能觀妙慧。三文字。謂詮上之敎。不越此三。故以爲宗。

기 "총괄하여" 등이란, 『대지도론』에서는 "설지說智와 지처智處와 지지 智智가 모두 반야이다."라 하였고, 원효元曉(617~686)가 말하기를, "여기서 는 곧 3종 반야를 드러낸다. 설지란 문자반야이고, 지처란 실상반야이며, 지지란 곧 관조반야이다."[155]라고 했으니, 이 세 가지가 모두 이 경전의 종지이다.

"첫째로 실상반야이니"란, 옛 스승이 말하기를, "묘심妙心이 고요해져 서 상相이 없는 상相인 것을 실상實相이라 한다. 실상이 인연에 따른 것 이 제법의 참된 본성이 된다."라고 했고, 승조가 말하기를, "실상實相·법 성法性·성공性空·연회緣會·본무本無가 하나의 뜻일 따름이다."[156]라고 했 다. "둘째로 관조반야이니" 등이란, 곧 정체지正體智[157] 등이니, 상이 없고 분별을 여읜 지혜이다. 세 번째는 곧 문자반야이니, 『화엄경내장문등잡공 목』에서 말하기를, "숙교熟敎[158]에는 3종의 지혜가 있으니, 실상반야지와 관조반야지와 문자반야지를 말한다."[159]라고 했다.

청량 징관은, "청량한 법계에 대해 법상종法相宗에서는 지혜라고 이름 할 수 없지만, 법성종法性宗에서는 또한 지혜라 이름한다."라고 했으니, 곧 이것이 실상이다. 간혹 5종의 반야를 설하지만 이 3종에서 벗어나지 않는다. 그러므로 "이 세 가지를 벗어나지 않으므로" 등이라고 하였다.

記 摠以等者。大論云。說智及智處智智皆般若。曉公曰。此中即顯三種般

---

155 원효元曉, 『대혜도경종요大慧度經宗要』(T33, 68c)의 취의 요약. 단 원효는 여기에서 뒤의 두 가지, 곧 실상반야와 관조반야만을 이 경의 종지라고 했다.
156 승조, 『조론』 권1(T45, 150c).
157 정체지正體智 : 정체무분별지正體無分別智라고도 한다. 출세간인의 두 가지 지혜인 근본지根本智와 후득지後得智 중 근본지에 해당하며, 미혹을 여읜 진여의 무차별성을 관조하는 지혜이다. 후득지 또는 후득차별지는 의타기성에 의거한 경계의 차별성을 관조하는 지혜이다.
158 숙교熟敎 : 실교實敎라고도 한다. 화엄 5교에서 대승종교에 해당한다.
159 지엄智儼, 『화엄경내장문등잡공목華嚴經內章門等雜孔目』 권4(T45, 582b).

若。說智者。文字般若。及智處者。實相般若。智智。即觀照般若。是三皆此經之宗。一實等者。古德曰。妙心湛寂。無相而相。謂之實相。實相隨緣。爲諸法之眞性。肇公云。實相。法性。性空。緣會。本無。一[1]義耳。二觀照等者。即正體智等。無相離分別之慧也。三即文字般若。孔目云。熟教有三種智。謂實相般若智等。清涼曰。清涼法界。相宗不得名智。法性宗中。亦名爲智。即此實相也。或說五種般若。不離此三。故云不越等。

---

1) ㉔ '一'에 대해 저본의 난외에 주석이 있는데, "'一' 자는 '二' 자의 오기인 듯하다."라고 하였다.(편자)

② 개별적 의미

뒤는 개별적 의미이다.

後別。

소 개별에도 세 가지가 있다. 첫째, 교教와 의義의 한 짝이다. 문자반야의 교教를 (드러난 내용인) 종宗으로 삼고, 나머지 (실상반야와 관조반야의) 두 가지 의義를 (드러난 내용의 귀결인) 취趣로 삼는다.

疏 別亦有三。一教義一對。以文字教爲宗。餘二義爲趣。

기 첫째, 교教와 의義의 짝이다. 문자적 가르침의 바다를 깊이 연구하면서도 뜻은 이치를 보아 반야의 지혜를 이루는 것에 둔다.

記 一教義對。深窮教海。志在見理成智也。

소 둘째, 경境과 지智의 한 짝이다. 진공의 경을 종宗으로 삼고, 관조의 지를 취趣로 삼는다.

疏 二境智一對。以眞空境爲宗。觀照智爲趣。

기 둘째, 경境과 지智의 짝이다. 올바른 이치를 자세히 관조하면서 뜻은, 미혹을 논파하고 지혜를 내는 것에 둔다.

記 二境智對。諦觀正理。意其破惑發智矣。

소 셋째, 인因과 과果의 한 짝이다. 깨달음의 인행因行을 종宗으로 삼고, 깨달음의 과덕果德을 취趣로 삼는다.

疏 三因果一對。以菩提因行爲宗。菩提果德爲趣。

기 셋째, 인과 과의 짝이다. "인행"은 곧 관조의 묘혜이다. "과덕"은 귀결이니, 불타의 과덕은 공이 아니다. 그런데 구별된 종지는 이와 같지만, 그 공통된 종지에서는 반야는 무상無相을 종지로 삼는다. 청량 징관은 말하기를, "무상종은 3교를 포함하니, 대승시교와 돈교와 실교를 말한다."[160]라고 했다. 지금 이 경전은 바로 돈교와 실교에 해당한다. 깊은 것은 반드시 얕은 것까지 포함한다고 하면 뜻이 통할 것이다.

記 三因果對。因行卽觀照妙慧也。果德爲趣。非佛德空矣。然別宗如此。其通宗者。般若以無相爲宗。淸凉曰。無相宗含於三敎。謂始敎頓敎實敎。

---

160 징관, 『화엄경수소연의초』 권17(T36, 132a).

今經正當頓實。若深必該淺。義或可通。

『반야바라밀다심경략소연주기회편』 제1권을 마치다.

般若波羅蜜多心經略疏連珠記會編。卷第一畢。

경판을 시주한 비구는 고 위징偉澄 영가이다. 김오일金吾一·김한세 金漢世·김한의金漢儀는 어머니 일진一眞을 위하고자 했다. 공사 감독 은 삼특三特이다. 공양 시주는 경연慶衍·곽수廓修이다. 경판을 단련한 이는 선혜善惠이다. 글자를 인각한 이는 괄임括稔·단의端義이다. 경판 을 단련한 이는 학순學淳이다. 인권引勸[161]은 찬익贊翼·문연文演·달민 達敏·담언曇彦이다.

施板比丘偉澄靈駕。金吾一。金漢世。金漢儀爲母一眞。[1)] 監工。三特。供養施主。慶衍。廓修。鍊板。善惠。刻字。括稔。端義。鍊板。學淳。引勸。贊翼。文演。達敏。曇彦。

---

1) ㉠ '金漢世~母一眞'을 『한불전』에서는 '爲母一眞。金漢世。金漢儀'라고 했지만, 이는 저본을 잘못 옮긴 것이므로, 저본에 의거하여 본문을 교감했다.

---

161 인권引勸 : 남에게 시주하도록 권유하는 일.

반야바라밀다심경략소연주기회편 제2권
| 般若波羅蜜多心經略疏連珠記會編 卷第二 |

당나라 번경 사문 법장이 소疏를 짓다.
송나라 옥봉 사문 사회가 기記를 짓다.
해동국 사문 명안이 회편하다.

唐翻經沙門法藏述疏。
宋玉峯沙門師會述記。
海東國沙門明眼會編。

경 반야바라밀다심경

經 般若波羅蜜多心經。

4) 제목을 해석함

기 넷째, 제목을 해석한다. 여기에 세 가지가 있다.

記 四釋題三。

(1) 장章을 읊음

첫째, 장을 읊는다.

初唱章。

소 넷째, 제목을 해석한다.

疏 第四釋題者。

(2) 뜻을 연설함

기 둘째, 뜻을 연설한다. 여기에 셋이 있다.

記 二演義三。

① 교教와 의義의 구분

첫째, 교敎와 의義의 구분이다. 여기에 둘이 있다.

初分敎義二。

가) 표현과 뜻의 구분

첫째, 표현과 뜻의 구분이다.

初辨詮旨。

소 또한 세 가지가 있다. 첫째, 교敎와 의義의 둘로 나눈다. 말하자면 "반야심般若心"은 언어적 표현의 대상인 의義이고, "경經"이라는 한 글자는 언어적 표현인 교敎이다.

疏 亦有三。初敎義分二。謂般若心是所詮之義。經之一字。是能詮之敎。

가 "말하자면 반야심은"이라 한 것은 표방하여 거론한 것이고, "언어적 표현의 대상인 의義이고"는 판별하여 해석한 것이다. 이 제목 중에서 '심'과 '반야'라는 말은 모두 표현의 대상인 법에 속한다고 판별한 것이니, 곧 뒤의 "걸림 없는 마음(無罣礙心)"이다. 불공不空[1]이 한역한 경에서는, "보살에게는 반야바라밀다의 마음이 있으니, 이름하여 보편지장普遍智藏이라 한다.……(중략)……색의 성품이 공이고 공의 성품이 색이다."[2] 등이라고 했으니, 곧 마음이 표현의 대상인 법이라는 것이 분명하다.

규산 종밀은 말하기를, "법장 화상은 『반야심경소』에서 표현의 대상이라는 뜻으로 '심'이라는 글자를 해석하였으니, 그 뜻은 반야의 마음이 만법의 바탕이기 때문에 '심'이라고 한다는 것을 말한다."[3]라 하였고, 견실심堅實心(진여심·여래장심)의 작용으로 함께 묶어서 (『원각경』의) 원각묘심圓覺妙心을 해석하였다.[4] 또 간별하여 말하기를, "(이는) 연려심緣慮心(대상을 반연하여 사유 작용을 하는 안식 등의 팔식)·집기심執起心(종자를 쌓아 현행을 일으키는 제8식)의 뜻과는 같지 않다."[5]라 하였고, 또 말하기를, "육단심肉團心(心臟)과 같은 거칠고 얕은 마음과 다르다는 것은 굳이 말할 것도 없다."[6]라고 했다.

그러므로 (반야심을) "'언어적 표현의 대상인 의義"라고 했다.

---

1 불공不空(705~774) : 불공금강不空金剛의 약칭. 범명 Amoghavajra. 당나라 시대 밀교 경전의 역경자이자 밀교의 제6대조이다. 인도 사자국에서 태어났으며, 중국에 도래한 시기는 720년이다.
2 본문이 일치하는 것은 『보편지장반야바라밀다심경普遍智藏般若波羅蜜多心經』(T8, 849a)인데, 법월法月(653~743)이 중역重譯한 것으로 되어 있어서 불공이 한역했다고 하는 『연주기』의 내용과는 일치하지 않는다.
3 종밀宗密, 『원각경략소초圓覺經略疏鈔』 권7(X9, 890b).
4 종밀, 『원각경략소초』 권7(X9, 890b). 앞의 글을 이어서 이러한 내용을 서술하고 있다.
5 종밀, 『원각경략소초』 권7(X9, 890b).
6 종밀, 『원각경략소초』 권7(X9, 890b).

記 謂般若心者。標擧也。是所詮之義者。判釋也。判此題中心及般若之¹⁾言。皆屬所詮之法。即下無罣礙心也。不空譯云。菩薩有般若波羅蜜多心。名普徧智藏。乃至色性是空。空性是色等。即心是所詮法。明矣。圭山曰。藏和尙般若心經疏。作所詮義。釋心字。意云。般若之心是萬法之體。故云心也。會同堅實用。釋圓覺妙心。揀云。不同緣慮執起之義。又曰。肉團麁淺。不必揀也。故云所詮之義。

1) ㉑ '之'를 난외에서 손글씨로 '等'이라 고쳤다.(편자)

"경이라는" 등이란, 앞의 '반야심'을 언어에 의해 표현하는 것이다. 『불지경론』에서 말하기를, "능히 꿰고 능히 포섭하므로 경이라 이름한다."⁷라고 했고, 또 말하기를, "여기서는 불타의 경지를 널리 설하여 중생을 이익되게 하였으니, 표현된 뜻에 의거하여 『불지경』이라 이름했음을 알아야 한다."⁸라고 했으니, 표현의 수단(能詮)과 표현된 뜻(所詮)으로 경의 제목을 해석한 것은 본래 『불지경론』의 저자인) 친광親光(6세기 중엽)에게서 나왔다. 그런데 천태승인 사명 지례四明知禮⁹는 "불타의 이치에 크게 위배된다."¹⁰라고 말하였다. 천태 지의天台智顗¹¹는 (10신十信 이전의) 5품 제자위弟子位¹²에 위치하지만 친광은 (10지十地 중 초지인) 등지登地 보살이니, 위격을 비교해 보면 서로 요원한 차이가 있다. 마치 하나의 가벼운 티끌과

---

7 친광親光, 『불지경론佛地經論』 권1(T26, 291b).
8 친광, 『불지경론』 권1(T26, 291b).
9 사명 지례四明知禮(960~1028) : 중국 북송北宋 때의 천태승으로 당나라 말기 이후 쇠퇴해 있던 천태종의 중흥에 힘썼다.
10 지례知禮, 『관무량수불경소묘종초觀無量壽佛經疏妙宗鈔』(T37, 198c).
11 천태 지의天台智顗(538~597) : 수나라 때 천태종의 개산조. 자는 덕안德安, 시호는 지자智者이다.
12 5품 제자위弟子位 : 보살이 수행하는 52계위五十二階位 중 처음의 10위十位가 10신十信인데, 5품 제자위는 10신 이전의 5종 계급으로 외범위外凡位에 해당한다. 열거하면, ① 수희품隨喜品, ② 독송품讀誦品, ③ 설법품說法品, ④ 겸행육도품兼行六度品, ⑤ 정행육도품正行六度品이다.

큰 땅덩어리를 비교하는 것과 같은데, 도리어 저것이 옳고 이것이 그르다고 하니, 그 가당함을 알지 못하는 것이다. 만약 '심'이 비유적으로 해석된다면, 곧 '심경'의 두 글자가 표현의 수단인 교敎일 것이다.

經之等者。詮上般若心也。佛地論云。能貫能攝。故名經。又曰。應知此中。宣說佛地。饒益有情。依所詮義。名佛地經。且能所詮。釋經題者。本出親光。而四明禮公乃言。大違佛理。智者位居五品。親光登地菩薩。位望相遼。如一輕塵較大地土。而輒是彼非此。不知其可也。若心作喩釋。即心經二字。是能詮敎也。

나) 맺으면서 이합離合을 보임

둘째, 맺으면서 이합離合(육합석)을 보인다.

二結離合。

소 곧 반야를 표현하는 경이라는 것이니, 뜻에 의거하여 이름을 세웠다.

疏 即能詮般若之經。依義立名。

기 "곧 (반야를)" 등이란, 표현의 대상인 뜻에 의거하여 표현의 수단인 이름을 세운 것이다. 삼마사三摩娑[13]로 해석하면, 의주석依主釋으로 이름을

---

13 삼마사三摩娑 : 범어 samāsa의 음차어로서, 뜻으로는 복합어라는 말이다. 범어에서는 복합어를 해석하는 방법에 여섯 가지가 있어서, 육합석六合釋 내지 육종석六種釋이라 말한다. 그중에 하나인 의사석依士釋이나 의주석依主釋은 모두 tat-puruṣa(소유복합어)를 가리키는데, "의사석"에서 '사'는 'puruṣa'의 음차어 사부士夫(자음도치되어 있음)를

얻은 것이고, 보로살사성補盧殺娑聲[14]인 속성屬聲으로 이름을 받은 것이다.

記 即能等者。依所詮義。立能詮名。三摩娑釋。依主得名。補盧沙聲。屬聲受稱。

② 법과 비유로 나눔

둘째, 법과 비유로 나눈다. 여기에 둘이 있다.

二柝法喩二。

가) 표현의 대상을 기준 삼아 법을 가리킴

첫째, 표현의 대상을 기준 삼아 법을 가리킨다.

初約所詮以指法。

소 둘째, 표현의 대상인 뜻을 법과 비유의 두 가지로 나눈다. 말하자면 "반야바라밀다"가 표현의 대상인 법이다.

취한 것이고, "의주석"의 '주'는 번역어로 생각된다. '반야'와 '심경'이 합해진 복합어인 '반야심경'의 의미를 의주석(의사석)으로 해석하면, 그 사이에는 속격(소유격)의 의미가 있는 것으로 보아서 '반야의 심경'이라는 뜻이 된다.

14 보로살사성補盧殺娑聲 : '補盧殺娑'는 'puruṣasya'의 음차어이다. 범어에서 명사·대명사·형용사·수사의 어미가 8종으로 변화하는 8전성八轉聲 중 제6 속성屬聲의 변화를 나타낼 때 대표적으로 드는 사례. 속격屬格이라고도 하며, 오늘날의 소유격에 해당한다. 원문에는 '補盧沙'로 되어 있는데, 그렇게 음차하기도 했던 것 같다. "여섯째, 보로살사는 속성이다. 마치 노예가 주인에게 속하는 것과 같으므로 속屬이라 한다.(六補盧殺娑。是所屬聲。如奴屬主。故云屬也。)"(『翻譯名義集』권4, T54, 1124b)

疏 二就所詮義中。法喩分二。謂般若等。是所詮之法。

기 위의 표현의 대상인 의義에서 다시 '심' 자를 취하여 표현의 수단인 교教의 우수함을 비유한다. 오로지 반야바라밀다만이 표현의 대상인 법이기 때문이다. 비유된 것이라 하지 않고 "표현의 대상"이라 했으니, 실상반야와 관조반야는 비유의 대상이 아님을 알아야 한다. 오로지 14행의 문자반야가 비유의 대상이 되기 때문이다. 단 (14행의 문자반야는) 끌어내어진 비유라고만 말하지 비유의 주체라 말하지는 않는다.

記 就上所詮義中。復取心字。以喩能詮教勝。唯般若等。是所詮之法故。不言所喩。復云所詮。是知實相觀照非所喩也。獨將一十四行文字般若爲所喩故。但言所引之喩。不言能喩。

나) 표현의 수단으로 비유를 끌어낸 것을 찬탄함

둘째, 표현의 수단으로 비유를 끌어낸 것을 찬탄한다.

二歎能詮以引喩。

소 '심'이라는 한 글자는 끌어내어진 비유이니, 곧 반야를 설한 경전 안에서 중요하고 핵심이 되는 미묘한 뜻을 통합한 것이다. 사람에게는 심장이 주재하는 것이고, 중요한 것으로써 지극한 것을 통섭하는 근본이 됨을 비유한 것이다.

疏 心之一字。是所引之喩。即般若內。統要衷之妙義。況人心藏。爲主爲要。統極之本。

기 이것은 번역자의 의도를 말한 것이고, 소주인 법장이 직접적으로 제시한 뜻은 아니다. 그러므로 자은 규기慈恩窺基[15]가 말하기를, "'반야바라밀다'는 『대반야경』에 통하는 명칭이고, '심경'은 이 경전의 개별적 명칭이니, 『대반야경』의 핵심이 되는 경전(般若之心經)인 것이다."[16]라 했고, 초당사 종밀은 말하기를, "또한 '표현의 주체인 가르침'에서 그 뜻을 해석하기를, 이 반 지紙의 경전은 『대반야경』600권의 중심이라는 것이다."[17]라고 했다. (역자의 의도에 따르면 여기에서의 '심'은) 곧 흘리타야紇利陁耶(hṛdaya)이니, 육단심이라 의역한다. 이것을 끌어내어 비유로 삼아 이 간략한 경전이 대부大部(『대반야경』)의 심장임을 비유한 것이다. 곧 문자반야가 소유所喩(비유의 주체)이고, 심이라는 한 글자는 능유能喩(비유의 수단)이다. "곧 반야" 이하는 (비유와) 법을 합하여 요점을 드러낸 것이니, 600권 20만 게송의 중심(內)이라는 말이다.

기 此乃譯人之意。非疏主正義。故慈恩云。般若波羅蜜多者。大經之通名。心經者。此經之別稱。般若之心經也。草堂曰。亦作能詮敎。釋意云。此半紙之經。是六百卷之中也。即紇利陁耶。此云肉團心。引而爲喩。喩此略經。是大部之心藏也。即文字般若。是所喩。心之一字。是能喩也。即般下法合以彰要。謂六百卷二十萬頌之內也。

"중요하고~통합한 것이다."란, 『반야바라밀다심경유찬』에서 말하기를, "정교롭고 은미한 것을 분석·종합하고, 기강이 되는 도리들을 엮으면 사

---

15 자은 규기慈恩窺基(632~682) : 당나라 때 현장玄奘의 제자로서 역경과 저술에 힘썼으며, 중국 법상종의 시조라 일컬어진다. 그의 학덕을 기려 백본소주百本疏主, 백본논사百本論師라 불렸다.
16 규기窺基, 『반야바라밀다심경유찬般若波羅蜜多心經幽贊』권상(T33, 524a).
17 종밀, 『원각경략소초』권7(X9, 890b).

건이 비록 만 가지 형상이더라도 색이 곧 공이라는 것으로 통일되고, 길이 천 갈래로 갈라지더라도 지혜도 없으며 아울러 얻음도 없다는 것으로 관통된다. 자세한 문장에 숨겨져 있는 뜻을 가려내었으니, 곧은 마음을 표방하여 이것(심)을 이름으로 삼는다."[18]라고 했다.

"사람에게는 심장이(況人心藏)~비유한 것이다."란 다음과 같다. '황況'은 비유하는 것이다. 마치 사람 몸의 여러 부분에서 심장이 그 주인 노릇하는 것과 같기 때문에 경에서 "심장은 제왕과 같다."[19]라고 하였다. (심장으로) 이 간략한 경전에 비유하였으니, (이 경은) 오직 미묘하고 가장 중요한 것만 말한 것이다. 나머지 장기와 육부六腑는 자세히 설한 경전을 비유한 것이어서 겸하여 이승에 미치고, 또 얕은 방편까지 갖추니, 어찌 이 경전과 같겠는가? 중도中道가 녹아들어 있으니 종교終敎이기도 하고 돈교이기도 하다. 문장은 간략하지만 뜻이 깊어 심오한 뜻을 모두 담아낸다. 그러므로 "지극한 것을 통섭하는 근본"이라 한 것이다.

> 統要等者。幽讚曰。甄綜精微。纂集綱賾。事雖萬象。統即色而爲空。道縱千門。貫無智而兼得。採廣文之秘旨。標貞心以爲稱也。況人等者。況譬也。如人百體。心爲其主。故經云。心如帝王。喩此略經。唯談妙最。餘藏六腑。喩廣說經。兼被二乘。亦該權淺。豈似此經。中道鎔融。唯終唯頓。文略義深。括盡玄奧。故云統極之本。

그런데 '심'에 대한 광범한 논의로는 네 종류가 있다. 첫째, 흘리타야紇利陁耶이다. 곧 육단심이다. 둘째, 연려심緣慮心이다. 팔식이 모두 자체의 대상에 의존하여 사려하는 것을 말한다. 셋째, 질다質多[20]이다. 집기심集

---

18 규기, 『반야바라밀다심경유찬』 권상(T33, 524a~b).
19 『번역명의집飜譯名義集』 권6(T54, 1152b) 등에 따르면 『제위경提謂經』에 나오는 말이다.
20 질다質多 : 범어로 citta이다.

起心을 말한다. 곧 제8식이 모든 종자를 모아 현행을 일으키는 것이다. 넷째, 건율타乾栗陁[21]이다. 견실심堅實心이라고 의역한다. 표현의 대상이라는 점에서 생각해 보면 네 번째의 견실심에 해당하니, 법을 기준으로 삼아 심을 해석한 것이다. 표현의 주체라는 점에서 해석하면 첫 번째의 육단심에 해당하니, 비유를 기준으로 삼아 심을 해석한 것이다. 규산 종밀은 당나라 때 스님이었으며, 뒷사람들은 그 잘못을 바로잡으려 하지 않고 천착하기만 한 것이 분명하다. 근래 악 공嶽公이라는 사람은 소주인 법장에 대해 법을 기준으로 하여 심을 해석할 줄 몰랐다고 하였다. 비루하구나! 우물에 앉아 하늘을 보면서 하늘이 작다고 하는구나.

然汎論心者。有其四種。一紇利陁耶。即肉團心。二緣慮心。謂八識。俱能緣慮自分境故。三質多。謂集起心。即第八識。集諸種子。起現行故。四乾栗陁。此云堅實心。若作所詮。則當第四堅實。約法以解心也。作能詮釋。則當第一肉團。約喩以解心也。且圭山出自大唐。非後人救過而穿鑿也。顯矣。近代嶽公。而謂。疏主不知約法以解心。陋哉。坐井而觀天曰。天小者也。

③ 체와 용을 밝힘

셋째, 체와 용을 밝힌다. 여기에 둘이 있다.

三明體用二。

---

21 건율타乾栗陁 : 범어로 hṛdaya이다.

가) 명칭을 번역하여 체體를 드러냄

첫째, 명칭을 번역하여 체를 드러낸다.

初翻名以顯體。

소 셋째, 앞에서 말한 표현의 대상인 법은 체體와 용用의 둘로 나눈다. 곧 반야는 체이니, 지혜라 의역한다. 곧 신령한 깨달음이 깊어서 참된 근원을 오묘하게 증험한 것이다.

소 三就前法中。有體用分二。謂般若是體。此云智慧。卽神悟玄奧。妙證眞源也。

기 곧 앞에서 말한 표현의 대상인 법에 대한 것이지 비유의 대상인 문자반야에 대한 것이 아니다.

"체體와 용用의 둘로 나눈다."란 다음과 같다. 그런데 체와 용에는 다양한 부문이 있지만 간략히 세 가지 뜻으로 밝힌다. 첫째, 적멸寂滅의 체와 관조觀照의 용이니, 곧 실상반야와 관조반야가 체와 용이 된다. 『방광반야경』에서 말하기를, "반야에는 유의 모습이 없고 생멸의 모습이 없다."[22]라고 했으니, 이것은 적멸의 체에는 모습이 없음을 밝힌 것이다. 『도행반야경道行般若經』에서 "반야에는 아는 바도 없고 보는 바도 없다."[23]라고 하였는데, 이것은 관조의 용에는 앎이 없음을 드러낸 것이다. 둘째, 권지權智와 실지實智의 두 가지 지혜로 체용을 나누는 것이다. 실지는 진여를 관조

---

[22] 『방광반야경放光般若經』 권11(T8, 77b).
[23] 출처를 알 수 없다.

하여 안으로 비추지만 비추는 체가 없다. 권지는 세속에 교섭하여 바깥으로 호응하지만 사려의 작용이 없다. 셋째, 곧바로 대승에 나아가 체와 용을 밝힌다. 곧 해당하는 법을 포함한 것이 체이고, 실어 나르는 공능이 용이다. 소주인 법장은 말하기를, "체와 용을 합하여 설하므로 대승이라 한다."[24]라고 했으니, 체대體大·상대相大·용대用大의 3대와 자운自運·운타運他의 2운이 곧 그 뜻이다.

> 記 即就前所詮法中。非所喩文字般若中也。體用分二者。然體用多門。略明三義。一寂體照用。則實相觀照爲體用也。放光云。般若無所有相。無生滅相。此明寂體無相也。道行云。般若無所知。無所見。此顯照用無知也。二權實二智。以分體用。實智照眞。內鑑而無知體也。權智涉俗。外應而無慮用也。三直趣大乘。以明體用。則以當法包含爲體。運載功能爲用。疏主曰。體用合說。故云大乘。三大二運。即其義也。

또 소주인 법장은 승乘의 체를 밝히면서 "무분별지와 의지의 대상이 되는 진여는 갈마들면서 겸한 것이 되기도 하고 직접적인 것이 되기도 하며, (겸하여) 여타의 수승한 수행을 섭수하여서 승의 체성으로 삼는다."라고 했고, 업용業用을 밝히면서는 "세 가지 불성[25]을 기준으로 할 때 자성주불성自性住佛性은 태워지는 바(所乘)이고, 인출불성引出佛性은 태우는 것(能

---

[24] 이상 세 글은 모두 법장法藏의 『대승기신론별기大乘起信論別記』 권1(T44, 287c)에 나오는 내용을 취의 요약한 것이다.
[25] 세 가지 불성(三佛性) : 견도 이전의 범부위 등의 세 가지 계위에 의거하여 불성을 셋으로 나눈 것. 자성주불성自性住佛性·인출불성引出佛性·지득과불성至得果佛性을 말한다. 자성주불성은 견도 이전의 범부위로서 아직 불도를 닦지 않았지만 불성을 본래 구비하고 있는 단계이고, 인출불성은 발심 이후 유학有學의 성위聖位로서 수행을 통해 구비하고 있는 불성을 인출하는 단계이며, 지득과불성은 무학無學의 성위로서 구경의 과보에 도달한 단계이다.

乘)이고, 지득과불성至得果佛性은 이르게 되는 곳(所至處)이다."라고 했으며, 또 "원인을 옮겨 과보를 이룬다는 등의 뜻을 기준으로 삼아 승의 업용으로 삼는다."26라고 했다.27 그런데 지금 이 소에서는 피안에 이르는 것(바라밀다)이 용이고, 진원을 증험하는 것(반야)이 체라 한다. 직접적으로는 세 번째('곧바로 대승에 나아가는 것')를 쓰고, 앞의 두 가지를 겸한 것이다. 만약 (생사의 허물을) 뒤집어서 다하는 것을 용으로 삼고 근원을 관조하는 것을 체로 삼는다면 두 번째와 세 번째를 모두 쓰고, 첫 번째를 갖춘 것이다.

又疏主明乘體中。則以無分別智。所依眞如。互爲兼正。攝餘勝行爲乘體性。明業用中。乃約三佛性中。自性爲所乘。引出爲能乘。至得果爲所至處。又約運因成果等義。爲乘業用。然今此疏。乃取到岸爲用。證眞爲體。正用第三。兼之前二。若以翻盡爲用。照源作體。則通用二三。該之第一。

"반야" 등은 범어를 한문으로 번역한 것이다. "곧 신령한" 등은 다음과 같다. 신령스럽게 알아 측량할 수 없는 것을 '신神'이라 하고, 모든 허망함에 대한 초탈을 '오悟'라 하며, 언어적 표현으로부터 넘어서 있는 것을 '현玄'이라 하고, 형상으로 보이는 장소를 벗어나 있는 것을 '오奧'라 한다. 얻는 바도 없고 앎도 없는 반야로써 성품과 형상에서 벗어나 있는 참된 근원에 계합하니, 본래적 깨달음은 스스로 알며 비춤의 주체는 홀로 선다.

---

26 『대승기신론별기』 권1(T44. 287c20)에서 "체성을 밝히는 데 두 가지가 있다. 첫째, 직접적으로는 무분별지를 승의 체로 삼고, 겸하면 곧 의지의 대상이 되는 진여와 여타의 수승한 행 등을 섭수한다. 둘째, 직접적으로는 진여를 승의체로 삼고, 지혜 등은 또한 겸하여 섭수한다. 그것들 모두가 진여에 의해 이루어진 것이기 때문이다.(明體性有二。一正以無分別智爲乘體。兼即攝所依眞如及餘勝行等。二正以眞如爲乘體。智等亦兼攝。以彼皆爲眞所成故。)"라고 한 것을 취의 요약한 것이다.
27 앞의 세 가지 인용문은 법장法藏의 『대승기신론별기』 권1(T44, 287c~288a)의 내용에 해당한다.

앎을 끊어 버려야 주관과 객관을 모두 잊어버리며, 본래적 마음이 곧바로 나타나는 것은 다른 깨달음에 의존하지 않는다. 그러므로 증험함을 "오묘하게"라고 했다. 만약 참된 근원을 실상반야로 삼는다면 반야는 단지 관조반야나 문자반야만 가리킨다. 만약 하나의 법에 다양한 이름이 있다는 것에 의거하면 이치와 지혜가 서로 출현하여 지혜 바깥에 진여가 없으므로 참된 근원이 곧 반야이고, 또 진여 바깥에 지혜가 없으므로 지혜가 곧 참된 근원이다.

> 般若等者。譯梵成唐。即神等者。靈知不測曰神。穎脫象忘曰悟。超名言之表曰玄。出相見之鄕稱奧。以無得無智之般若。會契離性離相之眞源。本覺自知。照體獨立。絕知會忘能所。本心挺現。不由他悟。故證而稱妙也。若以眞源爲實相。則般若。但目觀照文字。若約一法多名。則理智互出。以無智外之如。故眞源即般若。亦無如外之智。故智慧即眞源矣。

나) 범어를 회집하여 작용을 밝힘

둘째, 범어를 회집하여 작용을 밝힌다.

> 二會梵以彰用。

소 "바라밀다"[28]는 용이니, 의역하여 도피안到彼岸이라 한다. 곧 이 묘혜妙慧로 말미암아 생사의 허물을 뒤집어서 다하고 진공의 경계에 이른다. 곧 피안에 도달하지 못하는 지혜와 간별하기 때문에 이것으로 이름을 삼는다.

---

28 범어로 pāramitā이다.

疏 波羅蜜多是用。此云到彼岸。即由斯妙慧。翻生死過盡。至眞空之際。即簡不到彼岸之慧。故以爲名。

기 "바라밀다"란 범어를 한문으로 음역한 것이다. 이미 저 언덕에 도달하는 행위를 작용으로 삼았으니, 바로 인을 운용하여 과를 이루는 행위를 기준으로 삼은 것이다. 그런데 세 가지 뜻이 있다. 첫째, "이 묘혜妙慧로 말미암아"란, 수행을 운용하여 증장시키는 것이다. 둘째, "생사의 허물을 (뒤집어서) 다하고"란, 미혹을 운용하여 소멸시키는 것이다. 셋째, "진공의 경계"란, 이치를 운용하여 드러나게 하는 것이다. 처음의 하나는 능동적으로 한 것이고, 뒤의 둘은 결과적으로 된 것이다. 또 곧 『대승아비달마잡집론』의 세 가지 전의轉依의 뜻이니, "첫째로 마음의 전의이니, 참된 본성이 드러나기 때문이다. 둘째로 도道의 전의이니, 수행이 점점 증장하기 때문이다. 셋째로 끊음의 전의이니, 미혹의 장애가 소멸되기 때문이다."[29]라고 했다. 또 『대승기신론』에서 말하기를, "화합식和合識을 파괴한 것"이라고 한 것이 전의된 소멸이고, "법신을 현현시킨 것"이라고 한 것이 전의된 나타남이며, "지혜가 순박하고 깨끗한 것"이라고 한 것이 전의된 증장이다.[30] 단 소승은 차례에 들어가지 않으니, "피안에 도달하지 못하는 지혜"라고 하여 방편의 소승과 간별하였다.

記 波羅者。譯梵成唐。旣以到岸爲用。正約運因成果也。而義有三。一由斯妙慧者。運行令增也。二生死過盡者。運惑令滅也。三眞空際者。運理令顯也。初一是能。後二是所。又即雜集三轉依義。一心轉。眞性現故。二道轉。行漸增故。三斷轉。惑障滅故。又起信云。破和合識。是轉滅。顯現法身。

---

29 안혜安慧, 『대승아비달마잡집론大乘阿毘達磨雜集論』 권10(T31, 742c).
30 『대승기신론大乘起信論』 권상(T32, 576c). 본문의 내용을 세 가지 전의에 배대한 것이다.

是轉現。智淳淨。是轉增。但小不次。不到之慧。揀權小也。

(3) 결론적 해석

셋째, 결론적 해석이다.

三結釋。

소 말하자면 체가 곧 용이고 법인 비유이고 의義인 교教이므로 이러한 제목을 세웠을 따름이다.

疏 謂體卽用故。法之喩故。義之敎故。立斯名耳。

기 처음의 하나는 지업석持業釋이고, 뒤의 둘은 의주석依主釋이다. "이러한 제목을 세웠다."란 불공不空의 번역본에 근거하면 곧 설법의 주인에 의해 세웠을 따름이다.[31]

記 初一持業。後二依主。立斯名者。據不空譯本。卽說主立耳。

경 관자재보살이

經 觀自在菩薩。

---

31 앞에서 법월 역본을 인용하면서 "보살에게 반야바라밀다심이 있으니 보편지장이라 한다."라고 한 것을 참조할 것. 설법주인 관자재보살이 지닌 반야바라밀다심을 설하였기에 반야바라밀다심경이라 했다는 말인 것 같다. 현재 전하는 『반야심경』의 역본 중에는 불공 역본은 없다.

5) 문장을 해석함

기 다섯째, 문장을 해석한 것이니, 소疏에는 셋이 있다.

記 五解文疏三。

(1) 경문을 읊고 장章을 표명함

첫째, 경문을 읊고 장을 표명한다.

初唱經標章。

소 이하는 다섯째로 문장을 해석함이다.

疏 自下第五解文。

기 그런데 여기에서 한 부의 경(『반야심경』)을 모두 읊고 이것을 판석하고, 과목에 따라 해석하는 자리에서 다시 파생된 과목을 내세워야 경문에 대해 뜻을 이해하는 데 편리할 것이다. 지금 소는 간략한 것을 좇아 단지 개별적으로 읊은 것을 둔다. 그렇지 않았다면 판석을 앞에 두었어야 하는데, 어떤 판본에서는 이렇게 하여 고르게 배치하고 자세하게 진술하였다. 여기에서의 사례는 또한 이와 같기 때문에 감히 경솔하게 고치지 않는다.

記 然此當通唱一經。而判釋之。隨科釋處。再唱子科。經文於義即便。今疏從略。但存別唱。不然則判釋居前。或本作此。安布以廣陳。中例亦如此。故不敢率易改動。

(2) 갖춘 것과 빠진 것에 대해 뜻을 회통함

둘째, 갖춘 것과 빠진 것에 대해 뜻을 회통한다.

二會義具闕。

소 이것은 기왕에 '심경心經'이므로 서분과 유통분이 없다.

소 此旣心經。是以無序及流通也。

기 그런데 이 경전의 여섯 개의 번역본[32]에서 서분·정종분·유통분의 3분과가 있고 없음은 번역자의 의도에 따른 것이다. 지금 여기서 말하는 것은, 말이 간략하다는 뜻이다. 자은 규기가 말하기를, "『대반야경』에서 오묘하고 가장 뛰어난 것을 채록하여 별도로 이 경을 내었다. (『대반야경』에 실린) 3분三分 2서二序[33]가 그러므로 모두 빠졌다."[34]라고 했다. 그런데 다른 번역본들은 대부분 갖추었다.

---

32 여섯 개의 번역본(六譯) : 현장玄奘역『반야바라밀다심경』이외에, ① 구마라집鳩摩羅什역『마하반야바라밀대명주경摩訶般若波羅蜜大明呪經』, ② 보리류지菩提流支역『반야바라밀다나제경般若波羅蜜多那提經』, ③ 반야般若·이언리言역『반야바라밀다심경』, ④ 법월法月역,『보편지장반야바라밀다심경普遍智藏般若波羅蜜多心經』, ⑤ 지혜륜智慧輪역『반야바라밀다심경』, ⑥ 시호施護역『성불모반야바라밀다경聖佛母般若波羅蜜多經』을 말한다.

33 3분三分 2서二序 : 3분이란 서분·정종분·유통분인데, 본 경에는 서분과 유통분이 빠졌다. 2서란 서분을 다시 증신서證信序(통서)와 발기서發起序(별서)로 나눈 것이다. 증신서는 경전의 처음에서 "이와 같이(信) 나는 들었다(聞). 어느 때(時) 부처님께서(主) ~에서(處) ~와 함께(衆) 계셨다."라고 서술한 구절을 가리키는 말로, 여섯 가지 측면에서 해당 경전이 거짓이 없고 완전한 것임을 증명하여 사람들에게 믿음을 불러일으키는 역할을 한다. 발기서는 경전의 앞부분에 해당 경전을 설법하게 된 인연을 설한 부분을 일컫는 말이다. 본 경에는 증신서와 발기서가 모두 없다.

34 규기,『반야바라밀다심경유찬』권상(T33, 524a).

記 然此經六譯。三分有無。譯人意樂。今此云者。是語略之之意也。慈恩曰。錄出大經妙最。別出此經。三分二序。故皆遺闕。然餘譯多具。

(3) 장문을 열어 해석함

셋째, 장문을 열어 해석한다. 여기에 둘이 있다.

三開章演釋二。

① 총·별로 열어서 판별함

첫째, 총·별로 열어서 판별한다. 여기에 둘이 있다.

初摠別開判二。

가) 총분

첫째, 총분이다. 여기에 둘이 있다.

初摠分二。

㉮ 경전을 판별함

첫째, 경전을 판별한다.

初判經。

🔳소 본문은 둘로 나뉜다. 처음은 현료반야顯了般若이고, 후반부의 "곧 주문을 설하여 말한다." 이하에서는 비밀의 반야를 밝힌다.

🔳疏 文中分二。初顯了般若。後即說呪曰下。明秘密般若。

㈏ 뜻을 나타냄

🔳기 둘째, 뜻을 나타낸다.

🔳記 二顯意。

🔳소 왜 이 두 가지를 분별하는가? 말하자면 드러내어 명료히 하고 분명하게 설하여 지혜로운 이해를 낳아 번뇌장을 소멸시키며, 주문으로 비밀스럽게 말함으로써 외워서 복을 낳고 죄업장을 소멸하게 한다. 번뇌장과 죄업장의 두 가지 장애를 소멸시키고 지혜장엄智慧莊嚴과 복덕장엄福德莊嚴의 두 가지 장엄을 이루기 위해서 이렇게 두 가지로 나누어 설한다.

🔳疏 何以辨此二者。謂顯了明說。令生慧解。滅煩惱障。以呪秘密言。令誦生福。滅罪業障。爲滅二障。成二嚴故。說此二分。

🔳기 "왜"란 질문의 형식을 빌어 설하는 것이다. "말하자면 드러내어 명료히 하고"란, 미혹을 소멸시키려면 반드시 이해를 열어야 하고, 이해를 여는 것은 드러내어 설하는 것에 달려 있다. 주문을 외우는 것은 복을 낳고 장애를 제거함을 뜻하고 기약하는 것이니, 그런 연후에야 복덕이 생긴다. 경전에서 두 가지로 나누어 담론하니, 이것을 닦는 것에 의해 복덕과 지혜를 장엄하기 때문에 "드러내어 명료히 하고……"라 하였다. 무릇

관정주灌頂呪를 외워 대비大悲에 의해 업을 씻는다는 말이 매우 잘 드러난 것이고, 수능엄주首楞嚴呪를 외워 뜻대로 죄를 씻는다는 글이 자못 분명하게 드러난 것이다.

고산 지원孤山智圓은 말하기를, "현료반야와 비밀반야는 근기와 함께한다. 마음이 기이한 것을 좋아하는 사람을 인도하기 위해서 바로 설한 것이 신주神呪이다."[35]라고 했다. 정情이 미혹된 이를 위한 가르침을 비밀반야라고 판정하여 마침내 교설에 있어서 심오함과 얕음을 없앴고, 사람에 있어서 이근기와 둔근기의 차별을 없앴다. 또한 원의를 곡해하여 와전했으니, 누가 공연히 봉황의 깃털처럼 걸출한 것에 대해 왈가왈부한 것이 아니라고 하겠는가. 어찌 비밀반야에 칭합하는 해석이라 하겠는가. 하물며 (자신의 저술에서) 이 『소』(법장의 소)를 온전히 초출하고, 근거 없는 말을 뒤섞어서 속이고 떠벌렸으니, 열 부의 『소』를 지어 경을 통하게 했다고 하는 것[36]도 또한 터무니없는 명성인 것이다. 강남 지방에서는 『우란분경』을 초출하여 의소義疏를 냈는데, 이 경전도 (저 의소에 의해) 마음이 어지럽혀지니, 가운데에서 가장자리까지 모두 미사여구만 있지 실제로 그 맛을 알기는 어려웠다.

記 何以者。假問令說也。謂顯等者。滅惑要須開解。開解在於顯說。[1] 呪詛志期生福障除。然後福生。經談二分。依修而福慧等嚴。故云顯了等也。夫

---

35 고산 지원의 『반야심경소般若心經疏』(X26, 737b)에서 "正說分二。一顯了般若。二秘密般若。所以有此二者。隨機不同。或聞顯歡喜。或聞秘適悅。生善破惡。入理皆然。故知。顯秘之談。俱爲發生妙慧也。"라고 한 것을 참조할 것.

36 고산 지원(976~1022)이 『문수반야경소文殊般若經疏』·『유교경소遺敎經疏』·『반야심경소般若心經疏』·『서응경소瑞應經疏』·『사십이장경주四十二章經注』·『부사의법문경소不思議法門經疏』·『무량의경소無量義經疏』·『관보현행법경소觀普賢行法經疏』·『아미타경소阿彌陀經疏』·『수능엄경소首楞嚴經疏』라는 열 부의 저술을 지어 대중을 가르쳤으므로 세인이 미칭하여 '십본소주十本疏主'라고 한 것을 가리킨다.

灌頂大悲。滌業之辭甚顯。首楞如意雪罪之文頗明。孤山乃謂顯祕之與機。心好異引。直說爲神咒。判情迷作祕密。[2] 遂使敎闕淺深。人無利鈍。且郢書燕說。誰曰不空。獻替鳳毛。豈稱祕密。況乃全鈔本䟽。雜以浮辭謾誇。十䟽通經。是亦浪名。江表鈔盂蘭而服義䟽。斯經乃欺心。中邊皆甜。實難其味。

1) ㉮ '說'을 난외에서 손글씨로 '談'이라 고쳤다. 2) ㉮ '密'을 난외에서 손글씨로 '宣'이라 고쳤다.

나) 별판別判

둘째, 별판이다. 여기에 두 가지가 있다.

二別判二。

㉮ 경전에 대한 판별

첫째, 경전에 대한 판별이다.

初判經。

소 앞의 해당하는 문장에는 또 둘이 있다. 첫째, 간략히 강요를 표명하는 부분이다.[37] 둘째, "사리자여, 색은 공과 다르지 않고" 이하는 실상의 뜻을 자세히 진술하는 부분이다.

䟽 就前文中亦二。初略標綱要分。二從舍利子色不異空下。明廣陳實義分。

---

37 "관자재보살 행심반야바라밀다시 조견오온개공 도일체고액觀自在菩薩。行深般若波羅蜜多時。照見五蘊皆空。度一切苦厄。"(『반야바라밀다심경』, T8, 848c)에 해당한다.

기 "간략히 강요를 표명하는"이라는 것은, 참된 마음인 공이 이 가르침의 강령이다. 그러므로 불타의 설법을 옮기는 제자들이 근본되는 뜻을 표명하는 것이다. 불공不空의 번역에서 말하기를, "관자재보살이 아뢰어 말하기를, '저는 이 모임에서 모든 보살의 보편적인 지혜의 창고인 반야바라밀다심을 설하고자 합니다'라고 하여 불타의 청허를 받고 혜광삼매慧光三昧[38]에 들어 오온의 공함을 관조하고 고액을 제도하였다."[39]라고 했으니, 이 경전의 근본된 뜻이다. 그러므로 간략히 표명한 것이다. "실상의 뜻을 자세히 진술하는"이란, 색과 공이 서로 통하고 성性과 상相이 융통하여 그것이 얕은 방편이 아니다. 그러므로 이렇게 말한 것이다.

記 略標綱要者。眞心之空。斯教喉衿。是故[1)]經家。標爲義本。不空譯云。菩薩白言。我欲於此會中。說諸菩薩普徧智藏般若波羅蜜多心。蒙佛聽許。入慧光之。照五蘊空。度苦厄等。一經宗本。故略標之。廣陳實義者。色空交徹。性相融通。事非權淺。故云爾也。

1) ㉑ '故'를 난외에서 손글씨로 '以'라 고쳤다.(편자)

㉴ 뜻을 나타냄

둘째, 뜻을 나타낸 것이다.

二顯意。

---

38 혜광삼매慧光三昧 : 『보편지장반야바라밀다심경』(T8, 849a)에서는 이 혜광삼매의 힘으로 관자재보살이 깊은 반야바라밀다를 수행하였다고 한다.(於是觀自在菩薩摩訶薩蒙佛聽許。所護念。於慧光三昧正受。入此定已。三昧力行深般若波羅蜜多時。見五蘊自性皆空。)
39 『보편지장반야바라밀다심경』(T8, 849a).

소 뜻이 갑자기 드러나는 것이 아니므로 먼저 간략히 표명하고, 간략히 하여서 갖추어질 수 있는 것이 아니므로 다음에 자세히 해석하였다. 또 앞에서는 수행에 근거하여 간략히 표명하였고, 뒤에서는 이해에 나가 자세히 진술하였다.

疏 以義非頓顯。故先略標。非略能具。故次廣釋。又前據行略標。後即就解廣陳。

기 첫 번째에는 자세함과 간략함을 기준으로 하였고, 두 번째에는 이해와 수행을 기준으로 한다. 간략한 것은, 곧 선정 중에서 관조하는 것이니 자리행自利行이 아니겠는가. 자세한 것은, 곧 선정에서 일어나 선양하여 근기에 맞게 분명히 변론하는 것이니, 저들이 이해할 수 있도록 열어 놓은 것이다. 그런데 지금 (이) 경전은 약본이다. 곧 별역본에 있는 서분의 문장으로 번역자가 교묘하게 중국인에게 맞추었으니,[40] 모두 별상수다라別相修多羅[41]에 속한다. 약본은 광본을 위한 것이고, 또 광본은 약본에 수렴된다.

記 初約廣略。二約解行者。略乃定中照見。得非自利行乎。廣則起定宣揚。對機明辨。開彼解爲。然今經略分。則別譯序分之文。譯者之妙巧。應秦人

---

40 "관자재보살~도일체고액"의 강요 부분은, 본래 광본 『반야심경』에서는 서분에 소속되어 있다. 서분에서 경전 편찬자가 『반야심경』의 전체 뜻을 핵심적으로 드러낸 것이다. 그런데 그 부분이 약본 『반야심경』에서는 아무런 설명도 없이 뒤의 광진실의분에 바로 연결되어 있음을 말한다.
41 별상수다라別相修多羅 : 총상總相수다라의 대칭. 한 경전을 통틀어 일컫는 말이 총상수다라라면, 별상수다라는 한 경전 내의 특정한 부분을 일컫는다. 일반적으로는 아난阿難이 경전을 결집할 때 앞뒤의 상황이나 대화를 연결시키기 위해 삽입한 부분을 가리킨다.

而皆別相修多羅攝。略爲廣本。亦本略收。

② 부문에 따라 해석함

둘째, 부문에 따라 해석한다. 여기에 둘이 있다.

二依門作釋二。

가) 현료반야顯了般若

첫째, 현료반야이다. 여기에 둘이 있다.

初顯了般若二。

㉮ 강요를 간략히 표명하는 부분

첫째, 강요를 간략히 표명하는 부분이다. 여기에 셋이 있다.

初略標綱要分三。

ㄱ. 과목을 나눔

첫째, 과목을 나눈다.

初科分。

소 앞부분에는 네 가지가 있다. 첫째, 관조하는 사람이다. 둘째, 수행의 대상을 수행함이다. 셋째, 관조 수행의 대상이다. 넷째, 관행의 이익을 밝히는 것이다.[42]

疏 前中有四。一能觀人。二所行行。三觀行境。四明能觀利益。

기 네 번째 과목명(明能觀利益)에 대해 대부분 법사들의 주석본에서는 단지 '명이익明利益'이라고 했지 '능관能觀'이란 말이 없다. 내 소견으로는, 베끼는 사람이 착오로 인해 뒤에 '능能' 자를 넣었을 뿐이다.

記 第四科名。諸師註本。但云明利益。無能觀之言。以愚所見。傳寫之家。悞下能字耳。

ㄴ. 경전을 따라가며 해석함

둘째, 경전을 따라가며 해석한다. 여기에 넷이 있다.

二隨釋經四。

ㄱ) 관조하는 사람

첫째, 관조하는 사람이니, 소에 둘이 있다.

---

42 『기』에서 '能'을 오사로 보았는데, 뒤의 거듭 언급하는 부분에서 법장 자신도 '能'을 집어넣지 않고 있으므로 『기』의 입장을 따라 번역했다.

一能觀人疏二。

(ㄱ) 단락을 표명하고 경전을 지목함

첫째, 단락을 표명하고 경전을 지목한다.

初標章指經。

소 다음으로 첫째, 관조하는 사람이다. "관자재보살"이란 관조하는 사람이다.

소 且初能觀人。觀自在菩薩者。能觀人也。

기 첫 구절은 단락을 표명한 것이고, 다음 구절은 경전을 첩문牒文[43]한 것이다. "관조하는 사람"이란 표명하여 지목한 것이다. "관자재"란 다음과 같다. 진국 사문 징관이 말하기를, "(관자재란) 신·구·의 삼업으로 귀의하고 10지 보살의 10신통[44]으로 근기에 따라 보응하여 남김 없이 비추어 보고 이익이 골고루 미치지 않음이 없다는 것이다."[45]라고 했다. 그런데 혹은 관세음이라고도 한다. 범어 파로지저婆盧枳底(Ⓢ avalokita)는 '관세觀世'라 의역하고, 습벌라濕伐羅(Ⓢ iśvara)는 '자재自在'라 의역하며, (만약 범어

---

43 첩문牒文 : 앞서 제시된 경문의 내용을 다시 거론하는 일.
44 10신통 : 10명十明이라고도 한다. 10지 보살이 갖추는 열 가지의 신통. 타심지명他心智明·천안지명天眼智明·숙명지명宿命智明·미래제지명未來際智明·천이지명天耳智明·신력지명神力智明·분별언음지명分別言音智明·색신장엄지명色身莊嚴智明·진실지명眞實智明·멸정지명滅定智明.
45 징관澄觀, 『정원신역화엄경소貞元新譯華嚴經疏』 권7(X5, 136a).

가) 섭벌다攝伐多(⑤ svara)이면 '음音'이라 의역한다.⁴⁶ 범본에는 두 가지가 있기 때문에 두 가지 이름으로 번역한다. 그런데『법화경』에서 "그 음성을 관찰하고 모두 해탈을 얻게 한다."⁴⁷라고 했으니, 곧 관세음이다. 그런데 저『법화경』에서는 "첫 번째 어업語業으로 칭명하면 일곱 가지 재난⁴⁸이 사라지고, 두 번째 신업身業으로 예배하면 두 가지 서원⁴⁹을 만족시킬 수 있고, 세 번째 의업意業으로 마음에 모시면 탐욕貪慾 · 진에嗔恚 · 우치愚癡의 삼독심을 깨끗이 제거할 수 있다."⁵⁰라고 하였으니, 곧 자재의 뜻이다. 지금 대부분 관세음이라 하는 것은 어업의 사용이 많아서 감응이 쉽게 이루어지기 때문이다. 경에서는 뜻의 원만함을 취하여 "관자재"라 했다. 자은 규기는 10자재⁵¹를 설하였는데, 번거로울까 하여 수록하지 않았다.

> 記 初句標章。次句牒經。能觀人者。標指¹⁾也。言觀自在者。鎭國曰。三業歸依。十通隨應。鑑無遺照。益無不周。然或云觀世音。梵云婆盧枳□。²⁾ 此云觀世。濕伐羅。此云自在。若云攝伐多。此云音。梵本有二故。譯有二名。而法華云。觀其音聲。皆得解脫。即觀世音。然彼經初語業稱名。滅除七災。二身業禮拜。能滿二願。三意業存念。淨除三毒。即自在義。今多稱觀世音

---

46 '관자재보살'의 범어는 avalokiteśvara인데, 이는 두 가지 방식으로 분절分節하는 것이 가능하다. 첫째는, avalokita+iśvara인데, '관자재보살'이라 의역한 것이다. 둘째는, avalokita+svara인데, '관세음보살'이라 의역한 것이다. avalokita가 곧 '관세觀世'라 한 것은 잘못이다. avalokita에는 '세世'의 의미는 없다. ava+√lok(보다. 관찰하다)의 과거수동분사 형태일 뿐이다.
47『법화경法華經』권7(T9, 56c).
48 일곱 가지 재난(七災) : 또는 칠난七難. 화난火難 · 수난水難 · 나찰난羅利難 · 도장난刀杖難 · 귀난鬼難 · 가쇄난枷鎖難 · 원적난怨賊難.
49 두 가지 서원(二願) : 아들을 낳고자 하는 원과 딸을 낳고자 하는 원. 보통 이구二求라고 말한다.
50『법화경』권7(T9, 56c).
51 10자재十自在 :『화엄경』「십지품十地品」에 근거. 명명자재 · 심심자재 · 재재자재 · 업자재 · 생생자재 · 원원자재 · 신해信解자재 · 여의如意자재 · 지지자재 · 법법자재. 규기의『반야심경유찬』권상(T33, 524b) 참조.

者。語業用多感易成故。經取義圓云。觀自在。慈恩說十自在。恐煩不錄。

1) ㉯ '標指'를 난외에서 손글씨로 '指示'라 고쳤다.(편자) 2) ㉯ '□'를 난외에서 손글씨로 '底'라 고쳤다.(편자)

(ㄴ) 이름에 따라 뜻을 설명함

둘째, 이름에 따라 뜻을 설명하니, 여기에 둘이 있다.

二依名演義二。

㉠ 개별적 명칭을 해석함

첫째, 개별적 명칭(관자재)을 해석한다.

初解別名。

소 이사무애의 경지에서 관조하여 자재의 경지에 이르기 때문에 이러한 이름을 세운다. 또 근기를 관조하여 가서 구제함이 자재하여 걸림이 없기 때문에 이렇게 이름한 것이다. 앞의 해석은 지혜의 관점에 의거한 것이고, 뒤의 해석은 자비의 관점에 의거한 것이다.

疏 謂於理事無閡之境。觀達自在。故立此名。又觀機往救。自在無閡。故以爲名焉。前釋就智。後釋就悲。

기 "이사" 등이란, 나뉠 수 없는 이법理法이 하나의 티끌에 원만하게 포섭됨을 참으로 관조하면 본래 분한이 있는 사법事法이 온전히 법계에

제2권 • 143

편재하니, 이법과 사법이 원융하여 걸림이 없다. 광대하고 깊디깊은 삼매인 자주삼마지自住三摩地[52]에 들었을 때 이와 같이 해탈하니, 이리하여 삼매로부터 일어나서 증험한 대로 설한다. 그러므로 "관조하여 자재의 경지에 이른다."라고 하였다. "또 근기를 관조하여"란, 14무외十四無畏[53]와 32신三十二身[54]이 모두 본래 오묘하고 원만하게 소통하는 것이다.

> 記 理事等者。良以觀不可分之理。圓攝一塵中。本分限之事。全徧法界內。理事圓融。無所罣礙。廣大甚深三昧。自住三摩地時。解脫若斯。是以從三昧起。如證而說。故云觀達自在等也。又觀等者。十四無畏。三十二身。皆本妙圓通也。

ⓛ 통명을 해석함

둘째, 통명('보살')을 해석한다.

二釋通名。

> 소 "보菩"는 보리菩提(Ⓢ bodhi)이니, 각覺이라 의역한다. "살薩"은 살타薩埵(Ⓢ sattva)이니, 중생이라 의역한다. 말하자면 이 사람은 지혜를 가지고서 위로는 보리를 추구하고, 자비를 가지고서 아래로는 중생을 구제한다. 대

---

52 자주삼마지自住三摩地 : 『능엄경』 권2(T19, 112b)에 근거. 자선子璿, 『수능엄의소주경首楞嚴義疏注經』 권2(T39, 851c)에 따르면 업식業識을 벗어나 자타의 상이 없는 법계일상法界一相의 불지견이라 한다.
53 14무외十四無畏 : 『능엄경』에 근거. 관세음보살의 신력에 의해 중생들이 얻게 되는 열네 종류의 공덕.
54 32신三十二身 : 『대지도론』에 근거. 불타의 응화신應化身이 갖추는 서른두 종류의 훌륭한 용모.

상에 따라 이름을 얻은 것이다.

疏 菩謂菩提。此謂之覺。薩者薩埵。此曰衆生。謂此人。以智上求菩提。用悲下救衆生。從境得名故。

기 위로는 보리를 추구하고 아래로는 중생을 교화한다는 것은 범어를 한문으로 번역한 것이다.

記 上求下化。翻梵成唐矣。

ㄴ) 수행의 대상을 수행함

둘째, 수행의 대상을 수행하는 것이니, 여기에 둘이 있다.

二所行行二。

(ㄱ) 경을 읊음

첫째, 경을 읊는 것이다.

初唱經。

경 깊은 반야바라밀다를 수행할 때

經 行深般若波羅蜜多時。

(ㄴ) 뜻을 설명함

기 둘째, 뜻을 설명하는 것이니, 여기에 둘이 있다.

記 二演義二。

㉠ 법의 관점에서 얕은 수행을 간별함

첫째, 법의 관점에서 얕은 수행을 간별한다.

初就法以揀淺。

소 둘째, 수행의 대상을 수행하는 것을 밝혔다. 말하자면 반야의 오묘한 수행이다. 여기에 두 종류가 있다. 첫째, 얕은 수행이다. 곧 인공人空의 반야이다. 둘째, 깊은 수행이다. 곧 법공法空의 반야이다. 지금 얕은 수행을 가려내어 깊은 수행과 구별한다. 그러므로 "깊은 반야바라밀다를 수행한다."라고 하였다.

疏 二明所行之行。謂般若妙行。有其二種。一淺。即人空般若。二深。即法空般若。今揀淺異深。故云行深般若。

기 "오묘한 수행이 두 가지"라는 것은, 곧 두 가지 공의 수행이다. 인人에 대한 아집이 어디에도 없어서 진여가 드러난 것을 인공이라 이름한다. 법에 대한 아집이 어디에도 없어서 진여가 드러난 것을 법공이라 이름한다. 진여는 드러나는 대상이고, 지혜는 드러나게 하는 것이다. 인·법 두 가지에 대한 집착이 공하여 없으니, 그러므로 '이공二空'이라 한다. 태일산

太一山의 지엄智儼[55]이 말하기를, "인공은 소승에 통하지만 아직 청정하지 않고 삼승三乘에 이르러서야 비로소 청정하다. 법공은 삼승에 있기는 하지만 아직 청정하지 않고 일승一乘에 이르러서야 궁극적으로 청정하다."[56]라고 했다.

記 妙行二者。即二空行也。人我執無處。所顯眞如。名人空。法我執無處。所顯眞如。名法空。如爲所顯。智爲能顯。二執空無。故名二空。太一云。人空通小乘而未淸淨。三乘方淸淨。法空在三乘而未淸淨。至一乘究竟淸淨。

ⓛ 때에 기준하여 깊은 수행을 드러냄

둘째, 때에 기준하여 깊은 수행을 드러낸다.

二約時以顯深。

소 "때"란 말하자면, 이 관자재보살은 어떤 때에는 이승과 함께 인공관人空觀에 들어가기도 하기 때문에『법화경』에서 말하기를, "마땅히 성문의 몸으로 득도할 이에게 (관자재보살은) 곧 성문의 몸으로 나타나 설법한다."[57]라고 했는데, 지금은 그러한 때가 아니기 때문에 "깊은 반야바라밀다를 수행할 때"라 한 것이다.

疏 言時者。謂此菩薩。有時亦同二乘。入人空觀。故法華云。應以聲聞身

---

[55] 지엄智儼(602~668) : 당나라 때 스님. 화엄종의 제2조이다. 호는 지상 대사至相大師·운화 존자雲華尊者 등이다.
[56] 지엄,『화엄경내장문등잡공목華嚴經內章門等雜孔目』권3(T45, 568b).
[57]『법화경』권7(T9, 57a).

得度者。即現聲聞身等。今非彼時。故云行深時也。

기 다른 번역본에서는, "보살의 보편지장普徧智藏의 마음을 설하고자 한다."[58]라고 했으니, 이승二乘에 감응하는 때가 아니다. 그런데 소주인 법장은 형양 정 공[59]의 요청에 따르고 번역자의 식견에 화합하고자 대승으로 소승을 간별하여 통일된 이치를 간략하게 드러내었다. 반야의 때는 (소승교·대승시교·대승종교·돈교·원교의) 5교와 (점교·돈교·원교의) 3교를 관통하고 방편과 실상을 설명하여 얕은 것에 상대하여 깊은 것을 논하니, 취지가 많은 뜻을 갖춘다.

記 別譯云。欲說菩薩普徧智藏心。非應二乘時也。然疏主。循滎陽之請。恊譯者知見。以大揀小。略顯一理。般若時。貫五三教。詮權實。對淺論深。旨該多義。

청량 징관은『대반야경』의「반야이취분」의 한 단락의 경문을 인용하여[60] 두 가지 뜻이 깊고 얕음이 현격하게 차이가 남을 밝혔다. (먼저 인용한 부분에서), "반야이취분」은『대반야경』의 제578권에 해당한다.『대반야경』「반야이취분」에서 말하기를, '어느 때 세존은 일체의 희론이 없는 법을 설하는 여래의 모습으로 모든 보살들을 위해 반야의 깊고 깊은 이취理趣의 윤자輪字법문을 널리 설하여 말하기를, 일체법은 공이니 자성이 없기 때문이고, 일체법은 무상無相이니 여러 모습들에서 벗어나기 때문이며, 일체법은 무원無願이니 원하여 추구하는 바가 없기 때문이고, 일체법은 적정寂靜이니 영원히 적멸하기 때문이며, 일체법은 무상無常이니 항상된 성

---

58 『보편지장반야바라밀다심경』(T8, 849a).
59 본 서 제1권 주 13 '정 공鄭公' 참고.
60 징관,『화엄경수소연의초華嚴經隨疏演義鈔』권25(T36, 189a) 이하.

품이 없기 때문이고, 일체법은 무락無樂이니 즐거울 만한 것이 없기 때문이며, 일체법은 무아無我이니 자재하지 않기 때문이고, 일체법은 무정無淨이니 깨끗하다는 특징에서 벗어나기 때문이며, 일체법은 불가득不可得이니 그 특징을 미루어 살펴봐야 얻을 수 없기 때문이라고 하였다'[61]라고 했다."[62]라고 했고, 『화엄경수소연의초』에서 (풀이하기를,) "윗글은 본성공의 이취를 드러낸 것이다."[63]라고 했다.

> 淸凉引理趣般若一段經文。用彰二義。深淺懸絕。理趣分當五百七十八。經云。爾時世尊。依一切無戲論法說如來之相。爲諸菩薩。宣說般若甚深理趣輪字法門。謂一切法空。無自性故。一切法無相。離衆相故。一切法無願。無所願求故。一切法寂靜。永寂滅故。一切法無常。無常性故。一切法無樂。非可樂故。一切法無我。不自在故。一切法無淨。離淨相故。一切法不可得。推尋其相。不可得故。鈔曰。此上顯性空理趣。

(또 먼저 인용한 부분에서) "또 『대반야경』「반야이취분」에서 말하기를, '어느 때 세존이 다시 장법藏法에 머무는 모든 여래의 모습에 의거하여 보살들을 위해 반야바라밀다를 설하셨으니, 모든 유정이 머물러 두루 원만하다고 하는 매우 깊은 이취의 승장勝藏 법문이었다. 말하자면 모든 유정은 모두 여래장如來藏이니, 보현보살의 체성이 두루하기 때문이요, 모든 중생은 모두가 금강장金剛藏이니, 금강장보살[64]이 관정灌頂함을 받았기 때

---

61 『대반야경大般若經』 권578(T7, 988b~c)
62 징관, 『화엄경수소연의초』 권25(T36, 189a)
63 징관, 『화엄경수소연의초』 권25(T36, 189a).
64 금강장金剛藏보살 : 허공장虛空藏보살과 같은 몸으로서, 허공장보살의 관정 명호. 밀교계 경전인 『금강정일체여래진실섭대승현증대교왕경金剛頂一切如來眞實攝大乘現證大教王經』에 따르면, 금강삼매에 든 세존이 중생 구제의 원을 성취하고자 금강장보살에게 관정하는데, 이때 금강장보살은, "이것은 모든 불타가 유정계를 관정하는 것이다.

문이요, 모든 유정은 모두 정법장正法藏이니, 모두 다 바른 말을 따라 움직이기 때문이요, 모든 유정은 모두 묘업장妙業藏이니, 온갖 사업이 모두 가행加行에 의거하기 때문이다'[65]라고 했다."[66]라고 하고,『화엄경수소연의초』에서 (풀이하기를,) "앞에서는 유인 법이 유가 아님을 밝혔고, 뒤에서는 무인 법이 무가 아님을 밝혔다. 비유비무가 중도의 이취이다."[67]라고 했다.

> 又經云。爾時世尊。復依一切住持藏法說[1]如來之相。爲諸菩薩。宣說般若。一切有情住持遍滿甚深理趣勝藏法門。謂一切有情。皆如來藏。普賢菩薩自體遍故。一切衆生皆金剛藏。以金剛藏所灌灑故。一切衆生。皆正法藏。一切皆依正語轉故。一切衆生。皆妙業藏。一切事業加行依故。鈔曰。前明有法非有。後明無法不無。非有非無。是中道理趣。
>
> 1) ㉠『고려대장경』과『대정장』에 의거하면 '說'은 연자이다.

앞의 것이 모두 (두 가지 뜻이 깊고 얕음이 현격하게 차이가 남을 밝힌) 그 문장이다. 유인 법이 유가 아니라는 것은 본성공의 이취이니, 그 뜻은 대승시교인 공종에 해당한다. 무인 법이 무가 아니고 중도의 이취라는 그 뜻이, (5교에서) 뒤의 세 가지 진실교의 이취에 통한다. 지금은 비밀의 뜻을 채택하여 진실교에 포섭되니, 이치가 뒤의 뜻에 해당한다. 그러므로 "깊은 반야바라밀다를 수행할 때"라고 한 것이다. 또 반야는 뜻에 있어서 5교를 갖춘다. 지금 경전에서는 핵심을 취하면서 상대적으로 얕

나의 손바닥에 수여하고 보배를 보배 가운데에 안립한다.(此是一切佛。灌頂有情界。授與我手掌。寶安於寶中。)"(권상, T18, 210a)라는 내용의 게송을 읊는다.
65 『대반야경』권578(T7, 990b).
66 징관,『화엄경수소연의초』권25(T36, 189b).
67 징관,『화엄경수소연의초』권25(T36, 189b).

고 깊은 뜻을 갖추어 논하여 이치가 성립하지 않음이 없다. 번다할까 하여 서술하지 않았다.

위에서는 소에 따라 깊은 것으로 얕은 것을 간별하기만 하였지만, 지금은 소 이외에 내 생각을 하나의 이해 방식으로서 보조해 보자면, 바로 혜광慧光삼매는 광대하고 너무나도 깊어서 법을 근원된 밑바닥까지 궁구하여 그 바탕을 생각할 수 없지만 보살은 여기에 나아간다. 그러므로 "깊은 반야바라밀다를 수행한다."라고 한 것이다. 이치대로 증험하여 이치의 궁극을 관조하는 것이 이러한 때에 해당한다. 이에 "깊은 반야바라밀다를 수행할 때"라고 했을 따름이다. 원래 경전의 뜻에는 반드시 간별하여 (대승을) 드러내는 뜻이 없지만, 소주인 법장은 또 번역자(현장)가 삼승의 종지에 의거하여 대승으로 소승을 간별하는 것을 뜻으로 삼은 것에 따라 이렇게 해석했을 따름이다.

上皆彼文。有法非有。是性空理趣。義當始敎空宗。無法不無。中道理趣。義通後三實敎理趣。今採其秘旨。實敎所攝。理當後義。故云行深時也。又般若義具五敎。今經撮其樞要。相望備論淺深。理無不可。恐繁不叙。上皆順疏。以深揀淺。今於疏外。率愚以助一解。輒謂慧光三昧。廣大甚深。窮法源底。當體難思。菩薩進¹⁾此。故云行深。如理而證。照理究竟。當斯之時。乃曰行深時耳。原夫經意。未必須俟揀顯。疏主且順譯人。三乘宗旨。大以揀小爲義。作此釋耳。

---
1) ㉘ '進'을 난외에서 손글씨로 '迤'라 고쳤다.(편자)

ㄷ) 관조 수행의 대상

셋째, 관조 수행의 대상이니, 여기에 둘이 있다.

三觀行境二。

(ㄱ) 경을 읊음

첫째, 경을 읊는 것이다.

初唱經。

경 오온이 모두 공임을 비추어 보고

經 照見五蘊皆空。

(ㄴ) 해석

기 둘째, 해석이다.

記 二演釋。

소 셋째, 관조 수행의 대상을 밝히니, 오온의 자성이 모두 공임을 완벽히 아는 것을 말한다. 곧 두 가지 공의 이치가 깊은 지혜에 의해 알려지는 것이다.

疏 三明觀行境。謂達見五蘊自性皆空。即二空理。深慧所見也。

기 "관조 수행의 대상(觀行境)"이란 다음과 같다. 진국 사문 징관은 말하기를, "오온이란 몸과 마음의 다른 이름이다. 수행인이 만약 몸과 마음의 참됨과 거짓됨을 알지 못하면 어찌 제대로 깨달을 수 있겠는가? 참과 거짓의 뿌리를 통달하지 못하면 모든 수행이 헛되게 된다."[68]라고 했다. 이리하여 보살이 큰마음을 위하여 비밀스럽고 긴요한 법을 펼치고자 하여 혜광대정(혜광대삼매)에 들어 생각을 떠난 밝은 지혜와 진리에 투철한 지혜의 눈으로 오온의 자성이 공이어서 일어나는 바가 없고, 바탕 그 자체가 곧 진여임을 통달하고, 그렇게 한 후에 삼매에서 일어나서 추자(사리자)에게 일러 말하기를, "이와 같이 배워야 한다."[69]라고 하였다. 그러므로 오온이 공이라고 통달하는 것을 관조 수행의 대상으로 삼았다. 그러므로 깊은 지혜로 오온의 성품이 공임을 관조하니, 오온의 성품이 공임을 관조함에 있어서, 이것을 마주하여 관조를 일으키기 때문에 "경境"이라 한다. 만약 반야를 완성하면 경境이 곧 수행된 바이다. 진국 사문 징관이 말하기를, "반야의 경우 실상이 있다고 해도 지혜를 완성하기 위한 것이다. 수행의 대상의 경우 수행의 주체이든 수행의 대상이든 모두 수행의 대상이다. 모든 보살이 깊은 반야바라밀다를 수행하는 경우 관조의 주체와 관조의 대상은 모두 수행의 대상이다."[70]라고 했다.

> 記 觀行境者。鎭國曰。五蘊者。身心之異名。行人若不識身心眞妄。何能懸契。不達眞妄之本。諸行徒施。是以菩薩。欲爲大心。宣秘要法。入慧光大定。以離念之明智。徹法之慧目。洞達五蘊自性。空無所起。當體即如。然後從三昧起。告鶖子曰。應如是學。故以達五蘊空。爲觀行境。然以深慧。觀蘊性空。觀蘊性空。對之起觀。故名爲境。若成般若。境即所行。鎭國曰。如般若中。雖有實相。爲成智慧。所行境中。若能若所。皆是所行。如諸菩薩。行深般若。能觀所觀。皆所行行。[1)]

---

68 징관, 『오온관五蘊觀』 권1(X58, 425c).
69 『보편지장반야바라밀다심경』(T8, 849a).
70 징관, 『화엄경수소연의초』 권88(T36, 683a).

1) ㉮『대정장』의『화엄경수소연의초華嚴經隨疏演義鈔』에서는 '行'을 '矣'라고 했다. 수행의 대상에 대한 수행(所行行)의 논의는 앞 단락이고, 이 단락의 논의 내용이 관조 수행의 대상(觀行境)이므로 본문 번역에서는 『대정장』을 따랐다.

"두 가지 공의 이치"란, 진국 사문 징관이 말하기를, "삶과 죽음의 뿌리는 인人·법에 대한 두 집착에 지나지 않는다. 몸과 마음의 총상揔相을 알지 못하므로 인아人我가 실제로 있다고 분별하며, 오온의 자상自相을 알지 못하므로 법아法我가 실제로 있다고 분별한다. 지혜의 눈으로 비추어 알면 오온이 화합하여 짐짓 인이라 이름하나, 하나하나 자세히 관조하면 단지 오온임을 알 뿐 인아의 상을 구해 보아도 결코 얻을 수 없다. 먼저 색온을 관조함은 몸을 관조하여 분명히 본 것이니, 견고하면 땅이고, 축축하면 물이며, 따뜻하면 불이고, 움직이면 바람이다. 나머지 사온四蘊을 관조함은 마음을 관조하는 것이니, 받아들이는 것이 수受이고, 상相을 취하는 것이 상想이며, 조작하는 것이 행行이고, 구별하는 것이 식識이다. 이 몸과 마음에 의거하여 분명하게 자세히 관조하면 단지 오온임을 알 뿐 인아의 상을 구해 보아도 결코 얻을 수 없으니, 인공人空이라 한다. 하나하나의 온을 관조해 보면 모두 인연에 따라 발생하여 전혀 자성이 없다. 온의 상을 구해 보아도 얻을 수 없으면 오온이 모두 공이니, 법공法空이라 한다."[71]라고 했다. 그러므로 오온을 비추어 보면 두 가지 공의 이치가 드러난다.

二空理者。鎭國曰。生死之本。莫過人法二執。迷身心揔相故。計人我爲實有。迷五蘊自相故。計法我爲實有。智眼照知。五蘊和合。假名爲人。一一諦觀。但見五蘊。求人我相。終不可得。先觀色蘊。是觀身了知。堅則地。潤則水。煖則火。動則風。觀餘四蘊。則是觀心了知。領納爲受。取相爲想。造作爲行。了別爲識。依此身心。諦觀分明。但見五蘊。求人我相。終不可得。

---

71 징관,『오온관』권1(X58, 425b).

名爲人空。若觀一一蘊。皆從緣生。都無自性。求蘊相不可得。則五蘊皆空。名爲法空。是以照五蘊。而二空理現。

ㄹ) 이익에 대한 설명

넷째, 이익에 대한 설명이니, 여기에 둘이 있다.

四明利益二。

(ㄱ) 경을 읊음

첫째, 경을 읊는다.

初唱經。

경 일체의 고액을 벗어난다.

經 度一切苦厄。

(ㄴ) 해석

기 둘째, 해석이다.

記 二演釋。

소 넷째, 이익을 밝히는 것이다. 진공을 증험하면 고뇌가 사라지고, 분단分段과 변역變易의 두 종류 생사[72]를 멀리 벗어나서 보리와 열반의 궁극적 낙과樂果를 얻게 된다. 그러므로 "일체의 고액을 벗어난다."라고 하였다.

疏 四明利益。謂證見眞空。苦惱斯盡。當得遠離分段變易二種生死。證菩提涅槃究竟樂果。故云度一切苦厄也。

기 무릇 "일체의 고액"은 두 가지 생사로 수렴된다. 지금 진공을 알면 제도되어 버린다. 왜 그런가? 청량 징관은 말하기를, "인공관人空觀의 수행을 타고 분단생사를 벗어나면 영원히 열반에 머무르고, 두 가지 공관의 수행을 타고 인아와 법아를 쌍으로 관조하면 필경 공이어서 실체가 없다. 곧 모든 두려움을 벗어나 일체의 고액을 벗어나고 변역생사를 벗어나는 것을 구경해탈이라 한다."[73]라고 했다. "고苦"는 5고와 8고를 말하고, "변역생사"는 인연 등의 네 종류의 생사[74]를 말한다. 유식唯識 등에서 설하는 것과 같다. 이 관행에 의거하면 궁극의 낙과를 얻으리니, 불타의 공덕이 공이겠는가?

記 夫一切苦厄。二死收盡。今見眞空。度已盡矣。何者。清凉曰。乘人空觀

---

72 분단分段과 변역變易의 두 종류 생사 : 분단생사는 육도六道로 윤회하는 범부들의 생사이고, 변역생사는 삼계에 생사하는 몸을 여읜 뒤로 성불하기까지의 성자聖者가 받는 삼계 밖의 생사이다.
73 징관,『오온관』권1(X58, 425b).
74 네 종류의 생사 : 방편생사·인연생사·유유有有생사·무유無有생사. 유유생사는 아직 무명을 끊지 못하여 한 번의 생사를 더 받아야 하는 생사인 반면, 무유생사는 무명을 영원히 다하여 후유後有를 받을 필요가 없는 생사라 하여 무후無後생사라 하기도 한다.『섭대승론攝大乘論』에 나온다.

行。出分段生死。永處涅槃。乘二空觀行。雙照人法二我。畢竟空無所有。則離諸怖畏。度一切苦厄。出變易生死。名究竟解脫。苦謂五苦八苦。變易謂因緣等四種生死。如唯識等說。依此觀行。得究竟樂果。佛德空乎。

ㄷ. 통틀어서 맺음

셋째, 통틀어서 맺는다.

三通結。

소 위에서 간략하게 (강요를) 표명하는 부분을 마쳤다.

疏 上來略標竟。

㈎ 진실된 뜻을 자세히 진술하는 부분

기 둘째, 진실된 뜻을 자세히 진술하는 부분이니, 여기에 다섯이 있다.

記 二廣陳實義分五。

ㄱ. 외도의 의심을 불식시킴

첫째, 외도의 의심을 불식시킨다.

初拂外疑。

이 과목을 지은 까닭은, 형양 정 공과의 절실한 인연으로 이 경전을 오랫동안 독송하였고, 앞서 이미 번역자의 설명을 익숙하게 들어왔기 때문이다. 이리하여 소주인 법장은 그 듣고 본 것에 따라 이런 말을 했을 따름이다. 그러므로 자은 규기는 말하기를, "지금 색과 공이 서로 드러난다고 설한 것은, 뜻을 더욱 분명하게 하고 의심과 집착을 논파하기 위해서이다. 첫째, 이승二乘의 의도는 좁고 열등하여 남을 이롭게 하는 일을 즐기지 못한다. 둘째, 대승에서도 전도되게 추구하여 의혹을 일으키기에 이른다."[75] 등이라고 했다. 진실로 소주인 법장과 경전의 종지가 아니므로 곧바로 올바른 뜻을 드러내는 과목을 두어 근본된 뜻에 따라 경전의 뜻을 해석하여 통하게 하려는 것이다. 여기에는 두 가지가 있다.

作此科者。切緣鄭公。久誦此經。先已熟聞譯者之說。是以疏主。順其聞見。有此云耳。故慈恩云。今說色空互相顯者。令義增明。破疑執故。一者二乘作意狹劣。不樂利他。二者於大乘中。顚倒推求。及起疑惑等。實非疏主及經宗旨故。有便顯正義之科。方順本宗。釋通經意。於中二。

ㄱ) 경을 읊음

첫째, 경을 읊는다.

初唱經。

경 사리자여, 색은 공과 다르지 않고, 공도 색과 다르지 않다. 색이 곧 공이고, 공이 곧 색이다. 수·상·행·식도 이와 같다.

---

[75] 규기, 『반야바라밀다심경유찬』 권하(T33, 537c).

經 舍利子。色不異空。空不異色。色即是空。空即是色。受想行識。亦復如是。

기 청량 징관은 말하기를, "색은 법상法相의 머리이고, 오온의 처음이다. 그러므로 모든 경론에서는 무릇 통일된 뜻을 설하니, 모두 먼저 색을 기준으로 삼는 것이다. 『대반야경』에서는 색 이상에서부터 일체종지 이하까지 80여 개의 과목[76]이 모두 색을 사례로 삼는다. 간략하게 법을 정리하면 10대十對를 벗어나지 않는다. 의지처가 되는 것의 바탕은 공이 아님이 없다."[77]라고 했다. 이리하여 여러 조사들은 모두 진공의 이법과 환색幻色 등의 사법을 말하여 결국 열 가지 부문의 무애[78]로 풀어낸 것이다.

記 淸凉曰。色即法相之首。五蘊之初。故諸經論。凡說一義。皆先約色故。大般若等。從色已上。種智已還。八十餘科。皆將色例。若略收法。不出十對。所依體事。無不即空。是以諸祖皆云。眞空之理。幻色等事。遂以釋成十門無礙也。

ㄴ) 해석

둘째, 해석이니, 여기에 둘이 있다.

---

[76] 80여 개의 과목 : 81과八十一科 또는 81법을 말한다. 『대반야경』에서 설하는 법문을 색·심·오온·12입·18계·사제·12인연·18공·육도六度·사지四智 등의 과목으로 구분하여 합산한 것이다.
[77] 징관, 『화엄법계현경華嚴法界玄鏡』 권상(T45, 674a).
[78] 열 가지 부문의 무애 : 이사무애 10문을 말한다. 화엄의 삼법계관인 진공관眞空觀·이사무애관理事無礙觀·주변함용관周遍含容觀에서 이사무애 10문을 열거하면, ① 이편어사문理遍於事門, ② 사편어리문事遍於理門, ③ 의리성사문依理成事門, ④ 사능현리문事能顯理門, ⑤ 이리탈사문以理奪事門, ⑥ 사능은리문事能隱理門, ⑦ 진리즉사문眞理卽事門, ⑧ 사법즉리문事法卽理門, ⑨ 진리비사문眞理非事門, ⑩ 사법비리문事法非理門이다.

二作釋二。

(ㄱ) 총괄적 판별

첫째, 총괄적 판별이다.

初判總。[1]

---
1) ㉮ '判總'에 대해 저본의 난외에 주석이 있는데, "'判總'은 '總判'이 뒤바뀐 듯하다."라고 하였다.(편자)

소 이하 둘째로 진실한 뜻을 자세히 진술한 부분을 밝힌다. 여기에는 다섯 가지가 있다. 첫째, 외도의 의심을 불식시킨다. 둘째, 법체를 드러낸다. 셋째, 여의는 것을 밝힌다. 넷째, 얻음에 대해 설명한다. 다섯째, 우수한 능력에 대해 결론적으로 찬탄한다.

疏 自下第二明廣陳實義分。於中有五。一拂外疑。二顯法體。三明所離。四辨所得。五結歎勝能。

기 이것은 『약소』의 문맥을 과단하여 경을 읊음 앞에 둔 것이다. 『약소』에서는 생략을 좇아서 두루 읊는 부분을 두지 않았다. 이미 위와 같으니, 알 수 있으리라.

記 此科疏文理。在唱經之前。疏中從略。不存通唱。已如上會。

(ㄴ) 개별적 해석

둘째, 개별적 해석이니, 여기에 둘이 있다.

二釋別二。

㉠ 해석 방식을 총괄적으로 보임

첫째, 해석 방식을 총괄적으로 보인다.

初捴示釋儀。

소 첫째 단락의 문장에는 네 가지 해석이 있다. 첫째, 정면으로 소승의 의심을 제거한다. 둘째, 겸하여 보살의 의심을 푼다. 셋째, 곧바로 올바른 뜻을 드러낸다. 넷째, 관조 수행에 나아가 해석한다.

疏 初段文有四釋。一正去小乘疑。二兼釋菩薩疑。三便顯正義。四就觀行釋。

기 "문장에는 네 가지 해석이 있다."란, 곧 경을 읊은 이 한 문장을 모두 네 가지로 해석한다는 것이다. 무릇 문장에 네 가지 뜻이 포함되어 있기 때문이지, 의심의 대상인 법에 네 가지의 해석이 있는 것이 아니다. 이러하다면 사리자에게도 네 가지 설명이 따르게 되지만, 뜻에는 동일하지 않은 점이 있다. 만약 네 가지 해석이 총괄적으로 모두 의심의 대상인 법에 속한다면 경전의 종지에 우매하여 깊은 뜻을 잃어버린 것이 된다. 큰 과목(외도의 의심을 불식시킴)은 처음의 두 가지 뜻을 좇아 이름을 세운 것이다.

記 文有四釋者。則此一唱經文。通作四釋。盖文含四義故也。非於所疑法中有四釋也。是則鶖子。亦隨四說。義有不同。若捴四釋。皆屬所疑法。則陸沉經宗。失於深旨矣。大科從初二義。以立其名。

ⓛ 장을 내세우고 특징을 드러냄

둘째, 장을 내세우고 특징을 드러내니, 여기에 넷이 있다.

二唱章顯相四。

a. 정면으로 소승의 의심을 제거함

첫째, 정면으로 소승의 의심을 제거하니, 여기에 둘이 있다.

初正去小乘疑二。

a) 의심하는 사람을 거론함

첫째, 의심하는 사람을 거론한다.

初舉疑人。

疏 처음에 "사리자여"라고 한 것은, 의심하는 사람을 거론한 것이다. '사리'는 새의 이름으로 추로조鶖鷺鳥라 의역한다. 그 사람의 어머니는 총명하고 날래어 저 새의 눈과 같았으니, 그래서 그 이름을 지었다. 그녀의 아들이니 어머니와 연관하여 불렀으므로 '추자鶖子'라 하였다. 이리하여

어머니는 새(鳥)로 인해 이름 지었고, 아들은 어머니와 연관하여 이름 지었다. 총명한 지혜가 제일이어서 상수上首로 표명되었다. 그러므로 그를 상대하여 의심을 풀어 준 것이다.

疏 初中言舍利子者。擧疑人也。舍利是鳥名。此翻爲鶖鷺鳥。以其人母。聰悟迅疾。如彼鳥眼。因立其名。是彼之子。連母爲號。故曰鶖子。是則母因鳥名。子連母號。聰慧第一。標爲上首。故對之釋疑也。

記 "사리자" 이하는 경문을 첩문牒文한 것이고, "의심하는 사람을 거론한 것이다."라는 것은 해설이다. '사리' 이하는 이름을 얻게 된 인연이니, 춘앵春鶯이라 의역하기도 한다. "총명한 지혜가" 이하에서는 덕을 찬탄하여 그에게 일러 준 까닭을 해석하였다. 이역본 경전에서 설하는 바에 따르면 "불타가 영취산에서 대비구중 백천 명과 더불어 계셨다."[79]라고 했지만, 지금 (이 역본은) 오직 그에게 일렀기 때문에 "상수"라고 하였다.

記 言舍下。牒經。擧疑人者。判釋也。舍利下。出得名之緣。亦翻春鶯。聰慧下歎德。以釋對告之由。異譯經說。佛在鷲山。與大比丘衆。滿千百[1)]人。今特告之。故曰上首。

---
1) ㉠『보편지장반야바라밀다심경普遍智藏般若波羅蜜多心經』에 따르면 '千百'은 '百千'이다.

b) 의심을 풀어냄

둘째, 의심을 풀어내는 것이니, 여기에 셋이 있다.

---
79 『보편지장반야바라밀다심경』(T8, 849a).

二對釋疑三。

(a) 유여有餘의 지위

첫째, 유여의 지위[80]이다.

初有餘位。

소 그가 의심하기를, "우리 소승의 유여위에서는 오온에 인아人我가 없다고 본다. 그런데 법공이라고 하는 것은 이것과 무엇이 다르겠는가?"라고 한다. 지금 해석하여 말하기를, "너희들의 종지인 오온에 인아가 없다 함은 온이 공한 것이라 하니, 온이 스스로 공한 것은 아니다.[81] 그러므로 오온은 공과 다른 것이 된다."라고 했다. 지금 밝히자면 오온의 자성은 본래 공이니, 그들과 같지 않다. 그러므로 "색은 공과 다르지 않고" 등이라 했다.

疏 彼疑云。我小乘有餘位中。見蘊無人。亦云法空。與此何別。今釋云。汝宗蘊中無人。名蘊空。非蘊自空。是則蘊異於空。今明諸蘊自性本空而不同彼。故云色不異空等。

기 처음에 의심을 거론하니, 그가 대승에서 공의 이치를 설법하는 것을 듣고 이러한 의심을 낸 것이다. "유여"란 태일산太一山 지엄智儼이 말하기를, "신체와 지혜가 남아 있기 때문이다."[82]라고 했다. "오온에 인아人我

---

80 유여의 지위 : 번뇌를 추구하여 아직 다 소멸시키지 못한 지위.
81 '온이 공한 것'과 '온이 스스로 공한 것' : '온이 공한 것'은 오온의 화합물이 공이라는 의미이고, '온이 스스로 공한 것'은 오온의 자성이 공이라는 것이다.
82 지엄, 『화엄경내장문등잡공목』 권4(T45, 581b).

가 없다고 본다."란, 오온에는 인아人我가 없으니, 인공人空을 드러내는 것이다. 그러므로 또한 뒤에서 바로 의심하여 말하기를, "그 대승의 법공과 차별이 없다."라고 한 것이다. "지금 해석하여" 이하에서는 서로 다른 점을 드러낸다. "오온에 인아가 없다 함은"이라는 것은, 평상 위에 사람이 없더라도 평상은 결코 없는 것이 아니니, 오온에 인아가 없더라도 오온이 어찌 공이겠는가? 곧 공과 오온은 다르다는 것이다. "지금 밝히자면" 이하에서는 경전을 들어 의심을 견책하였다.

記 初擧疑。彼聞大乘說法空理。而生此疑。有餘者。太一云。有餘身智故。見蘊無人者。蘊中無我。顯人空。故亦云下正疑。與彼大乘法空無別。今釋下顯異相。蘊中等者。牀上無人。牀固非無。蘊中無人。蘊豈空耶。則空與蘊異。今明下以經遣疑。

(b) 무여의 지위

둘째, 무여의 지위이다.

二無餘位。

疏 또 의심하여 말하기를, "우리 소승에서 무여의 지위에 들면 신체와 지혜가 모두 사라지니, 공이라거나 색이 없음이라거나 하는 것 등이 이것과 무엇이 다르겠는가?"라고 한다. 해석하여 말하기를, "너희들의 종지는 색이지 공이 아니니, 색이 소멸하고 나서야 공이다. 지금 우리는 그렇지 않다. 색이 곧 공이지, 색이 멸한 공이 아니다. 그러므로 저들과 같지 않다."라고 한다.

疏 又疑云。我小乘中。入無餘位。身智俱盡。亦空無色等。與此何別。釋云。汝宗即色非空。滅色方空。今則不爾。色即是空。非色滅空。故不同彼。

기 태일산 지엄은 말하기를, "무여의 신체와 지혜는 같은 법수만큼 소멸한 무위법을 본체로 삼는다."[83]라고 했다. 처음에 의심을 거론하여, "이 지위에서 신체와 지혜가 모두 사라지니, (이것이) 색이나 마음 등의 온이 없는 것이다."라고 했다. "너희들의 종지는……"은 소승의 석색관析色觀이니, 색이 사라지고 나서야 공이라는 것이다. 대승은 체색관體色觀이니, 색이 곧 공이지 색을 소멸시켜 공을 밝히는 것이 아니다. 대승시교에서 설하는 것과 같다. "지금 우리는" 이하는 경전을 들어 해석하고 견책한 것이다.

記 太一曰。無餘身智。故同數滅無爲爲體。初擧疑。此位身智俱盡。無色心等蘊故。汝宗等者。以小乘析色觀。色盡方空。大乘體色觀。色即是空。非滅色明空。如始教說。今則下以經釋遣。

(c) 통틀어서 결론을 보임

셋째, 통틀어서 결론을 보인다.

三通結示。

소 이승의 의심은 이 두 가지를 벗어나지 않는다. 그러므로 나아가 그 의심들을 풀었다.

---

83 지엄, 『화엄경내장문등잡공목』 권4(T45, 581b).

[疏] 以二乘疑。不出此二。故就釋之。

b. 겸하여 보살의 의심을 풀어냄

[기] 둘째, 겸하여 보살의 의심을 풀어낸다.

[記] 二兼釋菩薩疑。

[소] 둘째, 겸하여 보살의 의심을 풀어내는 것이다.

[疏] 二兼釋菩薩疑者。

[기] 이것은 또한 통틀어서 해석한 것이다. "사리자여" 이하의 한 단락의 경문은, 이치가 마땅히 경을 읊은 자리에 있으니, 의심하는 사람이라는 과목을 거론해야 하지만, 소에서는 생략하여 의심하는 사람을 지목하지 않았는데, 곧 사리자일 뿐이다. 그런데 『보성론』을 인용하여 의심한 사람을 거론한 것은 잘못된 것이다. 그런데 소에서 "보살(의 의심)"이라고 했는데, 어째서 추자(사리자)라고 하는 것인가? 소주인 법장은, "이들이 모두 이미 삼승 가운데 있다."[84]라고 했으니, 사리자 등의 지위도 모두 삼승이다. 태일산 지엄이 말하기를, "사리불의 몸은 불법에서의 뜻이 지혜가 총명하다는 지위에 해당한다."[85]라 했고, 또 말하기를, "그 지위는 돈오의 성숙한 가르침에 있으면서 뜻이 초교初敎에도 통한다."[86]라고 했다. 또 일승으로 회심한 성문은 본래 뿌리를 기준으로 하면 성문이라 하고, 현재

---

84 법장法藏, 『화엄일승교의분제장華嚴一乘教義分齊章』 권1(T45, 484a).
85 지엄, 『화엄경내장문등잡공목』 권4(T45, 583c).
86 지엄, 『화엄경내장문등잡공목』 권4(T45, 583c).

배우는 법에 근거하면 보살이라 한다. 소의 문장에는 세 가지가 있다.

> 記 是亦通釋。舍利下一段經文。理當亦有唱經。擧疑人之科。疏略不指疑人。即舍利子耳。而謂引論擧疑人者。非也。然疏云菩薩。何以鶖子者。疏主曰。此等皆是。已在三乘中。則鶖子等位。皆三乘。太一曰。舍利弗身。在佛法中。義當聰明位。又曰。其位在於頓悟熟敎。義通初敎。又回心聲聞。約本則名聲聞。據現學法。則名菩薩。疏文有三。

a) 표방

첫째, 표방이다.

> 一標擧。

소 『보성론』에 의거하여 말하자면, 공에 대한 혼란된 생각을 가진 보살에게는 세 종류의 의심이 있었다.[87]

> 疏 依寶性論云。空亂意菩薩。有三種疑。

b) (논을) 나열하고 해석함

기 둘째, (논을) 나열하고 해석한다.

> 記 二列釋。

---

[87] 견혜堅慧, 『구경일승보성론究竟一乘寶性論』 권4(T31, 840a) 이하의 내용에 해당한다.

소 첫째, 공은 색과 다르다고 의심하여 색 바깥에서 공을 취한다. 지금 색은 공과 다르지 않다고 밝혀 저 의심을 끊는다. 둘째, 공이 색을 소멸시킨다고 의심하여 단멸의 공을 취한다. 지금 색이 곧 공이어서 색이 소멸된 공이 아님을 밝혀 저 의심을 끊는다. 셋째, 공이 사물이라고 의심하여 공이 있다고 집착한다. 지금 공이 곧 색이어서 공으로 공을 취해서는 안 됨을 밝혀 저 의심을 끊는다.

疏 一疑空異色。取色外空。今明色不異空。以斷彼疑。二疑空滅色。取斷滅空。今明色即是空。非色滅空。以斷彼疑。三疑空是物。取空爲有。今明空即是色。不可以空取空。以斷彼疑。

c) 결론을 보임

기 셋째, 결론을 보인다.

記 三結示。

소 세 가지 의심이 사라지면 진공은 저절로 드러난다.

疏 三疑既盡。眞空自顯也。

기 그런데 지금 세 가지 의심을 나열한 것은 경문에 따른 것이다. 그러므로 징관의 『화엄법계현경』과 순서가 다르다.[88] 그런데 규봉 종밀은 『주

---

88 징관, 『화엄법계현경』 권상(T45, 673a)에서는, 취단멸공取斷滅空 · 취색외공取色外空 · 취공위유取空爲有의 순서로 되어 있다.

『화엄법계관문』에서 주석을 생략하고, 뜻이 관심觀心을 목표로 삼아 제시하는 데 있지, 마음대로 인용하고자 한 것은 아니므로 "반드시 회통할 필요는 없다."[89]라고 하였다.

記 然今列三疑。以順經文。故與玄鏡不次。而圭峯略註。意存的示觀心。不欲衍引。故云不必和會。

c. 곧바로 올바른 뜻을 드러냄

셋째, 곧바로 올바른 뜻을 드러낸다.

三便顯正義。

참으로 색과 공의 무애無礙·상즉相即·원통圓通이라는 것이 이 경전이 말하는 올바른 이치이다. 그러므로 "곧바로 올바른 뜻을 드러낸다."라고 하니, 의심을 풀어내는 뜻도 뜻의 부문을 겸하여 갖는다. 경전에도 두 단락이 있으니, "사리자"란 일러 줌의 대상이 되는 사람이다. 올바른 뜻을 드러냄에서,

良以色空無礙。相即圓通。乃是斯經所詮正理。故云便顯正義。釋疑之義。義門兼有。經亦二段。舍利子者。對告人也。所顯義中。

---

89 종밀宗密, 『주화엄법계관문注華嚴法界觀門』 권1(T45, 685a).

a) 공과 유로 성립하는 까닭을 드러냄

첫째, 공과 유로 성립하는 까닭을 드러내니, 여기에 둘이 있다.

一彰所以釋成空有二。

(a) 무애인 까닭을 정면으로 드러냄

첫째, 무애인 까닭을 정면으로 드러내니, 여기에 둘이 있다.

初正顯無礙因由二。

ⓐ 표방하고 (뜻을) 보임

첫째, (과명을) 표방하고 (뜻을) 보인다.

初標示。

소 셋째, "곧바로 올바른 뜻을 드러낸다."란, 단지 색과 공의 상대적 관계에 있어서 세 가지 뜻이 있다.

疏 三便顯正義者。但色空相望。有其三義。

기 "곧바로 (올바른 뜻을) 드러낸다."는, 과목의 이름을 첩문하는 것이다. "단지 색과" 이하에서는 뜻을 드러내 보인다. 경전에서 색과 공이 서로 같아서 서로 다름이 없다고 설하는 이유는, 참으로 이 세 가지 뜻을 갖추기 때문이라는 것이다. 공을 얻는 것이지만 단멸의 공은 아니며, 유이지만 결정된 유는 아니다. 공이지만 온전한 유이어서 곧 유를 가지고 공을 변론하며, 유이지만 온전한 공이어서 곧 공으로 유를 변론한다. 진공과 묘색은 있음과 없음이 무애하고 숨고 드러남이 원융하여 한맛으로서 의존하는 바가 없다. 진국 사문 징관은 또 말하기를, "연기의 사법과 본성공의 이법이라는 두 가지 상호 관계에는 세 가지의 뜻이 있다. 이 세 가지 뜻으로 인해 이사무애理事無礙를 이룬다."[90]라고 하였다. 그 까닭은 드러내었지만 또한 단지 이 세 가지 부문과 네 가지 뜻만을 설하였다.[91] 소주인 법장은 이 경전을 받들어 해석하여 이 단락의 경문의 뜻은 넓고 깊어 열 가지 부문의 이사무애를 갖추며, 이것이 이 경전의 진실된 뜻으로서 가장 높은 근본이라 한다. 아래의 '여의는 것을 밝힘'과 '법체를 드러냄'은 모두 곧 묘유에 상즉하는 진공일 따름이다. 이 이하 두 과목의 소의 문장에 대해 예나 지금이나 똑같이 미혹하니, 이 경전을 억압하여 방편이고 얕은 것이라고 하면서 종종 법을 훼방하는 일을 면하지 못하였다. 진국 사문 징관 대화상이 문장에 맞추어 해석하여 문구가 밝게 알려지니, 지금 약술한다.[92]

記 便顯下牒科名。但色下示義。所以經說色空相即互無異者。良由具此三義故。得空非斷空。有非之有。空而全有。即有以辨於空。有而全空。即空

---

90 징관,『정원신역화엄경소』권1(X5, 57c).
91 징관은『정원신역화엄경소』권1(X5, 57c~58a)에서 아래에서 나오는 상위의相違義·불상애의不相礙義·상작의相作義의 세 가지 뜻 이외에 폐기성타의廢己成他義·민타현기의泯他顯己義·자타구존의自他俱存義·자타구민의自他俱泯義라는 네 가지 뜻도 제시하고 있다.
92 징관,『정원신역화엄경소』권1(X5, 57c) 이하에서 징관은, 두순의 법계관法界觀 중 하나인 열 가지 부문의 이사무애관을 상위의·불상애의·상작의의 세 부문으로 재배당하여 해석하고 있는데, 아래 이어지는 기문記文에서는 이 징관의 해석을 차용하고 있다.

而辨於有。眞空妙色。存亡無礙。隱顯圓融。一味無寄也。鎭國又曰。緣起之事。與性空之理。二互相望。有乎三義。由此三義。成於理事無礙。彰其所以。亦但說此三門四義。疏主仰釋斯經。則此段經。文義淵奧。具足十門理事無礙。是一經實義之宗本也。下明所離顯法體。皆卽妙有之眞空耳。此下二科疏文。今古同迷。乃將斯經。抑爲權淺。徃徃不免謗法矣。鎭國大和尙。循文解釋。辭句曉然。今略出之。

ⓑ 특성을 해석함

둘째, 특성을 해석한다.

二釋相。

소 첫째, 서로 위배한다는 뜻이다. 아래 문장에서 "공에는 색이 없다." 등이라고 한다. 공은 색을 해치기 때문이다. 이에 따르면 "색에는 공이 없다."라고 해야 하니, 색은 공을 위배하기 때문이다. 함께 있으면 반드시 서로 없애기 때문이다. 둘째, 서로 장애하지 않는다는 뜻이다. 말하자면 색은 가환假幻이므로 색은 결코 공을 장애하지 않고, 공은 참이므로 공은 결코 환색幻色을 장애하지 않는다. 색을 장애하면 곧 단공斷空이지 진공이 아니기 때문이고, 공을 장애하면 곧 실색實色이지 환색이 아니기 때문이다. 셋째, 서로 만들어 준다는 뜻을 밝힌다. 이 환색이 바탕을 거론하여 공이 아니라고 한다면 환색을 이루지 못할 것이다. 진공도 그러하다. 위에서 설명한 바에 따라 알아야 한다.

疏 一相違義。下文云。空中無色等。以空害色故。準此應云。色中無空。以色違空故。若以互存。必互亡故。二不相閡義。謂以色是幻。色必不閡空。

以空是眞。空必不妨幻色。若閡於色。卽是斷空。非眞空故。若閡於空。卽是實色。非幻色故。三明相作義。謂若此幻色。擧體非空。不成幻色。眞空亦爾。準上應知。

기 저 문장에서 "'서로 위배한다'란, 경전에서 '공에는 색이 없다'라고 했으니, 공은 색을 해치기 때문이다. 또한 '색에는 공이 없다'라고 해야 하니, 색은 공을 위배하기 때문이다. 함께 있으면 반드시 서로 없애기 때문이다."라고 한 것은, 곧 (이사무애 10문十門 중에서) 제5 이리탈사문以理奪事門, 제6 사능은리문事能隱理門, 제9 진리비사문眞理非事門, 제10 사법비리문事法非理門의 네 가지 부문이다. 뒤의 두 가지 뜻은 모두 동일하다. 이 소에서는 단지 불상애不相礙의 뜻이라 하였지만, 『정원신역화엄경소』에서는 불상애의에 대한) 마지막 문장에서 "이것은 곧 제7, 제8의 사리상즉事理相卽의 두 가지 문(眞理卽事門과 事法卽理門)이다."[93]라 했다. "서로 만들어 준다는 뜻(相作義)"에서 "위에서 설명한 바에 따라 알아야 한다.(準上應知)"까지에 대해서, 아래에서는 "이것은 곧 제3, 제4 의리성사문依理成事門과 사능현리문事能現理門이다. 처음의 (이편어사문理遍於事門과 사편어리문事遍於理門의) 두 가지 부문은, 곧 두루 본체적 특징을 드러내는 것이니, 또한 서로 장애하지 않는다는 뜻이다."[94]라 한다. 해석하여 말한다. 처음의 두 가지 부문이란, 곧 서로 편재한다는 (이편어사문과 사편어리문의) 두 가지 부문이니, 문구가 모두 동일하다. 그러므로 갖추어 쓰지 않는다. 『정원신역화엄경소』 제1권 하반부에 구비되어 있는 것과 같다. "진공도 그러하다."란, 위에서는 색의 공에 대한 관계를 가지고 상작의相作義를 이룬다. 공의 색에 대한 관계의 경우도 상작의의 뜻이 그러하다.

---

93 징관, 『정원신역화엄경소』 권1(X5, 57c).
94 징관, 『정원신역화엄경소』 권1(X5, 57c).

記 彼文云。言相違者。經云。空中無色。以空害色故。亦應云。色中無空。以色違空故。若互相存。必互相亡故。即五六九十四門。後二義全同。此䟽但不相礙義。末文云。此即七八。事理相即二門。相作義至準上應知。下云。此即三四。依理成事。事能顯理門也。其初二門。即通顯體相。亦不相礙義。釋曰。言初二門者。即相徧二門。文句全同。故不備書。具如貞元第一之下。眞空亦爾者。上以色望於空。而成相作。若空望於色。作義亦爾。

(b) 원만한 소통의 까닭을 단계적으로 보임

둘째, 원만한 소통의 까닭을 단계적으로 보인다.

二躡示圓通所以。

소 그러므로 색이 곧 공이기 때문에 마침내 색이 있을 수 있다. 그러므로 『대품경』에서 "제법이 공하지 않으면 곧 도도 없고 과보도 없다."[95]라고 했고, 『중론』에서 "공의 뜻이 있기 때문에 일체법이 성립할 수 있다."[96]라고 했다. 그러므로 진공도 이러하다. 위에서 설명한 대로 알아야 한다.

䟽 是故由色即空。方得有色。故大品云。若諸法不空。即無道無果等。中論云。以有空義故。一切法得成。故眞空亦爾。準上應知。

기 "그러므로"란 위에서 이어진다는 용어이다. 위의 세 가지 뜻에 걸림이 없기 때문에 진공과 묘색이 각각 네 가지 뜻을 갖추어 공과 색의 원

---
95 『대품반야경大品般若經』 권26(T8, 407b).
96 『중론中論』 권4(T30, 33a).

만한 소통을 이룩한다. 진국 사문 징관은 말하기를, "또 위의 세 가지 뜻으로 말미암아 모든 공과 유의 법은 두루 네 가지 뜻을 갖는다."[97]라고 했다. 대승시교에서 말해지는 진제의 공은, 비록 색에 상즉하는 공이라 하더라도 네 가지 뜻과 세 가지 부문을 갖추지 못함을 알아야 한다. 참으로 유를 말하는 경우에서는 곧 법집法執이 다하지 않았기 때문이다. 마땅히 이 경전에서 말해지는 색에 상즉하는 공과 공에 상즉하는 색이 각각 네 가지 부문과 세 가지 뜻을 갖춤을 깊이 연구해야 한다. 쌍으로 존재하고 쌍으로 사라지며, 거스르거나 따르고 숨거나 드러난다. 덕을 갖추어 자재하니, 공의 종지를 남용함이 없다. 그릇되게 설하여 유로 삼으면 진제는 공이 된다. 진국 사문 징관은 법성종法性宗을 설하니, 공에 상즉하는 색이 묘색이고 색에 상즉하는 공이 진공이다. 이리하여 유 아닌 유와 공 아닌 공이 덕을 갖춘 공과 유이다. 우리의 조사인 법장은 구절에 따라 해석하였지만, 고정된 집착이 있을까 두려워도 감히 번다함을 피하려 하지 않고, 마침내 갖추어 기록한다. 여기에는 두 가지가 있다.

記 是故者。躡上之辭。由上三義無礙故。令眞空妙色。各具四義。而成空色圓通。鎭國曰。又由上三義。諸空有法。通有四義。當知始敎所詮眞諦之空。雖云卽色之空。不具四義三門。良由若言其有。卽是法執未盡故。當深究此經所詮。卽色之空。卽空之色。各具四門三義。雙存雙泯。逆順隱顯。具德自在。無濫空宗。妄說爲有。眞諦是空。鎭國說性宗。卽空之色爲妙色。卽色之空爲眞空。是則非有之有。非空之空。爲具德之空有也。吾祖隨句牒釋。恐有固執。不敢避繁。遂具書之。於中二。

---

97 징관, 『정원신역화엄경소』 권1(X5, 57c). '네 가지 뜻'에 대해서는 본 서 제2권 주 91 참고.

ⓐ 묘색에 대한 진공의 관계

첫째, 묘색에 대한 진공의 관계이다.

一眞空望妙色。

소 그러므로 진공에는 통틀어 네 가지 뜻이 있다. 첫째, 자기를 폐지하고 남을 이루는 뜻이다. 공이 곧 색이므로 곧 색이 나타나고 공은 숨는다. 둘째, 남을 없애고 자기를 드러내는 뜻이다. 색이 공이므로 곧 색은 다하고 공이 나타난다. 셋째, 자기와 남이 모두 보존되는 뜻이다. 숨고 드러남이 둘이 아닌 것이 진공이므로 말하자면 공과 다르지 않은 색을 환색이라 하여 색이 보존되고, 색과 다르지 않은 공을 진공이라 하여 공이 드러난다. 서로 장애하지 않아 둘이 모두 보존된다. 넷째, 자기와 남을 모두 없애는 뜻이다. 본체 상에서 서로 같으니, 자타 모두를 빼앗아 없애어 두 가지 극단을 끊는다.

소 是故眞空。通有四義。一廢已成他義。以空即是色故。即色現空隱也。二泯他顯己義。以色是空故。即色盡空現也。三自他俱存義。以隱顯無二是眞空故。謂色不異空爲幻色。色存也。空不異色名眞空。空顯也。以互不相礙。二俱存也。四自他俱泯義。以擧體相即。全奪兩亡。絶二邊故。

기 저 문장에서 "첫째, 자기를 폐지하고 남을 이루는 뜻이다. 공이 곧 색이므로 곧 색이 나타나고 공은 숨는다."라 한 것은, 곧 제3 의리성사문依理成事門이고, "둘째, 남을 없애고 자기를 드러내는 뜻이다. 색이 공이므로 곧 색은 다하고 공이 나타난다."라 한 것은, 곧 제8 사법즉리문事法即理門이며, "셋째, 자기와 남이 모두 보존되는 뜻이다. 숨고 드러남이 둘이 아닌 것이 진공이므로 말하자면 공과 다르지 않은 색을 환색이라 하여 색이 보존되고, 색과 다르지 않은 공을 진공이라 하여 공이 드러난다. 서로 장애하지 않아 둘이 모두 보존된다."라 한 것은, 곧 제9 진리비사문眞理非事門이고, "넷째, 자기와 남을 모두 없애는 뜻이다. 본체 상에서 서로 같으니, 자타 모두를 빼앗아 없애어 두 가지 극단을 끊는다."라 한 것은, 곧 제5 이리탈사문以理奪事門이다. 위의 네 가지 뜻은 모두 색에 대한 공의 관계이다.

記 彼文云。一廢己成他義。以空即色故。即色現而空隱也。即是第三依理成事門。二泯他顯己義。以色即空故。即色盡空顯也。即第八事法即理門。三自他俱存義。以隱顯無二。是眞空故。謂不異空爲幻色。色存也。不異色名眞空。空顯也。以互不相異二。俱存也。即是第九眞理非事門。四自他俱泯義。以擧體相即。全奪兩亡。絶二邊故。即第五以理奪事門。上之四義。並空望於色。

ⓑ 진공에 대한 묘색의 관계

둘째, 진공에 대한 묘색의 관계이다.

二妙色望眞空。

소 공에 대한 색의 관계에도 네 가지 뜻이 있다. 첫째, 남을 드러내고 자기를 없애는 것이다. 둘째, 자기를 드러내고 남을 숨기는 것이다. 셋째, 모두 보존하는 것이다. 넷째, 모두 없애는 것이다. 모두 앞을 기준하여 생각하라.

疏 色望於空。亦有四義。一顯他自盡。二自顯隱他。三俱存。四俱泯。並準前思之。

기 처음에 색을 자기라 하고 공을 남이라 함을 표시하였다. 그러므로 앞의 부문과 다르다. 첫째로 남을 드러내고 자기를 없애는 뜻은 곧 제4 사능현리문事能顯理門이고, 둘째로 자기를 드러내고 남을 숨기는 뜻은 곧 제7 진리즉사문眞理卽事門이며, 셋째로 모두 보존하는 뜻은 곧 제10 사법비리문事法非理門이고, 넷째로 모두 없애는 뜻은 곧 제6 사능은리문事能隱理門이다. "모두 앞을 기준하여 생각하라."라는 것을 설명해 보자. 첫 번째에서 색이 곧 공이므로 곧 공이 나타나고, 색은 숨는다. 참으로 공이라는 남이 드러나고, 색이라는 자기가 없어지므로 사법에는 이법을 나타내는 공능이 있는 것이다. 나머지 셋도 알 수 있다. 또 앞의 네 가지 부문은 반드시 뒤의 네 가지 부문을 동반하고, 뒤의 네 가지 부문은 반드시 앞의 네 가지 부문을 동반한다. 합하면 통하게 되니, 네 가지 부문은 유를 온전히 하는 공과 공을 온전히 하는 유가 된다. 그러므로 네 가지 부문으로 통합된다.

記 初標示以色爲自。以空爲他。故異前門。一顯他自盡義。卽是第四事能顯理門。二自顯隱他義。卽是第七眞理卽事門。三俱存義。卽是第十事法非理門。四俱泯義。卽是第六事能隱理門。並準前思之者。一以色卽是空故。卽空現而色隱也。良由顯空之他。盡色之自。故事有現空[1]之能也。餘三可知。又有前四門。必帶後四門。有後四門。必帶前四門。合則通。爲四門全有之空。全空之有。故通合爲四。

---
1) ㉺ '空'을 난외에서 손글씨로 '理'라 고쳤다.(편자)

b) 원만한 소통을 깨달아 경의 종지를 결론적으로 보임

둘째, 원만한 소통을 깨달아 경의 종지를 결론적으로 보인다.

二會圓通。結示經宗。

🔲 **소** 이리하여 환색은 있고 없음에 걸림이 없고, 진공은 숨고 드러남에 자재하다. 합하면 한맛으로 원만히 소통되어 의존하지 않으니, 이것이 그 법이다.

🔲 **疏** 是則幻色存亡無閡。眞空隱顯自在。合爲一味。圓通無寄。是其法也。

🔲 **기** "이리하여"란 앞을 이어 주는 용어이다. 색에는 남을 드러내고 자기를 없애는 등 생각할 수 없이 깊은 덕이 있으므로 있을 수도 있고 없을 수도 있어 장애가 없다. 덕을 갖춘 공은 숨을 수도 있고 드러날 수도 있어 거스르거나 따름이 자재하다. 그러므로 환유에 상즉하는 진공과 진공에 상즉하는 환유는 원묘하고 융통하여 다른 모습이 있지 않다. 그러므로 "합하면 한맛으로 원만히 소통되어 의존하지 않으니"라고 하였으니, 이것이 말해져야 할 바의 그 법이다. 그러므로 경에서 "색은 공과 다르지 않고, 공도 색과 다르지 않다." 등이라고 하였다.

🔲 **記** 是則者。承前之語也。由色有顯他自盡等。不思議玄奧之德。故能或存或亡。無有障礙。具德之空。或隱或顯。逆順自在故。卽幻有之眞空。卽眞空之幻有。圓妙融通。無有異相。故云合爲一味。圓通無寄。是其所詮之法。故經云。色不異空。空不異色等也。

상위相違이고 무애無礙이며 상작相作인 까닭은 연기법에 네 가지 뜻이 있기 때문이다. 첫째, 인연으로 발생하므로 유이다. 둘째, 인연으로 발생하므로 공이다. 셋째, 자성이 없으므로 유이다. 넷째, 자성이 없으므로 공이다. 첫 번째와 네 번째의 두 가지 뜻은 구별되므로 상위의 뜻을 갖는다. 두 번째와 세 번째는 상작의 뜻을 가지니, 말하자면 (두 번째의) 인연으로 발생하므로 공이니 곧 유는 공에서 만들어지고, (세 번째의) 자성이 없으므로 유이니 곧 공은 유에서 만들어진다. 위의 네 가지 뜻은 동일한 연기이니, 불상애不相礙의 뜻을 갖는다. 또 처음의 두 가지 뜻에서는 공에 대한 유의 관계에 있어서 네 가지 뜻을 이룬다. 뒤의 두 가지 뜻에서는 유에 대한 공의 관계에 있어서 네 가지 뜻을 이룬다. 말하자면 자성이 없으므로 유이어서 자기를 폐지하고 남을 이루는 뜻을 갖고, 자성이 없으므로 공이어서 남을 없애고 자기를 드러내는 뜻을 갖는다. 위의 두 가지 뜻에는 장애가 없으므로 모두 보존하는 뜻을 갖는다. 위의 두 가지 뜻은 서로 형성하므로 자기와 남을 모두 없애는 뜻을 갖는다. 공에 대한 유의 관계도 네 가지 뜻에 준거한다.

所以相違無礙及相作者。以緣起法有四義故。一緣生故有。二緣生故空。三無性故有。四無性故空。由初及四二義別。故有相違義。由二及三有相作義。謂緣生故空。則有作於空。無性故有。即空作於有。由上四義。同一緣起。有不相礙義。又由初二義。有有望於空。而成四義。由後二義。有空望於有。而成四義。謂由無性故有。有廢己成他義。由無性故空。有泯他顯己義。由上二義無礙故。有俱存義。由上二義相形故。有自他俱泯義。有望於空。四義準之。

또 자성이 없고 인연으로 발생하므로 유이니 상견常見이나 유견有見이 아닌 유가 곧 환유가 되고, 자성이 없고 인연으로 발생하므로 공이라면 단견斷見이나 무견無見이 아닌 공이 진공이 된다. 환유는 곧 유 아닌 유이고, 진공은 곧 공 아닌 공이니, 공도 아니고 유도 아님이 중도의 뜻이다. 유와 비유非有가 둘이 아니어서 바로 환유이고, 공과 비공非空이 둘이 아니어서 바로 진공이기 때문이다. 또 비공非空과 유는 둘이 아니어서 하나의 환유가 되고, 공과 비유는 둘이 아니어서 하나의 진공이 된다. 또 환유와 진공은 둘이 아니어서 한맛의 법이 된다. 위 내용은 모두 진국 화상 징관이 이 한 과목의 경의 종지에 대한 소의 문장을 가지고 저 이사무애법계를 해석한 것이니,[98] 곧 이 경의 올바른 뜻을 여기서 알 수 있다.

又以無性緣生故有。則非常見有見之有爲幻有。無性緣生故空。則非斷見無見之空爲眞空。幻有卽是不有有。眞空卽是不空空。非空非有。是中道義。以有與非有無二。方爲幻有。空與非空無二。爲[1)]眞空故。有[2)]非空與有無二。爲一幻有。空與非有無二。爲一眞空。又幻有與眞空無二。爲一味法。上來並是鎭國和尙。將此一科經旨疏文。釋彼理事無礙法界。則此經正義。於斯可見。

---

1) ㉾ '爲'에 대해 저본의 난외에 주석이 있는데, "'爲' 자 앞에 '方' 자가 빠진 듯하다."라고 하였다.(편자) 2) ㉾ '有'에 대해 저본의 난외에 주석이 있는데, "'有' 자는 '又' 자의 오기인 듯하다."라고 하였다.(편자)

이 해석에 의하면 이 경의 분제는 바로 원교圓敎 중의 동교同敎에 해당한다. 여기서 오로지 쌍으로 보존하는 뜻을 취한다면 종교終敎에 해당하고, 오로지 모두 없애는 뜻을 취한다면 돈교頓敎에 해당한다. 경의 문장을 적절히 소속시키려 한다면, 앞에서 인용된『화엄법계현경』에서처럼 (쌍존雙存과 구민俱泯의) 두 가지 뜻은, 또한 종교와 돈교에 해당한다. 또 (아래의) '여의는 것을 밝힘'의 과목에서 마지막 단락의 문답한 대목과 아울러

---

98 징관,『정원신역화엄경소』권1(X5, 57c~58b)의 내용에 해당한다.

법상개합法相開合한 부문에서 보면, 소에서는 곧 이 경전이 시종 색과 공의 서로 갈마듦과 이치와 사법의 장애 없음과 중도의 깊은 취지를 말한다고 본다. 소주인 법장의 깊은 충심을 헤아려 보면 (법장은) 경문의 한 글자를 가지고 억압하여 『반야심경』을) 방편인 얕은 가르침으로 삼는 것을 쉽게 긍정하지 않았다. 하물며 아래에서 다시 '얻는 것을 밝힘'의 한 과목을 두어 불덕의 원만함과 상주함을 드러내었음에랴. 이러한 뜻으로 인해 소주인 법장은 (앞에서 교의 소속을 밝힐 때) "실교實敎에 포함된다."라고 교판했던 것이다. 이에 우리 화엄가의 5교 중 뒤의 3교는 합하여 하나의 실교이니, 그 이치가 매우 분명하다.

若依此釋。斯經分齊。正當圓中同敎。於中若唯取雙存。義當終敎。唯取俱泯。則當頓敎。若欲屬當經文。如前所引玄鏡。二義亦當終頓。又以明所離。末文。問答幷法相開合。疏語。則一經始終。皆談色空交徹。理事無礙。中道玄旨。精考疏主深衷。未易肯。將疏[1]文一字。抑爲權淺。況下更有明所得一科。顯佛德圓常乎。由斯等義。是故疏主判云。實敎所攝。乃將今家五敎。後三合爲一實。其理甚明。

1) ㉯『대정장』에서는 '疏'를 '經'이라 했다. 후자가 맞는 것 같다.

d. 관행觀行의 관점을 통한 해석

넷째, 관행의 관점을 통한 해석이다.

四就觀行釋。

앞에서는 증험과 관조의 대상을 기준으로 하였고, 지금은 증험하고 관조하는 지혜에 나아가 경의 문장을 해석한다. 여기에도 '경을 일러 주는 대상(對告)' 등의 과목이 있겠지만, 소에서는 생략하고 내지 않는다. 문장에는 세 가지가 있다.

> 前約所證所觀之境。今就能證能觀之智。以釋經文。於中亦有對告等科。疏略不出。文三。

a) 지관양륜

첫째, 지관양륜이다.

> 初止觀兩輪。

소 넷째, 관행의 관점을 통한 해석에는 세 가지가 있다. 첫째, 색이 곧 공임을 관조하여 지止의 수행을 이루고, 공이 곧 색임을 관조하여 관觀의 수행을 이룬다. 공과 색은 둘이 아님이 한순간 단박에 나타나니, 곧 지와 관이 함께 행해지면 마침내 구경究竟이다.

> **疏** 四就觀行釋者有三。一觀色即空。以成止行。觀空即色。以成觀行。空色無二。一念頓現。即止觀俱行。方爲究竟。

기 "첫째, 색이 곧 공임을 관조하여……"는 경의 세 번째 구절이다. 『보책寶册』[99]에서 말하기를, "'지止'라 하는 것은, 말하자면 일체의 경계상을 그치는 것이다."라고 했으니, 곧 유식의 도리를 깨달아 외부의 경계상

---

99 『보책寶册』: 『석마하연론釋摩訶衍論』(T32, 592c)에서 『대승기신론大乘起信論』을 『보책』이라 했다.

을 파척하면 경계상이 이미 그쳐 분별하는 바가 없게 된다. 그러므로 '지'라 한다.[100] 색은 외부의 경계이고, 색이 공임을 관조한다. 그러므로 지止의 수행을 이룬다.『대승기신론』에서 또 말하기를, "이 삼매에 의거하면 법계의 온전한 특성을 알게 되니, 곧 일행삼매一行三昧라 한다. 진여가 삼매의 근본임을 알아야 한다."[101]라고 했고,『문수반야경』에서 말하기를, "무엇을 일행삼매라 하는가? 불타가 말한다. 법계의 온전한 모습이 법계마다 맞아떨어지니, 이를 일행삼매라 한다. 일행삼매에 든다는 것은 항하사 모래알만큼 많은 모든 부처님 법계의 무차별상을 다 아는 것이다.……(이하 생략)[102]……"[103]라고 했으니, 진여삼매가 이러한 헤아릴 수 없는 삼매를 발생시킨다.『문수반야경』은 곧 이 경의 광문廣文이다.

記 一觀色等者。經第二[1]句也。寶冊云。所言止者。謂止一切境界相。即以覺慧唯識道理。破外塵相。塵相既止。無所分別。故云止。色是外塵。觀之即空。故成止行。論又云。依是三昧。則知法界一相。即名一行三昧。當知眞如。是三昧根本。文殊般若經云。云何名一行三昧。佛言法界一相。繫緣法界。是名一行三昧。入一行三昧者。盡知河沙諸佛法界無差別相。乃至廣說。眞如三昧。能生此等無量三昧。文殊般若。即此經之廣文也。

1) ㉾ '二'에 대해 저본의 난외에 주석이 있는데, "'二' 자는 '三' 자의 오기인 듯하다."라고 하였다.(편자)

"공이 곧 색임을 관조하여……"란,『대승기신론』에서 "'관觀'이라 하는

---

100 곧 유식의~'지'라 한다 : 법장法藏,『대승기신론의기大乘起信論義記』권하 말(T44, 282c)에서『대승기신론』본문을 해석한 것이다.
101『대승기신론』권1(T32, 582b).
102 이하 생략 : 원문은 '乃至廣說'로서 '내지 자세하게 설했다'라는 뜻인데, 문맥에 의거하여 '이하 생략'이라 번역했다.
103『문수사리소설마하반야바라밀경文殊師利所說摩訶般若波羅蜜經』권하(T8, 731a~b).

것은, 말하자면 인연의 생멸상을 분별하는 것이니, 비파사나관의 뜻을 수순하기 때문이다."[104]라고 했으니, 곧 경의 네 번째 구절이다. 『유가사지론』에서 "제법에 대한 승의의 이취理趣와 모든 무량한 안주의 이취와 세속의 묘혜를 '관觀'이라 함을 알아야 한다."[105]라고 했다. 공이 곧 색임을 관조하여 세속을 안립하는 것이다. 공과 색이 둘이 아니니, 곧 둘이 다르지 않다는 구절이다. 색이 실체적인 색이 아니어서 바탕을 거론하면 진공임을 보고, 공이 단멸의 공이 아니어서 바탕을 거론하면 환색임을 본다. 정情(육근)과 진塵(육경)을 비우면 공과 색이 장애가 없고, 지해智解를 없애면 마음과 대상이 모두 계합하니, 지관이 쌍으로 행해지는 것이 구경究竟이라 할 수 있다. 『석마하연론』에서 말하기를, "정定이 때에 맞으면 저 관觀이 순조롭고, 관이 때에 맞으면 저 정이 순조로우니, 구족되고 구족되어 서로 분리되지 않은 채 전개된다."[106]라고 하였다.

觀空等者。論云。所言觀者。謂分別因緣生滅相。隨順毘鉢舍那觀義故。即經第三[1)]句。瑜伽云。若於諸法。勝義理趣。及諸無量安住理趣。世俗妙慧。當知名觀。觀空即色。乃安立世俗矣。空色無二。即二不異句也。見色非實色。擧體是眞空。見空非斷空。擧體是幻色。廓情塵而空色無礙。泯智解而心境俱冥。可謂止觀雙行。爲究竟也。論云。之隨時。彼[2)]觀則順。觀隨時中。彼定即順。具足具足。不離轉故。

1) ㉕ '三'을 난외에서 손글씨로 '四'라 고쳤다. 2) ㉕ '時彼'에 대해 저본의 난외에 주석이 있는데, "'時彼' 사이에 '中' 자가 빠진 듯하다."라고 하였다.(편자)

---

104 『대승기신론』 권1(T32, 582a).
105 미륵彌勒, 『유가사지론瑜伽師地論』 권45(T30, 539c).
106 용수龍樹, 『석마하연론釋摩訶衍論』 권8(T32, 655b).

b) 머무르지 않는 도道

둘째, 머무르지 않는 도이다.

二¹⁾不住道。

1) ㉻ '二'를 난외에서 손글씨로 '次'라 고쳤다.(편자)

소 둘째, 색이 곧 공임을 보아 위대한 지혜를 이루어 생사에 머무르지 않고, 공이 곧 색임을 보아 위대한 자비를 이루어 열반에 머무르지 않는다. 색과 공의 경계가 둘이 아니고 자비와 지혜의 생각이 다르지 않으니, 무주처행을 이룬다.

疏 二見色即空。成大智而不住生死。見空即色。成大悲而不住涅槃。以色空境不二。悲智念不殊。成無住處行。

기 "색이 곧 공임을 보아……"란, 『대승기신론』에서 "일체법이 본래 발생하지 않았음을 관조하여 허망한 견해에서 벗어나 생사에 머무르지 않는다."[107]라고 하였으니, 지혜이다. "공이 곧 색임을 보아……"란, 『대승기신론』에서 "일체법이 인연의 화합이어서 업의 과보가 상실되지 않음을 관조하여 위대한 자비를 일으키고, 모든 복덕을 닦아 중생을 교화하여 열반에 머무르지 않는다."[108]라고 하였으니, 자비이다. "색과 공의 경계가 둘이 아니고"란, 둘이 다르지 않다는 구절이다. "자비와 지혜의 생각이 다르지 않으니"를 설명해 보자. 자비에 상즉하는 지혜로 저 중생에 상즉하는

---

107 『대승기신론』 권1(T32, 580c).
108 『대승기신론』 권1(T32, 580c).

공을 관조하고, 지혜에 상즉하는 자비로 공에 상즉하는 중생을 교화하니, 법성에 따라 두 가지 극단에 머무르지 않는다. 그러므로 "무주처행을 이룬다."라고 한다. 진국 사문 징관은 말하기를, "위대한 지혜는 자리自利이므로 범부와 다르고, 위대한 자비는 이타利他이므로 소승과 다르다. 이 두 가지는 서로 인도하여 머무르지 않는 도를 이룬다."[109]라고 했다.

記 見色等者。論曰。觀一切法。自性無生。離於妄見。不住生死。智也。見空等者。論曰。觀一切法。因緣和合。業果不失。起於大悲。修諸福德。攝化衆生。不住涅槃。悲也。色空下。二不異句。悲智念不殊者。卽悲之智。觀彼卽生之空。卽智之悲。以化卽空之生。隨順法性。不住二邊。故云成無住處行。鎭國曰。大智自利異凡。大悲利他異小。此二相導。成不住道。

c) 일심삼관一心三觀

셋째, 일심삼관이다.

三[1]一心三觀。

1) ㉯ '三'을 난외에서 손글씨로 '後'라 고쳤다.(편자)

疏 셋째, 지자 대사는 『영락경』에 의거하여 일심삼관의 뜻을 세웠다. 첫째, 가명에서 공으로 들어가는 관이니, 색이 곧 공임을 말한다. 둘째, 공에서 가명으로 들어가는 관이니, 공이 곧 색임을 말한다. 셋째, 공과 가명이 평등한 관이니, 색과 공이 다르지 않음을 말한다.

---

109 징관, 『화엄경소』 권37(T35, 790b).

疏 三智者大師。依瓔珞經。立一心三觀義。一從假入空觀。謂色即是空故。二從空入假觀。謂空即是色故。三空假平等觀。謂色空無異故。

기 그런데 "『영락경』에 의거하여"란 다음과 같다. 지자 대사가 말하기를, "차제삼관次第三觀[110]과 일심중삼관一心中三觀(一心三觀)이 있다. 가명에서 공으로 들어가는 관으로 이제관이라고도 하고, 공에서 가명으로 들어가는 관으로 평등관이라고도 한다. 이 두 가지 공관을 방편으로 삼아 제일의제관에 들어갈 수 있다. 이 이름들은 『영락경』[111]에 나온다."라고 하였다.

그(지자)가 뜻을 해석하여 말하기를, "가명은 허망의 속제이고, 공은 진실한 진제이다. 지금 가명을 제거하고 참된 것에 돌아가고자 한다. 그러므로 '가명에서 공으로 들어가는 관(從假入空觀)'이라 한다. 가명은 공에 들어가는 언어이니, 먼저 반드시 가명을 관조하여 가명이 허망한 것인 줄 알아야 참된 것을 알 수 있다. 그러므로 '이제관'이라 한다. '공에서 가명으로 들어가는 관'이란 공에 머무른다면 이승인과 무엇이 다르겠는가? 불법을 이루지 못하고, 중생을 이롭게 하지 못한다. 그러므로 공을 관조하지만 공에 머무르지 않아 가명에 들어가니, 병을 알고 약을 알아 병에 따라 약을 주어 먹을 수 있게 한다. 그러므로 '공에서 가명으로 들어가는 관'이라 한다. 그런데 '평등'이란 앞(이제관)을 마주하여 평등이라 칭한 것이다. 앞에서는 가명을 파척하여 공을 이용했고, 지금은 공을 파척하여 가명을 이용했으니, 파척과 이용이 이제 균등하다. 그러므로 '평등관'이라 한다. '두 가지 공을 방편으로 삼는 것'은, 첫째로 공인 생사를 관조하는 것과 둘째로 공인 열반을 관조하는 것이니, 이 두 가지 공을 쌍으로 부정하는(遮) 방편으로 삼는다. 처음의 종가입공관으로는 공을 이용하고, 다

---

110 차제삼관次第三觀 : 천태 화법化法 4교 중 별교의 관법. 별상삼관別相三觀이라고도 한다. 차례대로 공·가·중의 삼관을 닦는 것을 말한다.
111 『보살영락본업경菩薩瓔珞本業經』권상, T24, 1014b 이하.

음의 종공입가관으로는 가명을 이용하며, 이 두 가지 용用을 쌍으로 긍정하는(照) 방편으로 삼아 마음마다 일체지一切智의 바다에 귀의하여 이제를 쌍으로 관조한다. 이것이 차제삼관이다. '일심삼관'이란, 이것은 『석마하연론』에 나온다. 『석마하연론』에서 '세 가지 지혜[112]는 실로 한 마음에 있다'[113]라고 하였다. 단지 1관으로 3관을 얻고, 1제로 3제를 관조한다. 그러므로 '일심삼관'이라 한다. 내지 이 관조를 완성할 때 일심삼지一心三智를 증험한다."[114]라고 했다.

> 記 而言依瓔珞經者。智者云。有次第三觀。一心中三觀。從假入空觀。亦名二諦觀。從空入假觀。亦名平等觀。二空觀爲方便。得入第一義諦觀。此名出瓔珞經。彼釋意云。假是虛妄俗諦。空是審實眞諦。今欲去假歸眞。故言從假入空觀。假是入空之詮。先須觀假。知假虛妄。而得會眞。故言二諦觀。從空入假觀者。若住於空。與二乘何異。不成佛法。不益衆生。是故觀空。不住於空。而入於假。知病識藥。應病授藥。令得服行。故名從空入假觀。而言平等者。望前稱平等。前破假用空。今破空用假。破用旣均。故言平等觀。二空爲方便者。初觀空生死。次觀空涅槃。此之二空。爲雙遮之方便。初觀用空。次觀用假。此之二用。爲雙照之方便。心心趣歸薩婆若海。雙照二諦也。是爲次第三觀。一心三觀者。此出釋論。論云。三智實在。一心中得。只一觀

---

112 세 가지 지혜(三智) : 일체지一切智·도종지道種智·일체종지一切種智. 지의는 종가입공이제관이 완성되어 일체지를 증험하고, 종공입가평등관이 완성되어 도종지를 증험하며, 중도제일의제관이 완성되어 일체종지를 증험한다고 하여 3지를 3관에 배당하였다.(지의, 『觀無量壽佛經疏』권1, T37, 187b~c)
113 『석마하연론』(T32, 608c)에 해당하는 내용이 있다. 곧 "所謂顯示一切諸衆生自性清淨心。從無始已來。具足三智。圓滿四德。無所闕失故。"라고 했다. 그런데 현재 연구 결과에 따르면 『석마하연론』은 지의 이후에 용수龍樹에 가탁하여 성립된 논서이다. 따라서 『관무량수불경소』가 지의의 저술이라면 여기에 인용되는 것은 가능하지 않다. 이 밖에 『대지도론』 역시 『석론』이라고 불리는데, 본문과 일치하는 내용을 찾을 수 없다.
114 지의智顗, 『관무량수불경소佛說觀無量壽佛經疏』권1(T37, 187b~c).

而三觀。觀於一諦而三諦。故名一心三觀。乃至此觀成時。證一心三智。

여기에 기준하면 삼관의 이름은 본래 『영락경』에서 나왔고, 논에서는 일심으로 이들을 융합하여 '일심삼관'이라 했기 때문에 "『영락경』에 의거한다."라고 하였다. 논은 경을 으뜸으로 삼고 사람은 논을 계승하니, 근본적인 것에 의거하여 말했기에 경에 의거하여 세웠다고 했을 뿐임을 알아야 한다. 문장에서 처음에는 색을 알아 공으로 돌아감을 관조하고, 다음으로 공을 밝혀 색에 상즉함을 관조하며, 마지막으로는 곧 공과 색이 장애가 없으니, 없어지고 끊어져 의지할 바 없는 것이 중도제일의제관이라는 것이다. 청량 징관은 "공과 유가 둘이 아님을 진공으로 삼고, 가명을 파괴하지 않는 것을 곧 가관假觀으로 삼으며, 위의 공과 가명을 합하여 중도로 삼는다."[115]라고 하였다. 그러므로 소에서 "공과 가명은 평등하다."라고 하였으니, 논파하지 않아 작용이 균등한 것이며, 또 차례를 가지고 차례로 하지 않음을 드러낸다. 말하자면 전후의 관조를 설할 때 3관과 1심은 상즉하니, 경에서는 보편적인 여래장심을 말한다. 그러므로 일심삼관이라 한다. 『화엄법계현경』에서 말하기를, "색이 공과 다르지 않다는 것은 속제가 진제와 다르지 않음을 밝히는 것이고, 공이 색과 다르지 않다는 것은 진제가 속제와 다르지 않음을 밝히는 것이다. 색과 공이 상즉한다는 것은 중도를 밝히는 것이다."[116]라고 했다. 두 분 조사가 경을 안배함이 같지 않으니, 경의 뜻이 융통되면서도 각각 표현 방식이 자유분방한 것임을 알아라.

準此即三觀之名。本出瓔珞。論以一心融之。名一心三觀。故云依瓔珞經。

---

115 징관, 『화엄경수소연의초』 권62(T36, 493c).
116 징관, 『화엄법계현경』 권상(T45, 675b).

當知論宗於經。人承於論。就本而言。依經立耳。文中初觀會色歸空。次觀明空即色。後即空色無礙。泯絕無寄。中道第一義諦觀也。清凉曰。空如[1]不二。爲眞空。不壞假名。即爲假觀。合上空假。爲中道。故疏云空假平等。非破用均也。又可以次。顯不次也。謂說之前後觀時。三一相即。經詮普徧藏心。故名一心三觀。玄鏡云。色不異空。明俗不異眞。空不異色。明眞不異俗。色空相即。明是中道。二祖配經不同。則知經意融通。亦各任放辯才也。

1) ㉄『화엄경수소연의초華嚴經隨疏演義鈔』에 따르면 '如'는 '有'이다.

ㄴ. 법체法體를 드러냄

큰 문단으로 두 번째인 법체를 드러내니, 여기에 둘이 있다.

大文第二顯法體二。

ㄱ) 총괄적 해석

첫째, 총괄적 해석이니, 여기에 둘이 있다.

先總二。

(ㄱ) 경을 읊음

첫째, 경을 읊는 것이다.

初唱經。

경 사리자여, 제법의 공의 특성은

經 舍利子。是諸法空相。

(ㄴ) 해석

기 둘째, 해석이니, 여기에 둘이 있다.

記 二作釋二。

㉠ 총괄적으로 과목의 이름을 나열함

첫째, 총괄적으로 과목의 이름을 나열한다.

初摠列科名。

소 둘째, 법체를 드러내니, 여기에 둘이 있다. 먼저 총괄하고, 나중에 구별한다. 지금은 처음이다.

疏 第二顯法體。於中有二。先摠後別。今初也。

㉡ 뜻에 의거하여 해석함

기 둘째, 뜻에 의거하여 해석하니, 여기에 둘이 있다.

記 二依義演釋二。

a. 경을 해석함

첫째, 경을 해석한다.

初釋經。

소 "제법의 공의 특성은"이란, 온蘊 등은 하나가 아니기 때문에 "제법"이라 하고, 이 공의 상태를 드러내기 때문에 "공의 특성"이라 한 것이다.

疏 言是諸法空相者。謂蘊等非一。故云諸法。顯此空狀。故云空相。

기 "온 등(蘊等)"이란 온·처·계 3과三科와 지地·수水·화火·풍風·공空·견見·식識의 칠대七大 등의 법이다. "공의 상태(空狀)"란, 곧 제일의 공의 형상形相과 체상體狀이다. 들소의 뿔로 만든 타호唾壺(가래나 침뱉는 그릇)의 모습과는 같지 않고,[117] 오히려 고원한 본성에 더 가깝다. 내면적인 것은 성性이고, 외면적인 것은 상相이다. 참으로 진공은 인연에 따라 제법을 드러내니, 인연에서만 공의 이치가 드러난다. 그러므로 제법을 기준으로 하여 공의 특성을 밝히는 것이다.

記 蘊等者。謂三科七大等法。空狀者。即第一義空形相體狀也。不同角犎垂¹⁾壺之相。負近致遠之性。內爲性。外爲相也。良以眞空。隨緣而現諸法。要在緣中。方顯空理。故約諸法而明空相。

---
1) ㉑ '垂'는 '唾'인 것 같다.

---

117 『금강반야소金剛般若疏』 권1(T33, 85c)를 참조하여 풀었다.

b. 논서를 인용함

둘째, 논서를 인용한다.

二引論。

소 『중변분별론』에서 "둘이 없지만 이 없음은 있다. 이 둘을 공의 특성이라 한다."[118]라고 했다. "둘이 없지만"이라고 한 것은 능취能取와 소취所取의 있음이 없다는 것이고, "이 없음은 있다."라고 한 것은, 능취와 소취의 없음은 있다는 것이다. 이 둘과 둘이 아님을 공의 특성이라 한다.

疏 中邊論云。無二有此無。是二名空相。言無二者。無能取所取有。言有此無者。有能取所取無。是二不二。名爲空相。

기 처음에 게송을 인용했는데, 『십이문론종치의기』에서도 이 게송을 인용하여, "둘이 없지만 이 없음은 있다. 이 둘을 중도라 한다."[119]라고 하였다. "'둘이 없지만'이라고 한 것은" 이하는 문장을 인용하여 풀이한 것이다. 또 『십이문론종치의기』에서는 "이 유와 저 무에 대해 둘이 없음은 중도이다."[120]라 했고, 또 "여기서 이 무가 있다는 것은 단지 저 유가 없다는 것이다."[121]라 하였다. 『화엄경탐현기』에서 말하기를, "첫째, 허망한 것을 제거한다. 둘째, 참된 것을 따른다. 또 첫째로 자성은 영원히 없음을 알지만, 둘째로 실상은 불멸이다. 또 앞에서는 그것이 있지 않음을 알고,

---

118 천친天親, 『중변분별론中邊分別論』 권상(T31, 452b).
119 법장, 『십이문론종치의기』 권상(T42, 217a).
120 법장, 『십이문론종치의기』 권상(T42, 217a).
121 법장, 『십이문론종치의기』 권상(T42, 217a).

나중에는 그것이 없지 않음을 증험한다."¹²²라고 했다. 그러므로 "둘이 없지만 이 없음은 있다. 이 둘을 공의 특성이라 한다."라고 한 것이다.

> 記 初引頌。宗致亦引此頌。則云。無二有此無。是二名中道。言無下引釋文。義記。又曰。此有彼無。無二爲中道。又曰。此中有此無者。只是無彼有也。探玄云。一遣妄。二順眞。又初會性永無。二實相不滅。又前了其不有。後證其不無。故云無二有此無。是二名空相也。

진국 사문 징관이 말하기를, "허망법의 유는 없지만 허망법의 무는 있다. 그런데 유와 무에는 두 가지가 있다. 첫째, 고정된 자성으로서의 유와 무이다. 둘째, 진공과 묘유이다. 허망법의 유가 없으면 고정된 자성의 유가 없는 것이니 단멸의 무가 아니다. 허망법의 무가 있음은 진공인 무이니 곧 묘유이다. 그러므로 허망을 거론하여 참된 것을 취한다면 허망된 유와 참된 공이니, 삼론에서의 설과 같다. 공과 유를 상대적으로 변론하면 허망된 공과 참된 유이니, 『열반경』에서 밝힌 바와 같다. '능취能取와 소취所取의 있음이 없다'란, 허망법의 유가 없는 것이다. '능취와 소취의 없음은 있다'란, 허망법의 무가 있는 것이다."¹²³라 했고, 또 말하기를, "마침내 연기의 상相이 다하지 않음이 없고, 자성이 없는 이치는 나타나지 않음이 없다."¹²⁴라고 했다.

> 鎭國云。無妄法之有。有妄法之無。然有無有二。一之性有無。二眞空妙有。無妄法之有。則無之性之有。非斷無矣。有妄法之無。是眞空之無。便爲妙有。是故若擧妄取眞。則妄有眞空。如三論說。若空有對辨。則妄空眞有。

---

122 법장, 『화엄경탐현기華嚴經探玄記』 권2(T35, 131c).
123 징관, 『화엄경수소연의초』 권31(T36, 240a).
124 징관, 『화엄경소』 권14(T35, 603c).

如涅槃明。無能取所取有者。則無妄法之有也。有能取所取無者。則有妄法 之無也。又曰。遂令緣起之相。相無不盡。無性之理。理無不現。

ㄴ) 개별적 해석

둘째, 개별적 해석이니, 여기에 셋이 있다.

後別三。

(ㄱ) 경을 읊음

첫째, 경을 읊는다.

初唱經。

경 발생도 아니고 소멸도 아니며, 더러움도 아니고 깨끗함도 아니며, 늘지도 않고 줄지도 않는다.

經 不生不滅。不垢不淨。不增不減。

기 경에서는 여섯 가지 부정을 밝힌다. 그런데 『중론』에서 말하기를, "발생도 아니고 소멸도 아니다. 상주도 아니고 단멸도 아니다. 같음도 아니고 다름도 아니다. 옴도 아니고 감도 아니다."[125]라고 했으니, 이것은 여덟 가지 부정을 밝힌 것이다. 청량 징관은 말하기를, "불생불멸의 함의가

---

125 『중론』 권1(T30, 1b).

무궁무진함을 밝히고자 간략히 여덟 가지 부정을 거론한다."^126라고 했고, 또 말하기를, "그런데 불생 등은 불법의 본체이고 올바른 가르침의 요지이어서 의미가 무궁무진하니, 해석에 많은 통로가 있지만 간략히 하나나 둘로 개진했다."^127라고 했다. 이리하여 현수 법장과 청량 징관은 경境·행行과 통通·별別로 이 뜻을 해석하였으니, 법을 논파하여 이치를 드러내는 것을 가장 중요한 일로 삼았다. 『중론』에서는 "발생도 아니고 소멸도 아니니, 이미 일체법을 모두 논파했다."^128라고 했다. 또 여섯 가지 부정, 여덟 가지 부정, 열 가지 부정으로 뜻을 드러냄이 무궁무진한 것에 기준한다면, 경과 논에 다르게 나오더라도 굳이 다시 회통할 필요는 없다. 전개되는 방식을 말한다면 서로 원인이 되고 서로 성립시키니, 옴도 아니고 감도 아님으로 말미암아 같음도 아니고 다름도 아님을 얻고, 발생도 아니고 소멸도 아님으로 말미암아 상주도 아니고 단멸도 아님을 얻는 것이니, 회통하여도 위배됨이 없다. 자세한 것은 두 분 조사가 설한 것과 같다. 번다할 것 같아 기록하지 않았다.

> 記 經明六不。而中論云。不生亦不滅。不常亦不斷。不一亦不異。不來亦不去。此明八不。淸凉曰。欲明不生不滅。含義無盡。略擧八不。又曰然不生等。佛法之體。正敎之要。義味無盡。釋有多門。略伸一兩。是以賢首淸凉。約境行通別。以釋斯義。破法顯理。此爲最要。中論曰。不生不滅。已摠破一切法。又六八十不。若約顯義無盡。則經論異出。不必更會。若言展轉。相因互成。由不來去。得非一異。由不生滅。得不斷常。會亦無違。備如二祖。恐繁不錄。

---

126 징관, 『화엄경수소연의초』 권20(T36, 153c).
127 징관, 『화엄경소』 권6(T35, 542b).
128 『중론』 권1(T30, 1c).

(ㄴ) 해석 방식

둘째, 해석 방식이다.

二釋儀。

소 둘째, 개별적으로 드러냄에는 세 가지 쌍으로 여섯 가지 부정이 있었다. 그런데 여기에는 세 가지 해석이 있다. 첫째는 취위석就位釋이고, 둘째는 취법석就法釋이며, 셋째는 취관행석就觀行釋이다.

疏 二別顯中。有三對六不。然有三釋。一就位釋。二就法釋。三就觀行釋。

(ㄷ) 해석

기 셋째, 해석이니, 여기에 셋이 있다.

記 三演釋三。

㉠ 취위석就位釋

첫째, 취위석이니, 여기에 둘이 있다.

一就位釋二。

a. 직접 해석함

첫째, 직접 해석한다.

初直釋。

소 먼저 지위에 나아가 해석하는 것이다. 첫째, 불생불멸에 대해서이다. 견도 이전의 범부의 지위에서는 이른바 모든 범부들이 여기서 죽고 저기서 태어나 오랜 겁을 유전하니, 이것이 생멸의 지위이다. 진공은 이것을 벗어나므로 불생불멸이라 한다. 둘째, 불구부정不垢不淨에 대해서이다. 견도·수도 중(道中)에 있는 보살들의 지위에서는 이른바 모든 보살은, 장애인 오염이 아직 다하지 않았으므로 깨끗한 수행을 이미 닦았으나, 구정垢淨의 지위라 한다. 진공은 이것을 벗어나므로 불구부정이라 한다. 셋째, 부증불감에 대해서이다. 견도·수도 이후의 불과佛果의 지위에서는 생사에 미혹한 장애가 옛날에는 아직 다하지 않았지만 지금은 다하였으니, 이것이 손감損減이다. 만 가지 복덕을 닦아서 발생함이 옛날에는 아직 원만하지 않았지만 지금은 원만하니, 이것은 증익增益이다. 진공은 이것을 벗어나므로 부증불감이라 한다.

소 初就位釋者。一不生不滅。在道前凡位。謂諸凡夫。死此生彼。流轉長劫。是生滅位。眞空離此。故云不生不滅也。二不垢不淨者。在道中菩薩等位。謂諸菩薩。障染未盡。淨行已修。名垢淨位。眞空離此。故名不垢不淨。三不增不減者。在道後佛果位中。生死惑障。昔未盡而今盡。是減也。修生萬德。昔未圓而今圓。是增也。眞空離此。故云不增不減。

기 "견도 이전(道前)"이란, 소주인 법장이 말하기를 견도 이전이라 하였다. "범부"란 내외의 두 가지 범부[129]이다. 지금 특성에 나아가 일반적인 것을 드러내니, 외범外凡인 잡염 중생의 지위에서 설하는 것이다.『대승법계무차별론』에서 말하기를, "진리의 근원은 끝이 없는데 번뇌장에 얽매이는 바가 되니, 무시이래 생사윤회 중에서 생멸 유전하는 것을 중생세계라 한다."[130]라 했다. 그러므로 "이른바 모든 범부들이……이것이 생멸의 지위이다."라고 했다. 제일의공의 본성은 생멸이 아니다. 그러므로 경에서 불不로써 생멸을 부정한 것이다. 이리하여 법장의 소에서는 "진공은 이것을 벗어난다."라고 하였다.

記 道前者。疏主云。謂見道前也。凡者。內外二凡。今就相顯遍。從外凡雜染。衆生位說。論曰。爲本際無邊。煩惱藏所縛。從無始來。生死趣中。生滅流轉。名衆生界。故云謂凡夫等。是生滅位。第一義空性。非生滅。故經以不不之。是以疏言。眞空離此等也。

"견도·수도 중(道中)"이란 견도와 수도의 두 가지이니, 10지十地의 지위이다. 소주인 법장이 말하기를, "10지를 견도와 수도라 설한다."[131]라고 했다. 그러므로 "보살들의 지위"라 했다. "장애인 오염이……"란, 치유의 주체와 대상인 수행과 장애를 기준으로 삼아 더러움과 깨끗함을 나눈 것이다. 소주인 법장은 또 말하기를, "이미 장애를 끊었으므로 깨끗하다고 하고, 끊음이 미진하므로 더럽다고 한다. 또 깨끗한 덕을 닦아서 일으키

---

[129] 두 가지 범부(二凡) : 외범과 내범. 외범은 단지 교법을 듣고 믿는 자로서 소승의 3현三賢과 대승의 10신十信의 지위에 해당하고, 내범은 교법을 올바로 수행하여 견도의 성위聖位에 가까운 자로서 소승의 4선근四善根과 대승의 10주十住의 지위에 해당한다.
[130] 견혜堅慧,『대승법계무차별론大乘法界無差別論』권1(T31, 893a).
[131] 법장,『화엄일승교의분제장』권2(T45, 488b).

는 것을 깨끗하다고 하고, 깨끗한 덕이 아직 원만하지 않아 오히려 장애에 걸리므로 더럽다고 한다. 또 앞의 지위와 다르므로 깨끗하다고 하고, 뒤의 지위와 다르므로 더럽다고 한다."[132]라고 했다. 진공은 이것을 벗어나므로 경에서 깨끗함과 더러움을 부정한 것이다. "견도·수도 이후의 불과의 지위"란 구경의 지위이다. "지금은 다하였으니"라는 것에 대해, 소주인 법장은 "습기가 또한 다하였다."라 했고, "만 가지 복덕을……지금은 원만하니"라는 것에 대해, 소주인 법장은 "복덕의 지혜가 원만하므로 최고의 깨끗함이다."라고 했다.[133] 이것은 모두 오염과 청정을 서로 번갈아 인연에 따라 닦는 것이다. 이 성품이 진공을 깨달으면 이러한 것들이 있음을 허용하지 않는다. 그러므로 모두 그것들을 부정한다.『수능엄경』에서 말하기를, "어찌 여기서 다시 다른 것들을 허용하겠는가?"[134]라고 했다.

道中者。見修二道。十地位中也。疏主曰。又以十地說。爲見修。故云菩薩等位。障染等者。此約能所治障行。以分垢淨。疏主又云。已斷障故名淨。斷未盡故名垢。又修起淨德名淨。淨德未圓。猶帶障故名垢。又異前位故名淨。異後位故名垢。眞空離此故。經不之。道後等者。究竟位也。今盡者。疏主曰。習氣亦盡也。萬德今圓者。疏主曰。福智圓滿。最極淨也。此皆染淨相翻緣修。若此性覺眞空。不容有。是故摠不之。首楞云。云何是中。更容他物。

---

132 법장法藏,『대승법계무차별론소大乘法界無差別論疏』 권1(T44, 68a).
133 법장,『대승법계무차별론소』 권1(T44, 68a).
134 『수능엄경首楞嚴經』 권5(T19, 124c).

b. 논서를 인용함

둘째, 논서를 인용한 것이니, 여기에 둘이 있다.

二引論二。

a)『불성론』을 인용함

첫째,『불성론』을 인용한다.

初引佛性論。

소 또『불성론』에서 세 종류의 불성을 세운다. 첫째, 견도 이전을 자성주불성自性住佛性이라 한다. 둘째, 견도·수도 사이를 인출불성引出佛性이라 한다. 셋째, 견도·수도 이후를 지득과불성至得果佛性이라 한다.[135] 불성은 오로지 하나이지만 지위에 나아가면 세 가지로 나뉜다. 지금 진공에는 다름이 없지만 또한 지위에 나아가면 다르게 나뉜다.

疏 又佛性論中。立三種佛性。一道前。名自性住佛性。二道中。名引出佛性。三道後。名至得果佛性。佛性唯一。就位分三。今眞空無異。亦就位分異。

기 먼저 총괄적으로 표방하였으니, 곧 저 논서의 제2권 제3 현체분顯體分의 삼인품三因品이다.『불성론』'삼인품'에서 말하기를, "다음으로 불성

---

135 제2권 주 25 '세 가지 불성' 참고.

의 체에는 세 종류가 있다. 세 가지 불성이 포섭되는 뜻이니, 세 가지를 알아야 한다. 이른바 세 가지 원인이 세 종류의 불성이다. 세 가지 원인이란, 첫째로 응득인應得因이고, 둘째로 가행인加行因이고, 셋째로 원만인圓滿因이다. 첫 번째 것은, 곧 두 가지 공에 의해 드러난 진여이니, 이것으로 말미암아 마땅히 보리심을 얻고, 마침내 견도·수도 이후의 법신에 이르기 때문이다. 둘째, 가행인이란 보리심을 말하니, 이 마음으로 말미암아 37조도품과 10도十度와 10지十地를 얻고, 마침내 견도·수도 이후의 법신에 이른다. 셋째, 원만인이란 곧 가행인이니, 이것으로 말미암아 일체를 모두 얻는다. 세 종류의 불성이란, 응득인에서 세 가지 불성을 갖춘다. 첫째, 주자성성住自性性이다. 둘째, 인출성引出性이다. 셋째, 지득성至得性이다."[136]라고 했다.

> 記 先捻標。即彼論第二卷第三顯體分三因品。論云。復次佛性體。有三種。三性所攝義。應知三種者。所謂三因。三種佛性。三因者。一應得因。二加行因。三圓滿因。初即二空所顯眞如。由此應得菩提心。乃至道後法身故。二加行因者。謂菩提心。由此心故。得三十七品十度十地。乃至道後法身。三圓滿因者。即加行因。由此得一切滿。三種佛性者。應得因中。具有三性。一住自性性。二引出性。三至得性。

청량 징관이 말하기를, "주자성성이란 견도 이전의 범부의 지위를 말한다. 인출성이란 발심 이상으로부터 유학有學의 성위聖位에서 다한다. 지득성이란 무학無學의 성위이다."[137]라고 했다. "발심 이상"이란 (진여를 이해하여 수행하는 보살의) 지위를 얻기 이전을 기준으로 하면 해행발심解行

---

136 천친天親, 『불성론佛性論』 권2(T31, 794a).
137 징관, 『화엄경수소연의초』 권35(T36, 269a).

發心[138]에 해당하고, 견도의 지위를 기준으로 설하면 증발심證發心[139]인 것이다. 소주인 법장은 또 말하기를, "자성주불성이란 잡염의 중생의 지위이니, 더러움이 있는 진여이다. 인출불성은 보살의 지위이니, 더러움과 깨끗함이 있는 진여이다. 지득불성은 곧 더러움이 없는 진여이다."[140]라고 했다. "진공에는" 등이란, 앞의 세 가지 지위에 나아가므로 발생 등의 성품이 있지만 공을 깨달으면 조금도 없다고 밝힌 것이다.

淸凉曰。住自性性者。謂道前凡夫位。引出性者。從發心已上。窮有學聖位。至得性者。無學聖位。言發心已上者。若約得位已去。則當解行發心。若約見道位說。則證發心也。疏主又曰。自性□[1)]佛性者。雜染衆生位中。有垢眞如。引出性。菩薩位。垢淨眞如。至得性。卽無垢眞如。眞空等者。就前三位故。有生等性。空覺。明無若干也。

---
1) ㉠ '□'를 난외에서 손글씨로 '住'라 고쳤다.(편자)

b) 『대승법계무차별론』을 인용함

둘째, 『대승법계무차별론』을 인용한다.

二引無差論。

---

138 해행발심解行發心 : 보살의 수행 도위에서 발생하는 세 종류의 보리심 중 두 번째 보리심. 첫 번째인 신성취발심信成就發心은, 보살의 수행 계위인 10신十信·10주十住·10행十行·10회향十廻向·10지十地·등각等覺·묘각妙覺의 52위 가운데 10신의 수행이 원만하여 신심信心이 성취된 지위이며, 두 번째인 해행발심은 진여의 이치를 이해하고, 그에 상응하는 육바라밀을 수행하는 보살의 발심으로 견도 이전인 10주에서 10회향까지의 지위에 해당한다.
139 증발심證發心 : 보살의 세 종류의 보리심 중 세 번째 보리심. 초지에서 제10지에 증입하는 발보리심.
140 법장, 『대승법계무차별론소』 권1(T44, 68a).

소 또 『대승법계무차별론』에서 처음에 염위染位라 하였고, 다음에 염정위染淨位라 하였고, 마지막에 순정위純淨位라 하였으니,[141] 모두 이와 똑같다.

疏 又法界無差別論中。初名染位。次名染淨位。後名純淨位。皆同此也。

기 『대승법계무차별론』의 지위를 나누는 단락에서 설한 것과 같다.

記 如彼分位門說。

ⓒ 취법석就法釋

둘째, 취법석이니, 여기에 둘이 있다.

二就法釋二。

a. 해석하여 구별함

첫째, 해석하여 구별한다.

初釋別。

소 둘째, 취법석을 설명해 보자. 말하자면 이 진공은 곧 색에 상즉하긴 하더라도 색은 인연에 따라 일어나지만 진공은 발생함이 없으며, 색은 인연에 따라 소실되지만 진공은 소멸함이 없다. 또 흐름에 따라 오염되지도

---

141 견혜, 『대승법계무차별론』 권1(T31, 893a).

않고, 장애가 다해도 깨끗해지지도 않는다. 또 장애가 다해도 감소하지 않고, 복덕이 가득해도 증가하지 않는다.

疏 二就法釋者。謂此眞空。雖即色等。然色從緣起。眞空不生。色從緣謝。眞空不滅。又隨流不染。出障非淨。又障盡非減。德滿不增。

기 "말하자면 이 진공은" 등이란, 구슬은 청색이나 황색으로 나타나더라도 구슬이 청색이나 황색을 발생시키지는 않고, 갑자기 사라지더라도 구슬이 소멸하는 것은 아니다. "또 흐름에 따라" 등이란, 마치 꽃이 허공에 피어도 허공이 꽃을 발생시키는 것은 아니고, 꽃이 제거되어 허공이 명증해도 허공에 깨끗함이 더해지는 것은 아닌 것과 같다. "또 장애가 다해도" 등이란, 더러움이 다하여 상대할 것이 제거되었으니 곧 상대할 더러움이 없는 것이다. 무엇이 감소하겠는가? 복덕이 증가하지 않는다는 것은, 이것에는 닦을 바가 없고, 또한 성취할 바가 없다는 것이니, 무엇이 증가하겠는가?

記 謂此等者。珠現靑黃。而珠不生靑黃。遽亡而珠不滅。又隨等者。如華華空。空不生華。華去空澄。空不加淨。障盡等者。垢盡對除。即無對垢。將誰減乎。德不增者。於此無修。亦無成就。其何增耶。

b. 회집하여 총괄함

둘째, 회집하여 총괄한다.

二會捴。

소 이 발생과 소멸 등은 '유위 법상有爲法相'이니, 이것을 뒤집어서 진공의 특성을 드러낸다. 그러므로 '공상空相'이라 한다.

疏 此生滅等。是有爲法相。翻此。以顯眞空之相。故云空相也。

기 모든 의식은 훈습되고 망념은 분별하므로 색 등의 발생이 있다. 그러므로 모두 유위이다. 진공은 이것을 벗어난다. 그러므로 반대로 저것을 논파하여 공의 특성을 드러낸다.

記 諸識熏習故。妄念分別故。有色等生。是故皆有爲也。眞空離此。故翻破彼。顯空相也。

ⓒ 취관행석就觀行釋

셋째, 취관행석이니, 여기에 둘이 있다.

三就觀行釋二。

a. 정면적인 해석

첫째, 정면적인 해석이다.

初正釋。

소 셋째, 취관행석이란 삼성三性에 대해 삼무성관三無性觀을 세우는 것을 말한다.

疏 三就觀行釋者。謂於三性。立三無性觀。

기 "삼성에 대해" 등이란 표방하여 가리키는 것이다. 삼무성을 갖추어 말하자면, 상무자성성相無自性性 · 생무자성성生無自性性 · 승의무자성성勝義無自性性이다. 여기에 둘이 있다.

記 謂於等者。標指也。具言三無性者。謂相無自性性。生無自性性。勝義無自性性。於中二。

a) 삼무성三無性에 대한 설명

첫째, 삼무성에 대한 설명이다.

初對三無性說。

소 첫째, 변계소집성에서는 무상관無相觀을 짓는다. 말하자면 저것은 곧 공이므로 생멸한다고 할 만한 것이 없다는 것이다. 둘째, 의타기성에서는 무생관無生觀을 짓는다. 말하자면 다른 것에 의존하여 오염되거나 청정한 것은 인연에 따라 자성이 없다는 것이다. 셋째, 원성실성에서는 무성관無性觀을 짓는다. 말하자면 앞의 두 가지는 있지 않지만 감소하지 않고, (원성실성에 대한) 관지觀智는 비추어 나타나지만 증가하지도 않는다는 것이다. 또 속박되어 있으면서 장애를 벗어나도 성품에는 증감이 없다.

疏 一於徧計所執性。作無相觀。謂彼即空。無可生滅。二於依他起性。作無生觀。謂依他染淨。從緣無性。三於圓成實性。作無性觀。謂前二不有而非減。觀智照現而不增。又在纏出障。性無增減。

기 첫째, 변계소집성에서 무상관을 짓는다는 것이니, 변계소집성이 없음으로 말미암아 무상無相을 곧 드러낸다. 그러므로 『유식삼십론송』에서 "이 삼성에 의거하여 저 삼무성을 설한다."[142]라고 했다. 그러므로 알아야 한다. 변계소집성이 없다면 어찌 무상을 알겠는가. "말하자면 저것은" 등이란, 변계소집의 법에 대해 어리석은 중생들이 있다고 여기지만 도리를 알면 없는 것이다. 예나 지금이나 그것을 관조해 보면 발생하거나 소멸했다고 할 만한 것이 없다. "둘째, 의타기성에서는" 등이란, 오염이나 청정의 법은 인연에 따라 발생한다고 하지만 발생이란 있지 않는 것이기 때문이다. 그러므로 『화엄경』에서 말하기를, "일체법에는 옴이 없다. 그러므로 발생이 있지 않다. 발생이 있지 않으므로 소멸도 얻을 수 없다."[143]라고 했다. 이미 본래 발생이 없는데 어찌 더러움과 깨끗함이 있겠는가? 세 번째의 원성실성에서 "앞의 두 가지는 있지 않지만"이란, 말하자면 의타기성과 변계소집성이다. 이것은 공종과 성종의 뜻에 기준하여 설한 것이다. 법상종에서는 단지 변계소집성만 없다. 또 아래에서는 본성에 기준하여 원성실성을 거듭 해석하였다.

기 一於徧計。作無相觀。由無徧計。方顯無相。故唯識云。依此三性。說彼三無性。是知若無徧計。安知無相。謂彼等者。徧計之法。妄情謂有。道理是無。古今觀之無可生滅。二於等者。染淨之法。從因緣生。無有生故。故經云。一切法無來。是故無有生。以生無有故。滅亦不可得。旣本無生。將何垢淨。三圓成中。言前二不有者。謂依計也。此約空性二宗義說。若法相宗。但無徧計。又下約本性。重釋圓成也。

---

142 세친世親, 『유식삼십론송唯識三十論頌』 권1(T31, 61a).
143 『화엄경』 권19(T10, 100c).

b) 해당되는 성품을 직접적으로 설명함

둘째, 해당되는 성품을 직접적으로 설명한다.

二直就當性說。

소 또 허망법에는 생멸이 없고, 연기에는 오염과 청정이 없고, 진공에는 증감이 없다.

疏 又妄法無生滅。緣起非染淨。眞空無增減。

기 변계소집성이란, 자성이 본래 스스로 없으니, 어찌 생멸이 있겠는가? 인연으로 발생하면 곧 자성이 없고, 자성이 없으면 곧 공인데, 어찌 오염이나 청정이 있겠는가? 공의 바다를 깨달아 알면 허공이 되니, 본성이 평등한데 무엇이 증가하고 감소하겠는가? 진국 사문 징관은 말하기를, "별도로 삼성에 대해 각각 세 가지 해석이 있다. 첫째, 해당되는 성품을 직접적으로 설하는 것이다. 둘째, 해당되는 성품을 두 가지 뜻으로 설하는 것이다. 셋째, 삼무성에 대해 설하는 것이다."[144]라고 했다. 지금 (허망법에 대한) 처음의 뜻과 (진공에 대한) 마지막의 두 가지 뜻에 상즉한다면 올바름을 드러내어 통하겠지만, 분리하여 해석한다면 그 이치가 드러나지 않을 것이다.

記 徧計性者。性本自無。何有生滅。緣生即無性。無性即空。奚染淨之有。覺明空海而爲虛空。平等本性。孰增減耶。鎭國曰。別約三性中。各有三釋。

---

144 징관,『화엄경수소연의초』권20(T36, 152c).

一直就當性說。二約當性二義說。三對三無性說。今即初後二義。顯正作通。別釋者。未見其理。

b. 회집하여 총괄함

둘째, 회집하여 총괄한다.

二會捴。

소 이 삼무성으로 저 진공의 특성을 드러낸다.

疏 以此三無性。顯彼眞空相。

기 알 만하리라.

記 可知。

ㄷ. 여의는 것을 밝힘

큰 문단으로 세 번째인 여의는 것을 밝히는 것이다. 여기에 둘이 있다.

大文第三明所離二。

ㄱ) 정면으로 경전의 뜻을 해석함

첫째, 정면으로 경전의 뜻을 해석하니, 여기에 넷이 있다.

初正釋經義四。

(ㄱ) 법상개합문法相開合門

첫째, 법상개합문이니, 여기에 둘이 있다.

初法相開合門二。

㉠ 경을 읊음

첫째, 경을 읊는다.

初唱經。

경 그러므로 공에는 색이 없고, 수·상·행·식도 없고, 안·이·비·설·신·의 도 없고, 색·성·향·미·촉·법도 없고, 안계에서 의식계까지도 없다.

經 是故空中無色。無受想行識。無眼耳鼻舌身意。無色聲香味觸法。無眼界。乃至無意識界。

㉡ 판석判釋

기 둘째, 판석이니, 여기에 둘이 있다.

記 二判釋二。

a. 총괄적 판별

첫째, 총괄적 판별이다.

初總判。

🔳 셋째, 여의는 것을 밝힌다. 그런데 진공으로 벗어남에 있어서 법을 차례대로 밟아 감에 여러 부분이 있지만, 통틀어 간략히 네 가지가 있다. 첫째로 법상개합문法相開合門, 둘째로 연기역순문緣起逆順門, 셋째로 염정인과문染淨因果門, 넷째로 경지능소문境智能所門이다.

🔳 第三明所離。然眞空所離。歷法多門。統略有四。一法相開合門。二緣起逆順門。三染淨因果門。四境智能所門。

🔳 "그런데 진공으로" 등이란, 진공은 허망법을 벗어날 수 있는 진여이다. 밟아 가야 할 것이 곧 벗어나야 할 것이니, 고정된 실유인 성품을 가진 오온 등의 망염법妄染法이다. 공이어서 없다고 하는 것은 곧 이 망염법이 없는 것이니, 공이 아닌 진여의 이치가 없지는 않은 것이다. 통틀어 간략히 네 가지가 있다. 자세히 설하면 80여 과목의 법상[145]이 있다. "개합開合"이란, 온·처·계를 근根(근기)에 따라 나누고 합하는 것이다.

🔳 然眞等者。眞空是能離妄法之眞如也。所歷乃所離。之實有性蘊等。妄染之法也。云空無者。即無此染法。非無不空眞如理也。統略有四。廣說則八十餘科法相。開合者。則蘊界處隨根開合也。

---

145 80여 과목의 법상 : 제2권 주 76 '80여 개의 과목' 참고.

b. 개별적 해석

둘째, 개별적 해석이니, 여기에 둘이 있다.

二別釋二。

a) 경전의 뜻이 중도로 회통함을 보임

첫째, 경전의 뜻이 중도로 회통함을 보인다.

初示經意會中道。

소 첫째, (경에서) "그러므로 공空에는"이란, 앞에서 말한 '불생불멸 등의 진공에서'라는 것이다. (경에서) "색이 없고" 등이란, 저 진공에는 오온 등의 법이 없으니, 이것은 상위문相違門의 차원이다. 그러므로 '없다'라고 한다. 이치는 실제로는 모두 색 등을 파괴하지 않으니, 자성공自性空은 파괴에 의존하지 않기 때문이다. 아래에서는 모두 이것에 준하여 알아라.

소 初是故空中者。是前不生不滅等眞空中故。無色等者。彼眞空中無五蘊等法。此就相違門。故云無也。理實皆悉。不壞色等。以自性空。不待壞故。下並準知。

기 "첫째, (경에서) 그러므로 공에는"이란, 참으로 제일의공에는 자성이 없기 때문에 공인 오온 등의 제법과 고정된 실유의 자성에는 유와 무의 상위가 있다. 그러므로 여기서 저 법들은 없는 것이다. "이것은 상위문의 차원이다." 이하에서는 중도로 회통한다. 곧 앞에서는 상위의相違義이니, 지금 "'없다'라고 한다."라는 것은, 공이 색을 해치므로 여기에는 색이 없다는 것이다. "색 등을 파괴하지 않으니"라는 것은, 곧 불상애의不相礙義와 상작의相作義이다. 공은 진공이므로 환색을 방애하지 않는다. 색을 장애하면 진공이 아니기 때문이다. "자성공은" 등이란, 인연에 말미암기 때문에 유이니, 유가 오면 곧 무이므로 파괴됨에 의존하지 않는다는 것이다. 예나 지금이나 통달하지 못한 채 말하다 보면 단지 공의 이치만 드러내고 아직 묘유에 상즉함을 온전히 깨닫지 못한다.

> 記 初是等者。良以第一義空無性故。空蘊等諸法。之實有性。有無相違。是故此中。無彼等法。此就下會中道。即前相違義也。今云無者。以空害色。故中無色也。不壞色者。即不相礙。相作義也。空是眞空。不妨幻色。若礙於色。非眞空故。自性等者。由從緣故有。有來即無。故不待壞。近古不達。而謂但顯空理。未曉全即妙有也。

b) 법상法相으로 개합開合을 드러냄

둘째, 법상으로 개합을 드러낸다.

> 二就法相顯開合。

소 여기서 오온은 곧 색을 합하여 하나로 만들고 심을 나누어 넷으로 만든 것이다. 둘째, "안·이·비·설·신·의도 없고"란 12처가 공이어서 없는 것이다. 12처는 심을 합하여 한 개 반이 되니, 말하자면 의처意處 전부와 법처法處의 일부분이다. 그리고 색을 나누어 열 개 반이 되니, 말하자면 오근과 오경의 10처와 법처 일부분(法處所攝色)[146]이다. 셋째, "안계에서" 등이란, 18계는 공이어서 없다는 것이다. 18계에서 곧 색과 심을 모두 나누는 것은 위에 기준하여 알 수 있다. 이 세 가지 과목을 해석하는 것은 『대법對法』(『아비달마잡집론』) 등의 논서에 갖추어져 있다.

疏 此中五蘊。即合色爲一。開心爲四。二無眼等者。空無十二處。十二處即合心爲一半。謂意處全及法處一分。開色爲十半。謂五根五境。爲十處及法處一分。三無眼界等者。空無十八界。十八界中。即色心俱開。準上可知。釋此三科。具如對法等論也。

기 처음에 오온을 밝히니, 또한 오음이라고도 한다. 『화엄경내장문등잡공목』「오음장」에서 말하기를, "**문** 온의 뜻은 무엇인가? **답** 존재하는 모든 색은 과거이든 미래이든 현재이든, 안이든 밖이든, 매끄럽든 거칠든, 멀든 가깝든, 우수하든 열악하든 저 일체를 간략히 설하면 색온은 적취積聚의 뜻이다. 그러므로 마치 재화가 쌓이는 것과 같으니, 곧 식온에 이르기까지이다."[147]라고 했다. 이 물음은 이름을 얻은 까닭을 드러낸다. 또 "고苦의 특성은 광대廣大이다. 그러므로 온이라 한다. 경에서 순수하고 광대한 고온苦蘊이 모인 것과 같다고 한 것과 같다. **문** 온의 뜻은 무엇이고, 실유實有는 몇 가지가 실유이며, 무슨 뜻으로 실유를 관찰하는가? **답** 이 여타의 근과 경은 실유의 뜻이다. 일체가 모두 실유이니, 실유에 대한 집착을 버리기 위해서 실유를 관찰한다. 이 온의 뜻은 성문에서는 곧 실제이고, 대승시교에서는 곧 공이며, 대승종교에서는 곧 진여이고, 돈교에서는 설할 수 없는 것이며, 일승에서는 곧 법계이다."[148]라고 했다.

---

146 법처 일부분(法處所攝色) : 소승불교의 극미極微나 무표색無表色과 같은 개념이 확대, 발전된 것으로 유식사상에서 법처에 속하는 색법으로 간주된 개념이다. 법처소섭색은 다시 극략색極略色·극형색極逈色·수소인색受所引色·변계소기색遍計所起色·정중소인색定中所引色으로 세분된다.
147 지엄, 『화엄경내장문등잡공목』 권1(T45, 541c).
148 지엄, 『화엄경내장문등잡공목』 권1(T45, 542a).

記 初明五蘊。亦云五陰。陰章曰。問蘊義云何。答諸所有色。去來[1]現在。內外細麁。遠近勝劣。彼一切略說。色蘊積聚義。故如財貨積聚。乃至識蘊。此問顯得名也。又苦相廣大。故名爲蘊。如經純大衆苦蘊集故等。又問蘊義云何。實有旣[2]是實有。爲何義故。觀實有耶。答此餘根境。是實有義。一切皆實有。爲捨執着實有故。觀察實有。此蘊義。聲聞卽實。初敎卽空。終敎卽如。頓敎不可說。一乘卽法界。

1) ㉮ '來'를 난외에서 손글씨로 '末'라 고쳤다.(편자) 2) ㉮ '旣'를 난외에서 손글씨로 '幾'라 고쳤다. 저본의 난외에 주석이 있는데, "'幾' 자는 '旣' 자의 오기인 듯하다."라고 하였다.(편자)

"둘째, 안·이·비·설·신·의도 없고" 이하는 공인 12처에 대한 것이다. 『화엄경내장문등잡공목』「십이처장十二處章」에서 말하기를, "10색계十色界는 곧 10색처十色處이다."[149]라고 했다. 저것은 반(법처소섭색)을 말하지 않고 생략한 것이다. 「십이처장」에서 물어 말하기를, "처處의 뜻은 무엇인가? 답한다. 식識이 생장하는 곳이라는 뜻이다. 이 처의 뜻은 종자의 뜻을 포함함을 알아야 한다."라고 했다. "셋째, 안계에서" 이하는 세 번째로 공인 18계에 대한 것이다. 「십팔계장十八界章」에서 말하기를, "어떻게 계를 건립하는가? 말하자면 색온은 곧 10계인 안 등의 오근계와 색 등의 오경계 및 법처 일부분(법처소섭색)이다. 수온·상온·행온은 곧 법계의 나머지 일부분이다. 식온은 일곱 개의 식계識界이니, 말하자면 안 등의 육식과 의계이다."[150]라고 했다. 그러므로 "색과 심을 모두 나누는 것"이라고 한 것이다. 서른여섯 가지로 관찰하는 것은 뜻을 또한 알 수 있다. 「십팔계장」에서 "문 계界의 뜻은 무엇인가? 답 일체법종자의 뜻이다. 말하자면 아뢰야식에 의지한 제법종자를 계라고 이름한다. 계는 원인의 뜻이기 때문

---

149 지엄,『화엄경내장문등잡공목』권1(T45, 542c).
150 지엄,『화엄경내장문등잡공목』권1(T45, 542a).

이다. 또 자기의 특성을 유지할 수 있다는 뜻이 계의 뜻이다."[151]라고 했다. 자세한 뜻은 그곳에서 해석했다. "이 (세 가지 과목을 해석하는)" 이하는 자세히 설한 곳을 밝힌 것이다.

二無下空十二處也。處章云。十色界即十色處。彼不言半略也。章問曰。處義云何。答識生長門義。是處義。當知是種子義攝。三無眼下三空十八界。界章曰。云何建立界。謂色蘊即十界。眼等五根界。色等五境界。及法處一分。受想行蘊。即法界一分。識蘊七識界。謂眼等六識及意界故。故云色心俱開。有作三六觀者。義亦可見。章問界義云何。答一切法種子義。謂依阿賴耶識中諸法種子。說名界。界是因義故。又能持自相義。是界義。廣義彼說。釋此下指廣。

(ㄴ) 연기역순문緣起逆順門

둘째, 연기역순문이니, 여기에 둘이 있다.

二緣起逆順門二。

㉠ 경을 읊음

첫째, 경을 읊는다.

初唱經。

---

151 지엄, 『화엄경내장문등잡공목』 권1(T45, 542c).

경 무명도 없고 무명이 다함도 없으며, 내지 노사도 없고 노사가 다함도 없다.

經 無無明。亦無無明盡。乃至無老死。亦無老死盡。

기 이것은 곧 연기관이다. 진국 사문 징관은 말하기를, "연기의 깊은 뜻은 불타의 가르침의 으뜸되는 바이니, 수레와 지혜가 단계적으로 차이가 나고, 얕고 깊음이 여러 종류이다. 용수가 말하기를, '인연에는 두 가지가 있는데, 첫째는 내인內因이고, 둘째는 외인外因이니, 외인은 곧 물이나 흙이나 곡식의 씨앗이고, 내인은 곧 12인연이다'152라 하였다. 지금 곧바로 내인을 변론하는 것이다. 그런데 외인은 내인으로 말미암아 변화하니, 본말이 서로 수렴된다. 총괄적으로 법계를 포함하니, 하나의 광대한 연기인 것이다."153라 했다.『화엄경』의 문장에서는 간략히 열 겁으로 설하여 성상性相을 궁구하여 다함이 없는 일승一乘의 뜻을 드러내니, 자세한 것은 저『화엄경』의 주소註疏에서 설한 것과 같다.154 삼승에서의 연기도 10문十門으로 갖추어지니,『영락경』에서 삼승에서의 지혜로 관조하여 각각 자체적인 결과를 얻는 것155과 같다. 자세한 설은 여타의 것과 같다.

---

152 용수龍樹,『십이문론十二門論』권1(T30, 159c~160a).
153 징관,『화엄경소』권39(T35, 802b).
154 십현문十玄門 또는 일승십현문, 십현연기무애법문을 말한다. 사사무애법계의 특성을 10문으로 표시한 것이다. 지엄이 일승십현문一乘十玄門을 설한 이래, 법장은『화엄오교장』및『화엄경탐현기』에서 그 설을 계승하였으며, 징관도『화엄경소초현담華嚴經疏鈔玄談』에서 조술하였다. ① 동시구족상응문同時具足相應門, ② 일다상용부동문一多相容不同門, ③ 제법상즉자재문諸法相卽自在門, ④ 인다라망경계문因陀羅網境界門, ⑤ 미세상용안립문微細相容安立門, ⑥ 비밀은현구성문秘密隱顯俱成門, ⑦ 제장순잡구덕문諸藏純雜具德門, ⑧ 십세격법이성문十世隔法異成門, ⑨ 유심회전선성문唯心廻轉善成門, ⑩ 탁사현법생해문托事顯法生解門.
155 『보살영락본업경』에서는 12연기에 대한 10종의 관조를 설한다. "이른바 열 가지 12인연이다. 열 가지로 조망해 보면, 첫째는 아견我見의 12인연이고, 둘째는 마음이 12인

記 此卽緣起觀也。鎭國云。緣起深義。佛敎所宗。乘智階差。淺深多種。龍樹曰。因緣有二。一內。二外。外卽水土穀牙。內卽十二因緣。今正辨內。然外由內變。本末相收。摠含法界。一大緣起。大經文內。略說十重。窮究性相。以顯無盡一乘之義。廣如彼疏。三乘緣起。亦具十門。如瓔珞經。三乘之智觀之。各得自果。廣說如餘。

ⓛ 해석

둘째, 해석이다.

二作釋。

소 둘째, 연기역순문을 밝힌다. "무명도 없고"란, 무명을 순관順觀하는 유전문流轉門에서는 그 성품이 공이기 때문에 무명이 없다고 하는 것이다. "무명이 다함도 없으며"란, 무명을 역관逆觀하는 환멸문還滅門에서는 진공이므로 무명이 다함도 없는 것이다. 이것은 첫 지분을 거론한 것이니, 중간의 열 개의 지분은 모두 이에 기준해야 한다. 그러므로 "내지乃至"라고 한다. 마지막 한 지분은 말하자면 노사老死 또한 유전문과 환멸문이 모두 공이라는 것이다.

연이 되는 것이며, 셋째는 무명의 12인연이고, 넷째는 서로 연유하는 12인연이며, 다섯째는 도와서 성립하는 12인연이고, 여섯째는 신·구·의 삼업의 12인연이며, 일곱째는 삼세의 12인연이고, 여덟째는 고고苦苦·괴고壞苦·행고行苦인 3고의 12인연이며, 아홉째는 본성이 공한 12인연이고, 열째는 인연으로 생겨나는 12인연이다. 역관과 순관으로 헤아릴 수 없이 많은 몸을 나타내니, 모든 불국토에 들어가 모든 중생을 교화하는 것이다.(所謂十二因緣。十種照。一我見十二緣。二心爲十二緣。三無明十二緣。四相緣由十二緣。五助成十二緣。六三業十二緣。七三世十二緣。八三苦十二緣。九性空十二緣。十緣生十二緣。逆順觀故現無量身。入一切佛土化一切眾生故。)"(권상, T24, 1015a)

疏 二明緣起逆順門。無無明者。順觀無明流轉門。以其性空。故云無無明也。亦無無明盡。逆觀無明還滅門。以眞空故。無可盡也。此舉初支。中間十支。皆應準此。故云乃至。末後一支。謂老死。亦流轉還滅皆空也。

기 저 열 가지 부문은 모두 역관과 순관을 갖춘다. 역관에서는 인연이 소멸하고 순관에서는 인연이 발생한다. 여기서는 유전과 환멸을 기준으로 하여 순관과 역관을 삼으니, 곧 생사를 역관하거나 생사를 순관하는 것이다. 무명이 행行에 의존한다고 하는 등은 생사를 순관하는 것이다. 무명이 소멸하기 때문에 행이 소멸한다고 하는 등은 생사를 역관하는 것이다. 순관이 곧 유전문이고, 역관이 곧 환멸문이다. 두 가지 부문에서 각각 역관과 순관을 설하는 경우는 『화엄경탐현기』 제10권에 갖추어져 있다. "그 성품이" 등이란 (혹惑·업業·고苦의) 3도三道의 성품이 공이므로 인연으로 법이 발생하는 것이니, 발생에는 발생이 있지 않기 때문이다. "무명을 역관하는" 등이란 발생이 있지 않으므로 소멸도 얻을 수 없다는 것이다. 『법화경』에서 말하기를, "제법은 본래부터 항상 스스로 적멸상寂滅相이다."[156]라고 했다. 그러므로 다할 수 없는 것이다. "이것은 (첫 지분을) 거론한 것이니" 이하는 나머지 지분을 사례로 든 것이다.

記 彼之十門。皆具逆順。逆則緣滅。順則緣生。此約流轉還滅。以爲逆順。卽逆生死。順生死也。若言無明緣行等。順生死也。無明滅故行滅等。逆生死也。順卽流轉門。逆乃還滅門。若二門各說逆順。具如探玄第十。以其等者。三道性空故。因緣生法。生無有生故。逆觀等者。以生無有故。滅亦不可得。經云。諸法從本來。常自寂滅相。故無可盡。此舉下例餘支。

---

[156] 『법화경』 권1(T9, 8b).

(ㄷ) 염정인과문染淨因果門

셋째, 염정인과문이니, 여기에 둘이 있다.

三染淨因果門二。

㉠ 경을 읊음

첫째, 경을 읊는다.

初唱經。

경 고·집·멸·도도 없고

經 無苦集滅道。

기 사성제四聖諦이다. "성聖"이란 올바름이다. 무루無漏의 정법을 얻어 마음에 두기 때문이다. "제諦"에는 두 가지 뜻이 있다. 첫째, 진리가 진실한 것이다. 이것은 대상을 기준으로 하여 변론한 것이다. 설해진 특성과 같이 벗어날 것이 아니고 진실하며 결정적이기 때문이다. 말하자면 세간과 출세간의 두 종류의 인연이니, 반드시 허망함과 상실됨이 없기 때문이다. 둘째, 진리를 자세히 고찰한 것이다. 이것은 지혜의 관점에서 밝힌 것이다. 성스러운 지혜가 저 진리를 관조하면 자세하여 허망하지 않기 때문이다. 범부는 고와 집을 갖고 있더라도 진실하게 고찰하지 못하여 진리라 칭할 수 없다. 전도됨이 없는 성스러운 지혜는 대상을 자세히 안다. 그러므로 "성제聖諦"라 한다. 『유가사지론』에서 "두 가지 인연으로 말미암아

제諦라 한다. 첫째, 법성 때문이다. 둘째, 우수한 지해智解 때문이다."[157]라고 했다. 범부는 처음의 법성은 있지만 뒤의 우수한 지해가 없다. 성인은 두 가지를 갖추기 때문에 "성제聖諦"라고 치우쳐 호칭한다. 법성은 진리가 진실한 것이고, 우수한 지해는 곧 진리를 자세히 고찰하는 것이다.

記 四聖諦也。聖者。正也。無漏正法。得在心故。諦有二義。一者諦實。此約境辨。如所說相。不捨離故。眞實故。決之故。謂世出世二種因緣。必無虛妄差失故。二審諦。此就智明。聖智觀彼。審不虛故。凡夫雖有苦集。而不審實。不得稱諦。無倒聖智。審知境故。故名聖諦。瑜伽云。由二緣故。名諦。一法性故。二勝解故。凡夫有初無後。聖具二故。偏稱聖諦。法性是諦實。勝解即審諦。

ⓛ 해석

둘째, 해석이다.

二作釋。

소 셋째, 염정인과문이다. 고와 집은 세간의 인과이다. 말하자면 고는 생사의 과보이니, 먼저 거론하여 염오심厭惡心을 발생시킨다. 집은 저 고의 원인이니, 말하자면 번뇌의 업이다. 고를 염오하고 집을 끊는 것이다. 앞의 것은 과보이고 뒤의 것은 원인이기 때문이다. 멸과 도는 출세간의 인과이다. 멸은 열반의 과보이다. 먼저 거론하여 기뻐하게 한다. 도는 저 멸의 원인이니, 말하자면 팔정도이다. 닦고 난 후에는 모두 공이어서 있

---

[157] 미륵, 『유가사지론』 권95(T30, 845a~b).

지 않다.

疏 三染淨因果門。苦集是世間因果。謂苦是生死報。先擧令生厭。集是彼因。謂是煩惱業。厭苦斷集。先果後因故也。滅道是出世間因果。滅是涅槃果。先擧令欣。道是彼因。謂八正道。修之於後。皆空無有也。

기 "세간의 인과"란 사제의 뜻을 드러내고자 하는 것이다. 대승과 소승의 사법事法과 이법理法에 통하지만 구족함이 같지 않으니, 12인연은 단지 사법만 있지 이법이 없으며, 명칭은 자세하나 사법은 간략하여 사법도 갖추어지지 않았으니, 단지 고와 집만 있지 도가 없기 때문이다. 육바라밀은 단지 출세간을 드러낼 뿐 세간이 없다. 지금 고와 집이 세간의 인과라고 말하는 것은, 사제가 구족상具足相을 포함하고 있음을 드러내는 것이다. 알아야 할 바와 끊어야 할 바가 바뀔 것이 없기 때문이다. "말하자면 고는" 이하는 진리의 체상體相을 나타낸 것이다. 핍박을 고라 이름한다. 다른 이름으로 해석하더라도 또한 특성을 변론하는 것이니, 심신을 핍박하는 것이 고의 행상行相이기 때문이다. "생사의 과보이니"란 고의 체를 가리킨다. 체는 곧 유루有漏의 색과 심이니, 업에 의해 초감招感된 과보이다. "집은 저 고의 원인이니"란, 쌓여서 늘어나는 것을 집이라 하니, 또한 명칭의 특성을 나타낸 것이다. "말하자면 번뇌의 업이다."는 체를 나타낸 것이다. "고를 염오하고 집을 끊는 것이다."란 중생을 교화할 수 있는 교법이 나타난 뜻이다.

記 言世間因果者。欲顯四諦義。通大小事理。具足不同。十二因緣。但事而無理。名廣而事略。事亦不具。但有苦集而無道故。六波羅蜜。但顯出世間。而無世間。今言苦集。是世間因果。顯四諦包含具足相也。所知所斷。無改易故。謂苦是下出諦體相也。逼迫名苦。雖釋別名。亦即辨相。逼迫身心。是苦行相故。是生死報者。指體也。體即有漏色心。業所招報也。集是彼因者。積集增長。名集。亦是出名相也。謂是等者。出體也。厭苦斷集。能化教法出興意也。

앞은 오염된 인과이고, "멸과 도는" 등이란 청정한 인과이다. "멸은 열반의 과보이다."란, 적정寂靜을 멸이라 이름하니, 명칭의 특성을 드러낸 것이다. 열반이란 체를 나타낸 것이다. "도는" 등이란 곧 지관止觀이나 팔정도 등이다. "기뻐하게 한다." 등이란 가르침의 뜻을 보이는 것이다. 이것은 특성을 기준으로 설한 것이니, 대승과 소승에 공통된다.『대지도론』에서 소승은 고·집·도 세 가지가 유의 특성이고, 멸은 무의 특성이라 하지만, 대승에서는 네 가지 모두가 무의 특성이라고 하였다. "모두 공이어서"란, 곧 공이고 진여라는 것이다. 그런데 천태 지의에게는 네 가지의 사제가 있다. 첫째, 생멸이다. 둘째, 무생이다. 셋째, 무량이다. 넷째, 무작이다.[158] 묶으면 오로지 성性과 상相이다. 상은 생멸과 무량으로 나뉘고, 성은 무생과 무작으로 나뉜다. 이름이 있으면 반드시 실제를 소급하니, 지금 경전에서 네 가지로 갖춘다.

> 上是染因果。滅道等者。淨因果也。滅是涅槃者。寂靜名滅。顯名相也。涅槃者。出體也。道等者。即是止觀八正道等。令欣等者。示教意也。此約相說。通大小乘。智論云。小乘三是有相。滅是無相。大乘四皆無相。皆空者。即空即如也。然天台有四諦。一生滅。二無生。三無量。四無作。束之唯性相。相開生滅無量。性開無生無作。若以名必召實。今經具四。

---

158 지의智顗,『사교의四教義』권2(T46, 725b~c). 앞의 네 가지를 네 종류의 사제라 한다. ① 생멸 사제는 삼장교의 뜻이고, ② 무생 사제는 대승과 소승을 회통하는 통교의 뜻이며, ③ 무량 사제는 오로지 보살 수행의 도리로서 별교의 뜻이고, ④ 무작 사제는 불타의 경계로서 원교의 뜻이다.

가르침의 내용을 기준으로 하면 바로 무작 사제에 해당하고, 겸하여 무생 사제를 포섭한다. 왜 그런가? 고를 이해하기만 하면 고는 없으니, 고성제라 한다. 집을 이해하면 화합이 없고, 멸을 이해하면 멸이 없고, 도를 이해하면 도가 없다. 인연因緣·등무간연等無間緣·소연연所緣緣·증상연增上緣의 4연으로 발생함을 통달하면 공이니, 무생 사제에 해당한다. 오온과 12입처가 모두 진여임을 알아차리면 버려야 할 고가 없고, 무명의 번뇌가 곧 보리이므로 끊어야 할 집이 없으며, 생사가 곧 열반이므로 증험해야 할 멸이 없고, 극단의 그릇됨이 모두 중도의 올바름이므로 닦아야 할 도가 없다. 고도 없고 집도 없으므로 세간이 없고, 멸도 없고 도도 없으므로 출세간이 없다. 취함도 없고 버림도 없으므로 동일한 중도이다. 또 버려야 할 고가 없어서 공이 아니므로 버려야 할 것이 있지 않다. 체가 곧 진여이므로 진여 바깥에 고가 없으니, 어디에 버릴 것이 있겠는가?

若約所詮。正當無作。兼攝無生。何者。若但解苦無苦。名苦聖諦。解集無和合。解滅無滅。解道無道。達四緣生故空。則當無生。若了陰入皆如。無苦可捨。無明塵勞。即是菩提。無集可斷。生死即涅槃。無滅可證。邊邪皆中正。無道可修。無苦無集。即無世間。無滅無道。即無出世間。不取不捨。同一中道。又無苦可捨。非是空故。無有可捨。以體即如。如外無苦。何所捨耶。

이 구절은 진여를 언급한 것이다. 진여는 오히려 공과 유사하긴 하지만, 집집에서 무명의 번뇌는 모두 곧 보리이니, 어찌 앞의 공과 같겠는가? 보리의 체 바깥에 별도로 끊어야 할 것이 없어서 무생 사제와 같지 않으니, 공에는 끊어야 할 것이 없다. 앞에서라면 공에는 꽃이 없으니, 어찌 꽃을 딴다고 하겠는가? 지금이라면 색이 곧 공이므로 파도가 곧 물이어서 파도를 제거할 수 없으니, 색을 소멸시키는 것과는 같지 않다. 생사가 곧 열반이니, 체가 공인 것도 아니고 생멸할 수 있는 것도 아니다. 극단과 그릇됨이 모두 중도中道이고, 정도正道이다. 극단의 바깥으로 벗어나 별도로 중도가 있는 것도 아니고, 그릇됨의 바깥으로 벗어나 별도로 정도가 있는 것도 아니다. 또한 극단이 없는 것도 아니고 그릇됨이 없는 것도 아니니, 닦아야 할 것도 없다. 곧 지금의 경전은 원만하게 소통되고 장애가 없는 한맛의 법인 것이다. 그러므로 무작 사제에 해당한다.

此句言如。如尙似空。集中無明塵勞。皆即菩提。豈同前空。菩提體外。無別可斷。不同無生。空無可斷。前則空中無花。云何摘。今則色即是空。波即是水。不可除波。非同滅色。生死即涅槃。非是體空。無可生滅。邊邪皆中正。非離邊外別有中道。非離邪外別有正道。亦非無邊無邪。無可修也。即是今經。圓通無礙一味法也。故當無作。

(ㄹ) 경지능소문境智能所門

넷째, 경지능소문이니, 여기에 둘이 있다.

第四境智能所門二。

㉠ 경을 읊음

첫째, 경을 읊는다.

初唱經。

경 지혜도 없으며 얻음도 없다.

經 無智亦無得。

ⓛ 해석

기 둘째, 해석이다.

記 二作釋。

소 넷째, 경지능소문이다. 공에는 앞에 제법이 없을 뿐 아니라 공의 지혜를 아는 것도 얻을 수 없다. 그러므로 "지혜도 없으며"라고 한다. 곧 이렇게 알려진 공의 이치도 얻을 수 없다. 그러므로 "얻음도 없다."라고 한다.

疏 四境智能所門。非但空中無前諸法。彼知空智。亦不可得。故云無智也。即此所知空理。亦不可得。故云無得也。

기 "공의 지혜를 아는 것도" 등이란, 『원각경圓覺經』에서 말하기를, "만약 깨달음이 있다고 설한다면 오히려 아직 환각에서 벗어나지 못한 것이다."[159]라고 했다. 그러므로 지혜가 없다. "알려진" 등이란, 『원각경』에서 말하기를, "본래부터 보리와 열반은 없다."[160]라 했고, 또 『대반야경』에서 말하기를, "설사 다시 어떤 법이 있어 보리와 열반을 탁월하게 뛰어넘더라도 나는 또한 꿈 같고 허깨비 같다고 설한다."[161]라고 했으며, 『대반

---

[159] 『대방광원각수다라요의경大方廣圓覺修多羅了義經』 권1(T17, 914a).
[160] 『대방광원각수다라요의경』 권1(T17, 915c).
[161] 『대반야경』 권82(T5, 458c).

야경』「문수사리분文殊師利分」에서 말하기를, "나의 본성을 안다는 것은 곧 법이 없음을 아는 것이고, 법이 없음을 안다는 것은 곧 경계가 없는 것이다. 경계가 없으면 곧 의지할 바가 없고, 의지할 바가 없으면 곧 머무를 바가 없으며, 머무를 바가 없으면 곧 평등함에 머무른다. 평등함에 머무르면 능能과 소所가 없다. 그러므로 머무름이 없다고 한다."[162]라고 했다.

> 記 知空等者。經云。若說有覺。猶未離幻。是故無智。所知等者。經云。本無菩提及與涅槃。又經云。設更有法勝。過菩提涅槃。我亦說如夢如幻。文殊般若分云。若知我性。即知無法。若知無法。即無境界。若無境界。即無所依。若無所依。即無所住。若無所住。即住平等。若住平等。則無能所。故曰無住。

진국 사문 징관이 말하기를, "내가 곧 법성이니, 다시 증험해 들어가지 않는다. 법성에 자성이 없는데, 다시 어디로 들어가겠는가?"[163]라 했고, 또 말하기를, "그런데 두 가지 뜻이 있다. 첫째, 위의 두 구절에서는 하나인 성품은 나뉘지 않으므로 능能과 소所가 없음을 밝혔다. 마치 하나의 손가락이 스스로 만질 수 없는 것과 같다. 둘째, 법성에는 자성이 없으니, 다시 어디로 들어가겠는가? 법성이 공임을 밝히므로 들어가는 주체도, 들어가는 대상도 없다. 또 마치 허공과 같아서 허공에는 머무르지 못하는 것과 같다."[164]라고 했다. 「문수사리분」에서 또 말하기를, "불타가 문수에게 고하였다. 너는 어찌 불법을 추구하지 않는가? 문수는 말한다. 세존이여, 지금 불법이 아닌 법이 있다고 보지 않는데, 무엇을 추구하겠습

---

162 『대반야경』 권575(T7, 970a).
163 징관, 『화엄경소』 권13(T35, 596b).
164 징관, 『화엄경수소연의초』 권29(T36, 224b).

니까?"¹⁶⁵라고 했다. 이것은 곧 하나인 법성의 뜻이다. 불타가 또 물어 말하기를, "너는 불법을 이미 성취했는가?"라고 했다. 문수가 말하기를, "제가 불법이라 할 만한 법을 전혀 보지 못하였는데, 무엇을 성취하겠습니까?"¹⁶⁶라고 했다. 이것은 곧 법성이 공이라는 뜻이다. 불타가 또 묻기를, "네가 어찌 법성에 집착하지 않음을 얻지 않는가?"라고 했다. 문수가 답하여 말하기를, "저는 법성에 집착하지 않는데, 어찌 법성에 집착하지 않으면서 다시 법성에 집착하지 않음을 얻을 수 있겠습니까?"¹⁶⁷라고 했다. 이것은 곧 내가 곧 법성이어서 다시 증험하여 들어가지 않는다는 것이다. 오로지 하나인 진여에 무슨 능과 소를 얻을 수 있겠는가? 이것은 모두 지금의 경전의 광문이다.

鎭國曰。我卽法性。更不證入。法性無性。復何所入。又曰。然有二意。一上二句。明一性不分。故無能所。猶如一指。不能自觸。二法性無性。復何所入。明性空故。無能所入。亦如虛空。不住虛空。文殊分又云。佛告文殊。汝於佛法。豈不趣求。文殊言。世尊。我今不見有法非佛法者。何所趣求。此卽一性意也。佛又問云。汝於佛法。已成就耶。文殊言。我都不見法。可名佛法。何所成就。此卽性空意也。佛又問。汝豈不得無着性耶。文殊答曰。我則無着性。豈無着性。復得無着性。此卽我卽法性。更不證入。唯一如如。何有能所得哉。此皆今經之廣文也。

ㄴ) 문답으로 뜻을 드러냄

둘째, 문답으로 뜻을 드러내니, 여기에 둘이 있다.

---

165 『대반야경』 권574(T7, 966b).
166 『대반야경』 권574(T7, 966b).
167 『대반야경』 권574(T7, 966b).

二問答顯宗二。

(ㄱ) 소승의 전철을 밟는 물음

첫째, 소승의 전철을 밟는 물음이다.

初異乘躡跡問。

소 문 앞에서 "공이 곧 색" 등이라고 하여 색 등이 없어지지 않음을 밝혔는데, 왜 이 문장에서는 '일체가 모두 없다'라고 하는가? 어찌 이 공은 색을 소멸시키는 것이 아니겠는가?

소 問前云空即是色等。明色等不亡。何以此文一切皆無。豈非此空是滅色耶。

기 여기서의 문장은 하나이지만 뜻에 의하면 두 가지의 물음이 있다. 첫째는 앞과 뒤가 상위하다는 것이고, 둘째는 지금 색을 소멸시킨다고 의심하는 것이다. 앞에서 의심을 불식시키는 중에 공이 곧 색이어서 색은 존재한다고 하였다. 지금 모두 없다고 하므로 서로 위배되는 것 같다는 것이다. 이승이 통달하지 못하여 지금 색을 소멸시킨다고 의심하는 것이다.

기 此中文雖一道。義有二問。一即前後相違。二則疑今滅色。前拂疑中。空即是色。色存也。今云都無。故似相違。二乘不達。疑今滅色也。

(ㄴ) 경전의 취지에 원만히 소통하는 대답

둘째, 경전의 취지에 원만히 소통하는 대답이다.

二經旨圓通答。

소 답 앞에서 비록 존재함을 장애하지 않는다고 하였지만 일찍이 다하지 않은 적이 없다. 지금 여기서는 모두 사라지지만 일찍이 성립하지 않은 적이 없다.

疏 答前雖不閡存。而未嘗不盡。今此都亡。未嘗不立。

기 "존재함을 장애하지 않는다."란, 청량 징관이 말하기를, "공에 상즉하는 색은 묘색妙色이기 때문이다."[168]라고 하였으니, 존재함을 장애하지 않는다는 것이다. 색에 상즉하는 공은 진공이니, 일찍이 다하지 않음이 없다는 것이다. "지금 여기서는 모두 사라지지만"이란 색에 상즉하는 공이다. "일찍이 성립하지 않은 적이 없다."란 공에 상즉하는 색이다. 진국 사문 징관은, "반야는 4구를 파괴하지 않으니, 어찌 묘유가 없겠는가?"[169]라고 했다. "존재함을 장애하지 않는다."는 것과 "일찍이 성립하지 않은 적이 없다."는 것은 유의 구절이고, "모두 사라진다."는 것과 "일찍이 다하지 않은 적이 없다."는 것은 무의 구절이다. 두 가지를 합하고자 하면 양립하기도 하지만 드러난 모습을 없애고자 하면 함께 부정되기도 한다. 유라면 묘유妙有이고 무라면 진무眞無이니, 어찌 정면으로 하나인 법성을 말하는 것이 아니겠는가?

記 不礙存者。清涼曰。即空之色。爲妙色故。不礙存也。即色之空。爲眞空。未嘗不盡矣。今此都亡。即色之空也。未嘗不立。即空之色也。鎭國曰。般

---

168 징관, 『화엄경소』 권46(T35, 851b).
169 징관, 『화엄경소』 권1(T35, 509a).

若不壞四句。豈無妙有。不礙存。未嘗不立。有句也。都亡未嘗不盡。無句也。合二則兩亦。形奪則俱非。有則妙有。無則眞無。豈非正詮一性㦲。

소 그러므로『대품경』에서 말하기를, "제법은 있는 바가 없지만 이와 같이 이러한 무는 있다."[170]라고 했다. 이것은 있는 바가 없음에 나아가 앞의 것이 이와 같이 있음을 증거한 것이다.

소 故大品云。諸法無所有。如是有此無。此就無所有。前據如是有。

기 "『대품경』에서" 이하에서는 인용하여 증거로 삼았다. "제법은 있는 바가 없지만"이란 곧 허망법인 유는 없다는 것이니, 이것은 모두 없다는 무의 구절이다. "이와 같이 이러한 무는 있다."란 허망법의 없음이 있다는 것이니, 이것은 아직 성립하지 않은 적이 없다는 유의 구절이다. "이것은 있는 바가 없음에 나아가"란, 곧 벗어나야 할 대상인 고정된 본성을 지닌 실유가 없다는 것이다. "앞의 것이 이와 같이 있음을 증거한 것이다."란, 공에 상즉하는 유이고, 불가사의한 유이다.

기 大品下引證。諸法無所有。即無妄法之有。是都亡無句也。如是有此。乃則有妄法之無。是未嘗不立有句也。此就等者。即所離中。無之性實有也。前據如是有者。即空之有。不思議之有也。

소 또 앞에서는 상작문相作門에 나아간 것이고, 여기서는 상해문相害門에 나아간 것이다. 하나의 법에 두 가지 뜻이니, 상황에 따라 설함에 위배됨이 없다.

---

170 『마하반야바라밀경』 권3(T8, 238c).

疏 又前就相作門。此就相害門。一法二義。隨說無違。

기 "또 앞에서는" 이하는, '현정의顯正義' 중에서 (상위의相違義·불상애의不相閡義·상작의相作義의) 세 가지의 뜻이다. "하나의 법"이란 한맛의 차별 없는 법이다. "두 가지 뜻"이란 곧 공과 유의 두 가지 부문이다. "상황에 따라 설함에 위배됨이 없다."란 서로 융합하여 서로 옳다는 것이니, 공종空宗에서 공은 곧 진실이고, 유는 곧 허망이라는 것과는 같지 않다. 청량 징관은 "성공性空은 대승시교·돈교·대승종교에 통한다. 묘유妙有는 곧 실교實敎이다. 공과 유에 통한다면 두 가지는 서로 투철하여 덕을 갖추니, 곧 원교圓敎이다."[171]라고 했다.

記 又前下顯正義中三義也。一法者。一味無差別法也。二義。即空有二門。隨說無違者。互融相是。不同空宗。空即是眞。有即爲妄。淸凉曰。性空通於初頓終敎。妙有即是實敎。若通於空有。二互交徹具德。即是圓敎。

ㄹ. 얻는 것을 밝힘

넷째, 얻는 것을 밝힌다.

第四明所得。

이 경전에는 큰 과목으로 다섯 가지가 있다. 첫째, 의심을 끊어 믿음을 낸다. 다음으로 이치를 드러내어 올바로 이해하도록 한다. 셋째, 수행을 일으켜 미혹을 끊는다. 넷째, 얻는 것을 밝혀 과보를 드러낸다. 다섯째,

---

171 징관, 『화엄경수소연의초』 권14(T36, 105b).

법을 찬탄하여 덕을 찬양한다. 이리하여 근기에 따라 가르침을 받고, 닦음에 따라 반드시 증험함이 일도一道의 시종이니, 어찌 단지 '장애를 벗어남'이라는 하나의 과목만으로 중생의 망정의 헤아림을 끊어낼 수 있겠는가? 경가經家(아난 등과 같은 경전의 결집자)가 교법을 설하여 보여 행자가 이해하게 하는데 이치 가운데 이러한 것은 없다. 곧 공종을 억압하여 방편의 대승시교(權始)에 돌아간다고 설하고, 이 ('얻는 것을 밝힘'의) 과목에서, (번뇌장과 소지장의) 두 가지가 전의된 (보리·열반의) 묘과妙果에서는, 얻는 것이 없음이 위대한 얻음임을 관조하지 않는다면, 근기에 따라 이익을 얻을 수 있겠는가? 그런데 이 얻은 바가 반야라고 통틀어 논한다면, 비록 방편과 진실이 있더라도 모두 삼승인이 얻는 것이 된다. 그러므로 『대품경』에서 "중생 중에 성문승의 성격으로 결정된 자는 이 법을 듣고 나서 속히 스스로 무루無漏의 지위를 증득할 수 있고, 내지 위가 없는 수레의 성격으로 결정된 자는 이 법을 듣고 나서 속히 무상정등보리無上正等菩提를 증득한다."[172] 등이라 했고, 또 소주인 법장은 "반야는 또한 이승을 위한 것이니, 참으로 법화 이전 아직 모임을 파하기 전에 두루 삼승의 법을 설하여 삼승의 이익을 갖추어 얻는 것이다."[173]라고 했다. 지금 경전에서는 비록 대승을 설하더라도 겸하여 저 의심을 끊고자 그러한 진행에 참여하는 것이다. 여기에는 둘이 있다.

此經大科有五。初則斷疑。以生信。次則顯理。令正解。三則起行而斷惑。四明所得。以顯果。五乃歎法。以讚德。是則當機禀教。依修克證。一道始終。豈可但將所離一科。斷除衆生情計。經家說示。行者令解。理中無此。便謂說空。抑歸權始。不觀此科。二轉依果。無得而大得。當機獲益耶。然

---

172 『대반야경』 권593(T7, 1066a~b).
173 법장, 『화엄일승교의분제장』 권1(T45, 479b).

此所得。若通論般若。雖有權實。皆爲三人所得。故經云。若有情類。於聲聞乘。性決定者。聞此法已。速能證得自無漏地。乃至於無上乘。性決定者。聞此法已。速證無上正等菩提等。又䟽主曰。般若亦爲二乘。良以法華之前。未經破會。通說三乘法。具獲三乘益。今經雖唯說大。兼斷彼疑。與其進也。於中二。

ㄱ) 앞에서 무소득을 첩문하여 뒤의 소득을 일으킴

첫째, 앞에서 무소득을 첩문하여 뒤의 소득을 일으키니, 여기에 둘이 있다.

初牒前起後二。

(ㄱ) 경을 읊음

첫째, 경을 읊는다.

初唱經。

경 얻는 바가 없는 까닭에

經 以無所得故。

(ㄴ) 판석判釋

기 둘째, 판석이다.

記 二判釋。

소 넷째, 얻는 이익에 대한 설명에는 두 가지가 있다. 첫째, 앞을 잇고 뒤를 일으킴이다. 둘째, 얻는 바를 바로 밝힘이다. 지금은 첫째이다. "얻는 바가 없는 까닭에(以無所得故)"란 앞을 잇고 뒤를 일으키는 것이다. '이以'란 말미암음이다. '고故'란 원인이다. 앞의 얻는 바가 없음을 원인으로 삼아 뒤에 얻는 바가 있도록 하는 것이다. 『대품경』에서는 "얻는 바가 없으므로 얻는다."라고 하였다.

疏 第四明其所得有二。初牒前起後。二正明所得。今初也。言以無所得故者。牒前起後也。以者由也。故者因也。由前無所得爲因。令後有所得也。大品云。無所得故而得。

기 "'얻는 바가 없는 까닭에'란" 이하는, 경의 앞 내용을 이어서 과목으로 해석하는 것이다. 앞에서는 "지혜도 없으며 얻음도 없다."라고 하였다. 그러므로 지금 원인이 되는 수행을 거쳐 이로 말미암아 과보를 얻는다. 이와 같다면 앞에서는 장애를 벗어남에 대한 설명으로 미혹을 끊고, 지금은 얻는 이익에 대한 설명으로 과보를 증험한다. 청량 징관은 "무소득이 곧 반야의 특성이다."[174]라고 했으니, 반야를 얻는다는 것은 얻음이 없는 지혜이기 때문에 마침내 얻는 것이다. 그러므로 『대품경』을 인용하여 얻음이 없으므로 얻는 것이라고 한다. 『대품경』에서 또 말하기를, "무소득을

---

174 징관, 『화엄경소』 권57(T35, 953a).

방편으로 삼는다."¹⁷⁵라 했고, 조사 징관은 "사법과 이법에도 생사와 열반에도 머무르지 않으니, 곧 이사무애는 방편이다."¹⁷⁶라고 했으며, 소주인 법장은 "진공을 관조하기 때문에 마침내 모든 수행을 이룬다. 그러므로 10바라밀 등의 수행이 모두 공으로 말미암아 이루어지고, 보리 등의 과보가 모두 공으로 말미암아 성립한다. 그러므로 이 진공으로부터 머무름이 없이 제법을 건립한다. 또 제법이 서로 일치하고 서로 넘나들 수 있게 하니, 가로막음이 없고 걸림이 없는 것 등은 모두 이 부문의 위대한 작용이다."¹⁷⁷라고 했다.

記 言以下牒經科釋也。前云無智亦無得。故今躡爲因行。由是而得果。如是則。前明所離是斷惑。今明所得是證果也。清凉曰。無所得。即般若相。由得般若。無得智慧。故方得也。故引大品。無得而得。大品又云。以無所得而爲方便。祖曰。若不住事理生死涅槃。則事理無礙之方便也。跣主曰。由觀眞空。方成諸行。是故十度等行。皆由空成。菩提等果。皆由空立。是故從此眞空無住。建立諸法。又令諸法。得相即相入。無障無礙等。並是此門之大用也。

또 얼음이 없다는 것은 반드시 흔적이 없어야 하니, 공적하게 깨끗이 제거되어야 비로소 무득이라 한다. 청량 징관은 말하기를, "상相은 있지만 성性은 없음에 그치는 것은 아니다. 말하자면 여러 종파의 이론에 대부분 이 설명이 있다. 자성은 공이지만 법은 공이 아니다. 법상종의 경우 단지 변계소집성만이 없는 것이지 의타기성은 없지 않다. 삼론을 배웠더라도 뜻을 얻지 못한 자들이 또한 말하기를, 법은 자성이 없으므로 공이

---

175 『대반야경』 권3(T5, 12a).
176 징관, 『화엄경수소연의초』 권33(T36, 256b).
177 법장, 『십이문론종치의기』 권상(T42, 217c).

라 설해도 상相은 공이 아니라고 한다. 지금 설명하자면 자성이 없지만 인연으로 발생하므로 유이니, 체가 있지만 공이다. 인연으로 발생하지만 자성이 없으므로 공이니, 공이지만 항상 유이다. 서로 투철하여야만 비로소 진공묘유이니, 그 말이 크게는 같지만 취지에 다름이 있다."[178]라고 했다. 정관貞觀 이래 아직도 이것이 통달되지 못하였다.

> 又無得者。要須足跡不存。蕩然淨掃。方云無得。清涼曰。非但相有性無而已。謂諸宗計。多有此說。但空自性。不空於法。如法相宗。但無徧計。非無依他。設學三論。不得意者。亦云。法無自性。故說爲空。則令相不空矣。今無性緣生故有。有體即空。緣生無性故空。空而常有。要互交徹。方是眞空妙有。其言大同而旨有異。政¹⁾觀以來。尚不達此。
> 1) ㉢ '政'은 '貞'인 것 같다.

ㄴ) 얻는 것을 정면으로 밝힘

둘째, 얻는 것을 바로 밝히니, 여기에 둘이 있다.

> 二正明所得二。

(ㄱ) 장애를 끊는 과보를 얻음에 대해 밝힘

첫째, 장애를 끊는 과보를 얻음에 대해 밝히니, 여기에 둘이 있다.

> 先明得斷果二。

---

178 징관,『화엄경수소연의초』권75(T36, 595b~c).

㉠ 사람을 거론하고 법에 의거함

첫째, 사람을 거론하고 법에 의거하니, 여기에 둘이 있다.

初舉人依法二。

a. 경을 읊음

첫째, 경을 읊는다.

初唱經。

경 보살은 반야바라밀다에 의거하므로

經 菩提薩埵。依般若波羅蜜多故。

b. 판석

기 둘째, 판석이다.

記 二判釋。

소 둘째, 얻는 바를 바로 밝힘에는 두 가지가 있다. 먼저 보살은 열반이라는 끊음의 과보를 얻음을 밝힌다. 나중에 모든 불타는 보리라는 지혜의 과보를 얻음을 밝힌다. 앞의 것에는 또 두 가지가 있다. 먼저 사람을 거론하고 법에 의거한다. 나중에 장애를 끊어 과보를 얻는다. 지금은 먼저의 것이다. "보살(菩提薩埵)"이란 사람을 거론한 것이다. 뜻은 앞의 '(보살이라는) 통명通名을 해석함'에서와 같다. "반야바라밀다에 의거하므로(依般若波羅蜜多故)"란 이 법에 의거하여 행함을 밝힌 것이다. '고故'란 뒤를 일으키는 것이다.

疏 二正明所得有二。先明菩薩得涅槃斷果。後明諸佛得菩提智果。前中亦二。先擧人依法。後斷障得果。今初也。言菩提薩埵者。擧人也。義如前解。依般若波羅蜜多故者。明依此法行也。故者起後也。

기 "끊음의 과보"란 끊어서 드러난 바이기 때문이다. "이 법에 의거하여 행함을 밝힌 것이다."란, 곧 앞에서의 무득無得인 반야 지혜의 법에 의거하여 행한다는 것이다. 반야가 없다면 나머지 바라밀로는 모두 피안에 도달하지 못한다.

記 言斷果者。斷所顯故。明依等者。即依前無得般若智慧法行也。若無般若。餘度皆不到岸。

ⓒ 장애를 끊어 과보를 얻음

둘째, 장애를 끊어 과보를 얻음이니, 여기에 셋이 있다.

二斷障得果三。

a. 수행이 완성됨

첫째, 수행이 완성됨이니, 여기에 둘이 있다.

初行成二。

a) 경을 읊음

첫째, 경을 읊는다.

初唱經。

경 마음에 장애가 없다.

經 心無罣閡。

b) 해석

기 둘째, 해석이다.

記 二作釋。

소 둘째, 장애를 끊어 과보를 얻음에는 세 가지가 있다. 첫째, 수행이 완성됨이다. 둘째, 장애를 끊음이다. 셋째, 과보를 얻음이다. 지금은 첫 번째이다. "마음에 장애가 없다."란, 수행이 완성된 것이니, 말하자면 미혹이 마음을 장애하지 않는 것이고, 경계가 지혜를 장애하지 않는 것이다.

疏 二斷障得果中有三。初行成。二斷障。三得果。今初也。言心無罣閡者。行成也。謂惑不閡心故。境不閡智故。

기 처음에 과목을 판별하고, 다음에 (앞의 경문을) 이어서 해석한다. "수행이 완성됨이다."란 총괄적으로 보인 것이다. "말하자면 미혹이" 이하는 별도로 드러낸 것이니, 말하자면 번뇌장煩惱障이 마음을 장애하여 마음이 해탈하지 못하므로 업을 지어 윤회하고, 소지장所知障이 지혜를 장애하여 지혜가 해탈하지 못하므로 자신의 마음을 알아차리지 못한다. 제법의 본성과 특성을 통달하지 못하면 이리저리 삼계를 벗어나더라도 아래의 수레에 머물러 성불할 수 없다. 지금 반야의 깊은 지혜를 얻으면 두 가지 장애의 씨앗이 드러나 모두 없어지니, 두 가지의 해탈을 얻는다. 그러므로 "장애하지 않는 것이고" 등이라 한다.

기 初科判。次牒釋。行成者。總示。謂惑下別顯。謂煩惱障障心。心不解脫故。造業輪轉。所知障障慧。慧不解脫故。不了自心。不達諸法性相。縱出三界。亦滯下乘。不得成佛。今得般若深慧。二障種現俱亡。得二解脫。故不礙等也。

b. 장애를 끊음

둘째, 장애를 끊음이니, 여기에 둘이 있다.

二斷障二。

a) 경을 읊음

첫째, 경을 읊는다.

初唱經。

경 장애가 없으므로 공포도 있지 않으며 전도되고 꿈 같은 생각을 멀리 떠나

經 無罣礙故。無有恐怖。遠離顚倒夢想。

b) 해석

기 둘째, 해석이다.

記 二作釋。

소 둘째, 장애를 끊음이다. "장애가 없으므로"란 앞을 잇고 뒤를 일으키는 것이다. "공포도 있지 않으며"란, 바깥으로 마귀와 원수에 대한 공포가 없는 것이니, 곧 악연惡緣이 쉬는 것이다. "전도되고 꿈 같은 생각을 멀리 떠나"란, 안으로 미혹된 장애의 전도됨이 없는 것이니, 곧 악인惡因이 다하는 것이다.

疏 二斷障也。言無罣礙故。牒前起後也。無有恐怖者。外無魔寃之怖。即惡緣息也。遠離顚倒夢想者。內無惑障之倒。即惡因盡也。

기 "마귀와 원수에 대한 공포"란, 천마天魔와 외도外道가 모습을 나타내 수행자를 두렵게 하는 것이니, 자세한 것은 『대승기신론』의 본말本末에서 설한 것과 같다.[179] "전도되고 꿈 같은 생각을"이란 생生·주住·이異·멸滅이다. 소주인 법장은, 꿈을 예로 들어 해석하였는데, 모두 중생을 잠

---

[179] 『대승기신론』 권1(T32, 582b).

제2권 • 245

들게 할 수 있으니, 나와 나의 것에 대해 깨어 알지 못하기 때문에 꿈에 나타난 경계가 없지만 있다고 여기게 된다. 그러므로 전도라 한다. 본래 청정한 마음이 무명에 의해 잠들게 되니, 사상四相에 대한 꿈이 모든 번뇌를 일으킨다. 지금 반야의 지혜라는 태양을 얻으면 번뇌의 꿈을 깨뜨려서 제법이 공임을 알아차리게 된다. 그러므로 "악인惡因이 다하는 것이다."라고 한다.

記 言魔寃之怖者。天魔外道。現形而怖行者。廣如起信本末論說。顚倒夢想者。生住異滅。疏主例釋以夢。皆能眠衆生。於我我所中而不覺知故。夢所見境。無而謂有。故名顚倒。由本淨心。爲無明所眠。夢於四相。起諸煩惱。今得般若智日。破煩惱夢。了諸法空。故云惡因盡也。

c. 열반의 과보를 얻음

셋째, 열반의 과보를 얻음이니, 여기에 둘이 있다.

三得果二。

a) 경을 읊음

첫째, 경을 읊는다.

初唱經。

경 구경究竟의 열반에 이른다.

經 究竟涅槃。

b) 해석

기 둘째, 해석이다.

記 二作釋。

소 셋째, 열반의 과보를 얻음이다. 열반은 원적圓寂이라 의역하니, 말하자면 덕이 갖추어지지 않음이 없는 것을 원圓이라 하고, 장애가 다하지 않음이 없는 것을 적寂이라 한다. 소승에게 화성化城[180]을 방편으로 세워 준 것과는 구별된다. 지금은 한 번 얻으면 영원히 상주한다. 그러므로 "구경究竟"이라 한다. 또 지혜가 능히 궁극적으로 열반의 끝까지 이르게 됨을 풀이한 것이다. 그러므로 "구경"이라 한다.

疏 三得果也。涅槃此云圓寂。謂德無不備稱圓。障無不盡稱寂。簡異小乘化城權立。今則一得永常。故云究竟。又釋智能。究竟窮盡涅槃之際。故云究竟也。

기 초반부에서 범어를 중국어로 번역했다. "덕이 갖추어지지 않음이 없는 것"이란, 무주처대반열반無住處大般涅槃에는 상常·낙樂·아我·정淨 등의 다함이 없는 덕이 갖추어져 있다는 것이다. '가르침이 일어남(敎興)'에서는, "불타의 수승한 공덕을 드러내어 깨끗한 믿음을 낳게 하기 때문이

---

180 화성化城 : 법화 7유七喩 중 하나. 화성은 소승의 열반을 비유한 것이다. 여래의 소승 법문은 하근기의 중생들로 하여금 구경 일승의 열반에 도달하도록 돕기 위한 방편 설법이라는 것이다.

다."라고 했으니, 보리와 열반의 과보를 얻게 하기 때문이다. 얼음이 없으므로 곧 참된 불타의 덕은 공이라 한 것과는 같지 않다. 조사가 문장에서 이를 인용하여 불타의 덕이 공임을 드러내었던 것은, 곧 지광 논사에 대한 앞선 기록에 따라 이미 알 수 있다.[181] "장애가 다하지 않음이 없는 것"이란 미혹의 장애는 본래 진여이니, 다할 수 있는 다함이 없고, 끊을 수 있는 끊음이 없다는 것이다. "소승에게 화성化城을" 이하에서는 "구경究竟"이라는 말을 해석하였다. 단지 소승과 구별하는 것이라면 삼장 법사 자은 규기에 따른다.[182] "또 지혜가 능히" 등이란, 참된 흐름의 수행이 아니면 진리에 계합할 수 없고, 참된 수행에 아직 도달한 적이 없으면 참된 것으로부터 일어나지 못한다는 것이다. 지금 실상에 상즉하는 관법으로 저 지혜에 상즉하는 진여를 비추어 증험하니, 마치 구슬이 빛을 내어 빛이 다시 스스로를 비추는 것과 같다. 이치를 궁구하여 본성을 다하니, 그러므로 "구경"이라 한다. 이것은 우리 종파에 근거하여 해석한 것이다.

記 初翻梵成華。德無不備者。無住處大般涅槃。具足常等無盡德也。教興中云。顯佛勝德。生淨信故。今[1])得菩提涅槃果故。不同無得乃眞佛德空也。祖文引此。顯佛德空者。乃順智光。前記已會。障無不盡者。惑障本如。無盡可盡。無斷可斷。簡異下釋究竟言。但簡小乘。順慈恩三藏也。又釋等者。非眞流之行。無以契眞。未有適眞之行。不從眞起。今以即實相之觀。照證彼即智之如。如珠發光。光還自照。窮理盡性。故名究竟。此據自宗釋也。

1) ㉘ '今'에 대해 저본의 난외에 주석이 있는데, "'今' 자는 '令' 자의 오기인 듯하다."라고 하였다.(편자)

---

[181] 앞서 '가르침이 일어남(教興)'의 항목에서 불타의 공덕에 대한 지광과 법장의 이해 차이를 대비시킨 적이 있다. 말하자면 지광은 불덕을 공이라 하고, 법장은 상·낙·아·정의 불덕을 긍정한다.
[182] 법상종의 자은 규기는 법화사상에 관해서도 『묘법연화경현찬妙法蓮華經玄贊』(T34) 10권을 저술하였는데, 여기 도처에서 '화성유'를 해설하고 있다.

(ㄴ) 모든 불타가 지혜의 과보를 얻음

둘째, 모든 불타가 지혜의 과보를 얻음이니, 여기에 둘이 있다.

二諸佛得智果二。

㉠ 사람을 거론하고 법에 의거함

첫째, 사람을 거론하고 법에 의거하니, 여기에 둘이 있다.

初擧人依法二。

a. 경을 읊음

첫째, 경을 읊는다.

初唱經。

경 삼세의 모든 불타는 반야바라밀다에 의거하므로

經 三世諸佛依般若波羅蜜多故。

b. 해석

기 둘째, 해석이다.

記 二作釋。

소 둘째, 보리라는 지혜의 과보를 얻음을 밝힌다. 여기에는 두 가지가 있다. 첫째, 사람을 거론하고 법에 의거함이다. 둘째, 과보를 얻음을 밝힘이다. 지금은 첫 번째이니, 말하자면 삼세의 모든 불타에게는 다시 다른 길이 없고, 오로지 이 하나의 문門이 있을 뿐이다. 그러므로 "반야바라밀다에 의거하므로"라고 한다.

疏 第二明得菩提智果。於中有二。初擧人依法。二明得果。今初也。謂三世諸佛。更無異路。唯此一門。故云依般若波羅蜜多故也。

기 『능엄경』에서 말하기를, "하나의 문으로 뛰어넘어 오묘하게 장엄하는 길이다."¹⁸³라고 했다.

記 經云。一門超出。妙莊嚴路。

ⓛ 과보를 얻음을 정면으로 밝힘

둘째, 과보를 얻음을 정면으로 밝히니, 여기에 둘이 있다.

二正明得果二。

---

183 『수능엄경』 권1(T19, 107a).

a. 경을 읊음

첫째, 경을 읊는다.

初唱經。

경 아뇩다라삼먁삼보리阿耨多羅三藐三菩提를 얻었다.

經 得阿耨多羅三藐三菩提。

b. 해석

기 둘째, 해석이다.

記 二演釋。

소 둘째, 과보를 얻음을 바로 밝힘이다. "아뇩다라阿耨多羅"는 위가 없다(無上)는 것이다. "삼먁三藐"은 올바르다(正)는 것이다. 다음으로 "삼三"은 평등하다(等)는 것이다. "보리菩提"는 깨달음(覺)이라는 것이다. 곧 무상정등각無上正等覺이다. 깨달음에는 두 가지 뜻이 있다. 첫째, 정각正覺이니, 곧 여리지如理智로 진제를 올바로 관조하는 것이다. 둘째, 등각等覺이니, 여량지如量智로 속제를 두루 관조하는 것이다. 모두 지극하여 끝이 없다. 그러므로 "위가 있지 않다."라고 한다. 여기까지로 '얻는 것을 밝힘'이 끝났다.

疏 二正明得果也。阿耨多羅。此云無上也。三藐者。此云正也。次三者。此云等也。菩提。此云覺也。即無上正等覺也。覺有二義。一正覺。即如理智。
正觀眞諦。二等覺。即如量智。徧觀俗諦。皆至極無邊。故云無有上也。上
來所得竟。

기 초반부에서 범어를 중국어로 번역했다. "깨달음에는 (두 가지 뜻
이) 있다." 이하에서는 뜻을 해석한다. 여리지如理智로 진제를 관조하니,
이치 바깥으로는 행하지 않는다. 그러므로 정각正覺이라 한다. 여량지如量
智로 속제를 관조하니, 저 본성과 특성들에 따라 두루 관찰하기 때문이다.
그러므로 등각等覺이라 한다. "지극하여 끝이 없다."란 일체종지一切種智를
얻어 저 아래의 수레와 아래의 지위를 넘은 것이다. 그러므로 "위가 있지
않다."라고 한다. "여기까지로" 이하는 결론지은 것이다.

記 初翻梵成唐。覺有下釋義。如理智觀眞。非行理外。故云正覺。如量智
觀俗。如彼性相。遍觀察故。故云等覺。至極無邊者。得一切種智。過彼下
乘下位。故無有上。上來下結也。

ㅁ. 반야의 우수한 능력에 대한 결론적 찬탄

큰 문단으로 다섯 번째인 우수한 능력에 대한 결론적 찬탄이니, 여기에
둘이 있다.

大文第五結歎勝能二。

ㄱ) 우수한 덕에 대한 개별적 찬탄

첫째, 우수한 덕에 대한 개별적 찬탄이니, 여기에 둘이 있다.

先別歎勝德二。

(ㄱ) 경을 읊음

첫째, 경을 읊는다.

初唱經。

경 그러므로 반야바라밀다는 가장 신비한 주문이고, 가장 밝은 주문이며, 가장 높은 주문이고, 무엇과도 견줄 수 없는 주문임을 알아라.

經 故知般若波羅蜜多。是大神呪。是大明呪。是無上呪。是無等等呪。

(ㄴ) 해석

기 둘째, 해석이니, 여기에 둘이 있다.

記 二演釋二。

㉠ 앞을 이어서 뒤를 일으킴

첫째, 앞을 이어서 뒤를 일으킨다.

初牒前起後。

소 다섯째, 우수한 능력을 결론적으로 찬탄함이다. 여기에는 두 가지가 있다. 첫째로 개별적인 찬탄이고, 이후에 총결이다. 지금은 첫 번째이다. "그러므로……알아라."라고 한 것은, 앞을 이어서 뒤를 일으킨 것이다. 불타와 보살은 모두 반야에 의거하므로 보리와 열반의 과보를 얻는다. 그러므로 "반야바라밀다는 가장 신비한 주문이고" 등이라는 것을 알아라.

疏 第五結歎勝能。於中有二。一別歎後摠結。今初也。言故知者。牒前起後也。由佛菩薩。皆依般若。得菩提涅槃果。故知般若是大神呪等。

기 "불타와 보살은" 이하에서는 경전의 뜻을 드러낸다.

記 由佛下顯經意。

ⓒ 간략히 네 가지 덕을 찬탄함

둘째, 간략히 네 가지 덕을 찬탄하니, 여기에 셋이 있다.

二略歎四德三。

a. 취법석就法釋

첫째, 취법석이다.

一就法釋。

소 우수한 능력을 찬탄하니, 간략히 네 가지 덕을 찬탄한다. 그런데 세 가지 해석이 있다. 첫째, 법의 관점에서의 해석이다. 첫째, 장애를 제거하여 공허하지 않은 것을 신주神呪라 한다. 둘째, 지혜로 성찰하여 어둡지 않은 것을 명주明呪라 한다. 셋째, 다시 더 이상의 허물이 없는 것을 무상주無上呪라 한다. 넷째, 홀로 걸출하여 비할 바 없는 것을 무등등주無等等呪라 한다.

疏 歎其勝能。略歎四德。然有三釋。一就法釋。一除障不虛。名爲神呪。二智鑑無昧。名爲明呪。三更無加過。名無上呪。四獨絶無倫。名無等等呪。

b. 약공능석約功能釋

기 둘째, 약공능석이다.

記 二約功能釋。

소 둘째, 공능을 기준으로 한 해석이다. 첫째, 번뇌를 깨뜨릴 수 있다. 둘째, 무명을 깨뜨릴 수 있다. 셋째, 원인인 수행을 원만하게 한다. 넷째, 과보인 덕을 원만하게 한다.

疏 二約功能釋。一能破煩惱。二能破無明。三令因行滿。四令果德圓。

기 수행이 원만하므로 더 이상의 허물이 없다. 덕이 원만하므로 견줄 수 없음과 평등함이 함께한다.

記 行滿故。無有過上。德圓故。與無等齊等也。

c. 취위석就位釋

셋째, 취위석이다.

二¹⁾就位釋。

1) ㉮ '二'를 난외에서 손글씨로 '三'이라 고쳤다.(편자)

소 셋째, 지위의 관점에서의 해석이다. 첫째, 범부를 초과함이다. 둘째, 소승을 초월함이다. 셋째, 원인을 초월함이다. 넷째, 과보에 대해 평등함이다. 말하자면 홀로 걸출한 지위가 서로 평등한 것이다. 그러므로 "무등등"이라 한다.『십지경론十地經論』에서 "'무등'이란, 말하자면 불타는 여타의 중생에 비해 평등하지 않기 때문이다. 다시 '등'이라 하는 것은 이 법신과 저 법신은 평등하기 때문이다. 왜 단지 무등이라고만 설하지 않는가? 평등한 정각正覺을 드러내 보이고자 하기 때문이다."[184]라고 했다.

疏 三就位釋。一過凡。二越小。三超因。四齊果。謂無等之位。互相齊等。故云無等等。十地論云。無等者。謂佛比餘衆生。彼非等故。重言等者。此彼法身等故。何故不但說無等耶。示現等正覺故。

기『십지경론』을 인용한 부분에서 "여타의 중생에 비해" 이하에서는, "무등"의 자구를 해석한 것이고, "다시 '등'이라 하는 것은" 이하에서는, 뒤의 "등"이라는 말을 해석한 것이다.

記 引論中比餘下。釋無等字。重言等下。釋後等言也。

---

184 천친天親,『십지경론十地經論』권2(T26, 131c).

ㄴ) 우수한 능력에 대한 총괄적 결론

둘째, 우수한 능력에 대한 총괄적 결론이니, 여기에 둘이 있다.

二捻結勝能二。

(ㄱ) 경을 읊음

첫째, 경을 읊는다.

初唱經。

경 일체의 고통을 제거할 수 있으니, 진실하여 허망하지 않다.

經 能除一切苦。眞實不虛。

(ㄴ) 해석

기 둘째, 해석이다.

記 二作釋。

소 둘째, 우수한 능력을 총괄적으로 결론짓는다. 말하자면 3고三苦와 8고 등이므로 "일체의 고통"이라 한다. 또 분단생사와 변역생사 또한 "일체의 고통"이라 한다. 결정적으로 고통을 제거하였으므로 "진실하여 허망하지 않다."라고 한다. 여기까지 자세함과 간략함이 같지는 않았지만 '현료반야'의 단락을 총괄적으로 밝혀 끝냈다.

疏 二捴結勝能。謂三苦八苦等。故云一切苦也。又分段變易。亦云一切苦也。除苦決之。故云眞實不虛也。上來廣略不同。捴明顯了般若竟。

기 "변역생사"란 방편생사方便生死·인연생사因緣生死·유유생사有有生死·무유생사無有生死[185]이다. "여기까지" 이하에서는 단락을 결론지은 것이다.

記 變易者。方便生死。因緣生死。有有生死。無有生死也。上來下結分齊。

나) 비밀반야秘密般若

둘째, 비밀반야이니, 여기에 둘이 있다.

二秘密般若二。

㉮ 앞을 이어서 뒤를 일으킴

첫째, 앞을 이어서 뒤를 일으키니, 여기에 둘이 있다.

初牒前起後二。

---

185 방편생사方便生死·인연생사因緣生死·유유생사有有生死·무유생사無有生死 : 초지 이전의 방편생사부터 여래지의 무유생사까지 변역생사를 보살의 계위에 따라 네 종류로 나눈 것이다.

ㄱ. 경을 읊음

첫째, 경을 읊는다.

初唱經。

경 그러므로 반야바라밀다의 주문을 설한다. 곧 주문을 설하여 말한다.

經 故說般若波羅蜜多呪。即說呪曰。

ㄴ. 판석

기 둘째, 판석이다.

記 二判釋。

소 아래부터 두 번째 단락으로 비밀의 반야를 밝힌다. 여기에는 두 가지가 있다. 첫째, 앞을 잇고 뒤를 일으킨다. 둘째, 바로 주문의 말을 설한다. 지금은 첫 번째이다. 앞에서 가장 신비한 주문이라 하였는데, 아직 주문의 말을 드러내지 않았으므로 지금 설하는 것이다.

疏 自下第二段。明秘密般若。於中有二。初牒前起後。二正說呪詞。今初也。前云是大神呪。未顯呪詞故。今說之。

기 "앞에서 가장 신비한 주문이라 하였는데"라 한 것은 앞을 잇는 것이고, "아직 주문의 말을" 이하에서는 뒤를 일으킨 것이다. 그런데 앞의 과목은 '우수한 능력에 대한 결론적 찬탄'이었고, '우수한 능력에 대한 결론적 찬탄' 이전은 '현료반야'였다. 지금 이렇게 말하는 것은 경전의 뜻이 많은 것을 포함하고 있으므로 앞과 뒤를 꿰어 통하게 하려는 것이다.

記 言前云者。牒前。未顯下。起後也。然前科結歎。歎前顯了。今云爾者。經意多含。貫前通後也。

㉯ 주문의 말을 정면으로 설함

첫째, 주문의 말을 정면으로 설하니, 여기에 둘이 있다.

二正說呪詞二。

ㄱ. 경을 읊음

첫째, 경을 읊는다.

初唱經。

경 아제아제 바라아제 바라승아제 모지 사바하.

經 揭帝揭帝波羅揭帝波羅僧揭帝菩提薩婆訶。

ㄴ. 소어疏語

[기] 둘째, 소어이니, 여기에 둘이 있다.

[記] 二疏語二。

ㄱ) 이치상으로는 해석할 수 없음

첫째, 이치상으로는 해석할 수 없다.

初理不可釋。

[소] 둘째, 바로 주문의 말을 설한다. 여기에는 두 가지 뜻이 있다. 첫째, 해석할 수 없음이니, 모든 불타의 비밀의 말은 인위因位에서는 이해되지 않는다. 단지 외워 지니면 장애가 제거되고 복덕이 증가되리니, 또한 억지로 해석해서는 안 된다.

[疏] 二正說呪詞。此有二義。一不可釋。以是諸佛秘語。非因位所解。但當誦持除障增福。亦不須强釋也。

[기] "모든 불타의" 등이란, 모든 불타의 심인心印을 아래의 지위에서는 측량하지 못하므로 해석해서는 안 된다는 것이다.

[記] 是諸等者。以諸佛心印。下位不測。故不須釋。

ㄴ) 근기에 따라 억지로 해석함

둘째, 근기에 따라 억지로 해석한다.

二應機強釋。

소 둘째, 억지로 해석하고자 한다면, "아제"란 거去라고 의역하니, '건너가다'를 말한다. 곧 깊은 지혜의 공능이다. "아제"를 거듭 말하는 것은 자기와 남을 건너가게 하는 것이다. "바라아제"에서 '바라'란 피안이라 한역하니, 곧 도달해야 할 곳으로 건너간다는 것이다. "바라승아제"에서 '승'이란 '모두', '두루'라는 뜻이니, 곧 나와 남이 모두 건너가서 모두 피안에 도달하는 것을 말한다. "모지"라 한 것은 어떤 피안에 이른 것이니, 위대한 깨달음의 자리를 말한다. "사바하"라 한 것은 속질速疾이라 의역하니, 앞에서 지어진 것이 빨리 성취되도록 하기 때문이다.

疏 二若欲強釋者。羯諦者。此云去也度也。即深慧功能。重言羯諦者。自度度他也。波羅羯諦者。波羅此云彼岸。即度所到處也。波羅僧羯諦者僧者。捴也溥也。即謂自他溥度。捴到彼岸也。言菩提者。至何等彼岸。謂大菩提處也。言薩婆訶者。此云速疾。令前所作。速疾成就故也。

기 소주인 법장은 정 공의 요청에 응하여 억지로 해석했다. 그런데 비록 비밀이어서 설할 수 없다 하더라도, 인연이 있으므로 말이 아니지만 말할 수도 있다. 문수의 다섯 자 주문[186]과 같아서 반야계 경전들과 『대지

---

[186] 문수의 다섯 자 주문(文殊五字呪) : 아阿·라羅·파波·차遮·나那의 다섯 자. 『금강정경유가문수사리보살법金剛頂經瑜伽文殊師利菩薩法』(T20, 705a)에 따르면, 아阿·라囉·파跛·자者·낭曩이다.

도론』 등에 해석이 있다. 『대지도론』에서 "아阿 자는 실상문實相門이다."[187]
라고 했으니, 세 종류의 반야를 나타낸 것이다. 문자와 서로 떨어지지 않
음이 곧 명자名字반야이고, 반야바라밀의 문에 들어가는 것이 곧 관조반
야이고, 불생不生 등을 깨닫는 것이 곧 실상반야이다. 『대품경』에서 "아阿
자는 일체법이 애초부터 불생不生이라는 것이다."[188]라 했고, 『대지도론』에
서 해석하여 "보살이 일체의 법 중에서 아阿 자를 들으면 즉시로 뜻에 따
르니, 이른바 일체법은 애초부터 불생의 특성이라는 것이다. '아제阿提'[189]
는 중국어로 '애초에'이고, '아뇩바타阿耨波陁'[190]는 중국어로 '불생'이기 때
문이다."[191]라고 했다.

> 記 疏主應鄭公之請而強釋也。然雖云秘密不可說。有因緣故。亦可無言而
> 言。如文殊五字呪。而般若等經。大智度論。皆有解釋。智論曰。阿字是實
> 相門。則顯三種般若。不相捨離字。即名字般若。入般若波羅蜜門。即觀照
> 般若。悟不生等。即實相般若。大品云。阿字門。一切法。初不生故。智論釋
> 云。若菩薩。一切諸法中。聞阿字。即時隨義。所謂一切法。從初來不生相。
> 以阿提。秦言初故。阿耨波陁。秦言不生故。

『대품경』에서 "라囉 자는 일체법이 번뇌를 벗어남을 깨달은 것이다."[192]
라 했고, 『대지도론』에서 "라囉 자를 들으면 곧 뜻에 따라 일체법이 번뇌
를 떠난 특성임을 안다. '라사囉闍'는 중국어로 '티끌'이기 때문이다."[193]라

---

187 『대지도론大智度論』 권42(T25, 367a)의 취의 요약.
188 『대반야경』 권53(T5, 302b).
189 범어로는 ati이다.
190 범어로는 anutpatta이다.
191 『대지도론』 권48(T25, 408b).
192 『대반야경』 권53(T5, 302b).
193 『대지도론』 권48(T25, 408b).

고 했다.『대품경』에서 "'바波'는 제일의第一義라는 것이다."¹⁹⁴라 했고,『대지도론』에서 "바波 자를 들으면 곧 일체법이 제일의에 들어감을 안다. '바라말타波羅末陁'¹⁹⁵는 중국어로 '제일의'이기 때문이다."라고 했다.『대품반야경』에서 차遮 자는 수행을 얻을 수 없다는 것이라 했고,『대지도론』에서 "차遮 자를 들으면 즉시로 일체법에서 모든 수행은 다 수행이 아님을 안다. '차리야遮利夜'¹⁹⁶는 중국어로 '수행'이기 때문이다."라고 했다.『대품경』에서 "나자문那字門은 제법이 이름에서 벗어나 성품과 특성을 얻지도 잃지도 않는다는 것이다."¹⁹⁷라 했고,『대지도론』에서 "나那 자를 들으면 곧 일체법이 잃음도 없고 오는 것도 없고 가는 것도 없음을 안다. '나那'¹⁹⁸는 중국어로 '아님(不)'이기 때문이다."¹⁹⁹라고 했다. 그러므로 인연이 있으면 억지로 해석할 수도 있음을 알아라.

大品云。囉字。悟一切法。離塵垢故。論云。若聞囉字。卽隨義。知一切法。離垢相。以囉闍秦言垢故。大品云。波者。第一義故。論云。若聞波字。卽知一切法入第一義。以波羅末陁。秦言第一義故。大品云。遮字。修不可得。論云。若聞遮字。卽時知一切法。諸行皆悉非行。以遮利夜。秦言行故。大品云。那字門。諸法離名。性相不得不失故。論云。若聞那字。卽知一切法。不失不來不去。以那。秦言不故。故知不¹⁾因緣。亦可強釋。

1) ⓔ '不'에 대해 저본의 난외에 주석이 있는데, "'不' 자는 '有' 자의 오기인 듯하다." 라고 하였다.(편자)

194 『대반야경』 권53(T5, 302b).
195 범어로 paramārtha이다.
196 범어로 carya이다.
197 『대반야경』 권53(T5, 302b).
198 범어로 na이다.
199 『대지도론』 권48(T25, 408b).

제3장 경찬하고 회향함(慶讚回向)

셋째, 경찬하고 회향함이다.

三慶讚回向。

소 간략한 해석을 마치고 술회하여 게송으로 말한다. 반야는 깊고도 멀어

소 略釋絶筆述懷。頌曰。般若深邃。

기 찬탄이다.

기 讚也。

소 오랜 겁 동안 만나기가 어려우니,

소 累劫難逢。

기 지금 만난 것을 경하한다.

기 慶今逢。

소 분수에 따라 찬탄하고 해석하니

소 隨分讚釋。

기 겸양이다.

記 謙也。

소 참된 반야의 뜻(眞宗)을 알기를 바란다.

疏 冀會眞宗。

기 진실한 경계로 회향한다. 그런데 "진종眞宗"이라 한 것은 반야의 참된 뜻을 말하니, 또한 불법의 위대한 뜻이다.

記 回向實際也。而言眞宗者。謂般若眞宗。亦佛法大宗也。

『반야바라밀다심경략소般若波羅蜜多心經略疏』 발문

　나 법장이 장안 2년(702) 수도의 청선사清禪寺에서 경전을 번역할 겨를에 사례부 검교에 배속된 옹주 장사였던 하남성 형양 땅의 정 공은, 그 성품은 맑고 간명하였으며 그 마음은 충성스럽고 효성스러웠으니, 고귀하고 향기로운 꽃과 같았다. 아홉 번이나 책을 간행하였던 삼왕三王[200]의 거듭된 부탁으로 조정의 관원으로 보좌하면서 법문으로 도성을 둘러쌌다. 젊은 시절부터 늙어서까지 이 『반야심경』을 수지, 독송하기를 수만 번으로, 마음으로는 오묘한 뜻에서 노닐고, 입으로는 영험한 문장을 암송하였다. (이러한 정 공이) 여러 번 신신당부하여 『반야심경략소』를 내니, 도리어 얕은 견해[201]로 어찌 고원한 뜻을 측량하겠는가라고 할 따름이다.

略疏跋

　法藏。長安二年。於京清禪寺。翻經之暇。屬司禮部兼檢校雍州長史榮陽

---

[200] 삼왕三王 : 『신당서新唐書』 「왕순전王珣傳」에서는 당나라 때 문학으로 이름 높았던 왕순 및 그의 형 왕여王璵와 동생 왕진王璡을 '삼왕'이라 칭하고 있는데, 여기서 이들을 가리키는지는 확실하지 않다.
[201] 얕은 견해(蠡管) : 여작관규蠡酌管闚의 약어. 표주박으로 큰 바다를 측량하고 대롱으로 하늘을 본다는 뜻으로, 얕은 견해나 지식을 가리킨다.

鄭公。淸簡成性。忠孝自心。金柯玉葉之芳苞。九刊三王之重寄。羽儀朝序。城塹法門。始自靑衿。迄于白首。持此心經。數千萬徧。心游妙義。口誦靈文。再三慇懃。令出略䟽。輙以蠡管。詎測高深云爾。

석각본石刻本 『반야심경』을 기리는 서문

만법은 마음에서 일어나니, 마음은 사람의 주인이다. 삼승은 하나로 귀의하니, 하나인 법의 뜻이란, 마음에 얻는 바가 없음이 참된 얻음임을 알고, 하나도 통하지 않음이 없음이 깊은 통함임을 보는 것이다. 여래는 오온이 모두 공이라고 설하니, 인人은 본래 공이다. 여래는 제법의 공상空相을 설하니, 법 또한 공이다. 법을 알아서 공을 비추고, 공을 보고서 법을 버리니 법을 아는 것과 공을 보는 것 또한 공이 아니겠는가? 그러므로 선정과 지혜가 모두 공으로서의 법이다. 이 법문으로 들어가는 것은 법문을 밝히기 위한 것이고, 이 길을 가는 것은 길을 초월하기 위한 것이다. 무릇 깊은 반야바라밀다를 수행하지 않는 자라면 누가 이것을 증험할 수 있겠는가? 문서를 담당하는 감독관이었고, 황제의 부마였던 형양 땅의 정만균鄭萬鈞은 매우 재능 있는 인물로서 학문에 몰두함[202]이 있었고, 글씨는 초서에 탁월하였다. 이에 직접 편지를 보내『반야심경』을 판각하게 하였고, 성스럽고 좋은 사찰을 건립하여 미래의 아름다운 사업으로 인도하였다. 불타는 상相에 의거함이 없으니 법을 설했어도 본래 발생함이 없다.

---

202 학문에 몰두함(傳癖) : 진晉나라 때 두예杜預가 『춘추좌전春秋左傳』을 애지중지한 데서 온 말로 학문에 몰두함을 뜻한다.

나는 얻음이 없는 마음으로 전하니, 이제 소멸함이 없을 것이다. 도리는 문자에서 보존되고, 뜻은 천지의 구별을 하나로 한다. 국가의 장로인 나 장열張說이 듣고 아름답게 여겨 불사佛事를 찬양하고자 낙석樂石이라 이름 하였다.

때는 당나라 개원開元 9년(721) 기사년 가을 태부太傅[203] 연국공燕國公 장열張說[204] 쓰다.

石刻般若心經賛序

萬法起於心。心人之主。三乘歸於一。一法之宗。知心無所得。是眞得。見一無不通。是玄通。如來說五蘊皆空。人本空也。如來說諸法空相。法亦空也。知法照空。見空捨法。二者知見。復非空耶。是故之與慧。俱空中法。入此門者。爲明門。行此路者。爲超路。非夫行深般若者。孰能證於此乎。秘書少監駙馬都尉滎陽鄭萬鈞。深藝之士也。學有傳癖。書成草聖。乃揮洒手翰。鐫刻心經。樹聖善之寶坊。啓未來之華業。佛以無依相。而說法本不生。我以無得心而傳。今則無滅。道存文字。意齊天壤。國老張說。聞而嘉焉。讚揚佛事。題之樂石。

時。大唐開元九年。己巳。天秋節。太傅。燕國公。張說箸。

---

203 태부太傅 : 주나라 이래 천자를 보필하는 중앙 최고 관직으로 삼공三公(太師·太傅·太保) 중 하나이다.
204 연국공燕國公 장열張說(667~730) : 법장과 동시대에 활동한 대문장가. 허국공許國公 소정蘇頲과 함께 연허대수필燕許大手筆이라 불렸다. 시호는 문정文貞이다.

『반야바라밀다심경략소연주기』 발문

『반야심경략소』는 곧 당나라 현수 국사가 역장譯場에서 정 공鄭公의 요청을 받아들여 지은 것이다. 그 문장은 간단하지만 그 뜻이 미묘하여 해석하는 이들이 잘하기가 더 어려웠다. 항주杭州 혜인원慧因院[205]의 화엄 법사인 사회師會가 유독 깊은 뜻에 밝아 상식적인 담론을 온전히 뛰어넘었는데, 옛날의 해석하는 문장들이 소의 뜻에 매우 어긋남을 매번 걱정하던 차에 어느 날 대중의 요청에 따라 새로운 기記를 내었으니, 이름하여 '연주連珠'라 하였다. 대개 여러 조사들의 유훈을 취하여 기준으로 삼았고, 경론의 격언을 준칙으로 삼았다. 연구의 깊고 은미함이 지금에까지 유전되어 지혜의 횃불들이 서로 타오르니, 그 공이 어찌 성대하지 않겠는가?

때는 송나라 건도乾道 연간 용집 을유년(1165) 8월 16일 사문 혜선慧詵 쓰다.

連珠記跋

心經疏者。乃唐賢首國師。於譯場中。應鄭公之請而作也。其文約其旨微

---
[205] 혜인원慧因院 : 송나라 때 화엄학 부흥의 중심지. 망실되었던 화엄 문헌이 고려의 의천義天으로부터 혜인원에 입수된 일을 계기로 고려와의 관계가 이어져 일명 고려사高麗寺라고도 불렸다. 사회는 이 혜인원에 머물면서 화엄학을 크게 떨쳤다.

故。述鈔之家。尤爲難能。慧因華嚴法師。獨明幽趣。穎邁常譚。每苦舊章。頗乖疏意。一日俯從衆請。爰出新記。名曰連珠。盖取諸祖遺訓。以爲指南。經論格言。而作程式。鉤索深隱。貽厥方來。俾令慧炬相然。則其功豈不懋矣。

時。皇宋乾道龍集。乙酉。仲秋旣望。沙門慧詵題。

반야바라밀다심경략소연주기회편 제2권을 마치다.

般若波羅蜜多心經略疏連珠記會編。卷第二終。

대조 검토

제2권 제38쪽 제10행에 있는 "사무작 속지유성상 상개생멸무량(四無作。束之唯性相。相開生滅無量。(넷째, 無作이다. 묶으면 오로지 性과 相이다. 상은 생멸과 무량으로 나뉜다.)"[206]이라는 이 14자는 본래 중첩된 문장으로 기록되어 있었는데, 회편한 사람이 그것이 겹쳐진 것임을 알고, 그 14자를 삭제하고 14자만 썼으니, 필삭의 묘미이다.

校對

第二卷第三十八紙第十行。四無作。束之唯性相。相開生滅無量。此十四字。記本疊書。會編家。知其枝駢。而刪其一十四字。筆其一十四字。則筆削之妙。

일러두기

하나. 이 경전은 앞뒤로 여섯 개의 번역이 있다. 첫째, 당나라 초기 현장 법사의 번역이니, 곧 지금의 경전이다. 서분과 유통분을 내지 않고 서분 중의 두 구절만 채록[207]하여 의미만을 드러내고자 하는 약본(義本)으로 현양하였고, 곧바로 정종분에 집어넣어서 사람들이 수지, 독송하도록 안배하였으니, 번역의 묘미이다. 『불조역대통재(佛祖歷代通載)』에 의거하여 말한다.

"당나라 태종 황제가 삼장 현장을 불러 『반야심경』 1권을 역출하게 하

---

206 본 서 p.226에 해당.
207 서분은 『반야심경』의 대본(광본) 중의 서분을 가리키며, 그중의 두 구절은 곧 "관자재보살 행심반야바라밀다시 조견오온개공 도일체고액"을 가리키는 것 같다.

였으니, 겨우 54구 267자일 따름이다."²⁰⁸

◆ 송나라 이구李覯(1009~1059)는 자字가 태백泰伯이고, 우강盱江 사람이다. 자주 대유大儒라 일컬어졌는데, 일찍부터 책을 써서 불교를 배척하고자 하였다. 명교明敎 대사 계숭契崇(1007~1072) 선사는 그에게 자신이 저술한 『보교편輔敎篇』²⁰⁹을 보여 주었다. 그러자 유심히 불서佛書를 읽고는 한숨을 쉬며 말하기를, "우리들의 의론은 한 권의 『반야심경』에도 오히려 미치지 못하는데, 불타의 가르침을 어찌 쉽게 알겠는가?"라고 하였다. 태백泰伯이 말한 바가 스스로 동의한 것이 아니라면 어찌 그럴 수 있겠는가?

둘째, 당나라 불공不空의 번역이다. 경의 첫머리에서 말한다.

"이와 같이 나는 들었다. 어느 때 불타는 왕사성 영취산에서 대비구의 무리 수천 명과 함께 있었다.……(중략)……이때 관자재보살이 불타의 위신력을 받들어 말하기를, '저는 이 모임에서 여러 보살들에게 보편지장반야바라밀다심을 설하고자 합니다'라고 하였다. 불타에게 들어주기를 허락받고 혜광삼매에 들어 오온이 모두 공임을 비추어 보고 일체의 고액苦厄에서 벗어났다.【위의 두 구절은 삼매 중에 비추어 본 바인데, 경전 주석가들이 별도의 특징을 갖는 경전이라고 분류하였으나 정설이 아닌 것에 속한다.】이에 삼매에서 일어나【위는 모두 서분이다.】사리자에게 말하기를, '보살에게는 반야바라밀다의 마음이 있으니, 보편지장普遍智藏이라 한다. 이와 같이 배워야 한다. 사리자여, 색은 공과 다르지 않고, 공은 색과 다르지 않다.……(중략)……내지 승아제모지사바하(僧羯帝菩提娑婆訶).【위는 정종분이다.】이 경전을 설하고 나서 사리불 등 모든 대비구·비구니, 천룡팔부의 일체의 대중들이 이 경전을 설함을 듣고 모두 크게 환희하고 믿어 봉행하였다.【위는 유통분이다.】

---

208 염상念常, 『불조역대통재佛祖歷代通載』 권18(T49, 665a).
209 계숭契崇, 『심진문집鐔津文集』(T52) 중 『보교편輔敎篇』 상·중·하 3권.

세 부분이 갖추어졌다.]"

셋째, 넷째, 다섯째, 여섯째 번역본은 번역자와 번역의 시기 및 번역 장소가 분명하지 않지만, 필히 모두 서분, 정종분, 유통분의 세 부분이 있다. 그러므로『반야심경략소연주기般若心經略疏連珠記』에서는 "다른 번역들은 대부분 갖추었다."[210]라고 하였다.

鱉合例言

一。此經有前後六譯。一唐初玄奘法師譯。即今經也。不出序及流通。採出序中二句。標爲義本。仍配入正宗。令人誦持。譯之妙也。按通載云。唐太宗皇帝。詔三藏玄奘。譯出心經一卷。纔五十四句二百六十七字耳。◆ 宋李覯。字泰伯。旴江人。時稱大儒。嘗欲箸書排佛。明教嵩禪師。以其所述輔敎篇示之。乃留意讀佛書。而喟然曰。吾輩議論。尙不及一卷般若心經。佛敎豈易知耶。泰伯所言。非其自肯。安能爾戎。

二唐不空譯。經首云。如是我聞。一時。佛在王舍城鷲峯山中。與大比丘衆滿千百人【云云】。爾時。觀自在菩薩。承佛神力。白言。我欲於此會中。說諸菩薩。普遍智藏般若波羅蜜多心。蒙佛聽許。入慧光之。照見五蘊皆空。度一切苦厄。【上二句。之中所照見。經家輯錄別相修多羅。攝非正說也】乃從之而起。【上皆序分也】告舍利子言。菩薩有般若波羅蜜多心。名普遍智藏。應如是學。舍利子。色不異空。空不異色云云。乃至僧羯帝菩提婆婆訶。【上正宗也】說此經已。舍利弗等。諸大比丘比丘尼。天龍八部。一切大衆。聞說此經。皆大歡喜。信受奉行。【上流通分。三分備矣】

三四五六本。未詳譯主時處。而必皆有序正流通三分。故記云。餘譯多具。

하나. 경이라 하고 소疏라 하고 기記라 하는 것에는 마땅히 상·중·하의

---

210 사회師會,『반야심경략소연주기般若心經略疏連珠記』권상(T33, 561b).

구별이 있다. 『반야바라밀다심경략소연주기회편』의 순서에서 소는 경의 한 글자 아래에 썼고, 기는 소의 한 글자 아래에 썼으니, 계통이 있어 혼란스럽지 않다. (규봉 종밀이 소를 내고 장수 자선이 기문을 쓴)『금강경소기金剛經疏記』의 경우가 하나의 예이다.

一。曰經。曰疏。曰記。上中下宜有區別。會編之次。疏讓經一字。記讓疏一字。有緒不紊。如金剛經疏記一例。

하나. 지금『연주기』제1권에는 경의 문장이 없으므로 소의 문장은 공란이 남겨지지 않은 채로 썼고, 기의 문장은 한 글자 내려 썼다.【제1권에서 "이 경전을 해석하겠다." 이후로 소의 문장을 다시 한 글자 내려 쓴 것은, 이 소의 문장이 경전을 해석하는 실마리이기 때문이다.】제2권 이하에서는 경의 문장이 있으므로 경의 문장은 공란이 남겨지지 않은 채로 썼고, 소의 문장은 경의 한 글자 아래에 썼으며, 기의 문장은 소의 한 글자 아래에 썼으니, 다른 판본의 혼란스런 형식과 같지 않다.

一。今第一卷中。無其經文故。以疏文頂格書。記低一字。【第一卷中。自將釋此經已還。疏復低一字者。以是釋經之端倪故。】自二卷以去。有其經文故。以經頂格書。疏讓經一字。記讓疏一字。不同他本紊然之式。

하나. 소疏에서 경經을 판석하여 과목을 나누는 것은 의당 큰 문단의 앞부분에 두고, 문단의 뒷부분에 두는 일은 소에서 생략하였다. 기記에는 이미 나서서 분명히 해 두는 말이 있으니, 그러므로 곧 그것에 따른다.

一。疏中判經科段。宜置大文之前。而置於後者。以其疏之略也。以其記中。已有發明之詞。故仍從之。

하나. (회편이 아닌) 별행기別行記에서 소의 과목을 변별할 때 먼저 소의 두 글자를 거론한다. "'묘각妙覺' 이하는, 둘째 작용의 오묘함(用妙)이다.……"라고 하는 것과 같다. 하지만 회편할 때에는 (소의 문장이 제시되므로) '묘각妙覺'의 두 글자가 삭제된다. 뒤의 과단의 예가 모두 이러하다. 대개 소의 문장을 생략했기 때문이다.

一。別行記中。辯疏科目。先擧疏中二字。如妙覺下二用妙云云。而會編之時。妙覺二字除之。後之科段。例皆如是。盖省文也。

하나. 기기記에서 경을 해석하는 말이 아직 소疏의 뜻을 거치지 않은 경우 모아서 소의 앞에 두어 순서를 잃지 않게 한다.

一。記中有釋經之語。未涉疏意者。會在疏前。令不失次第也。

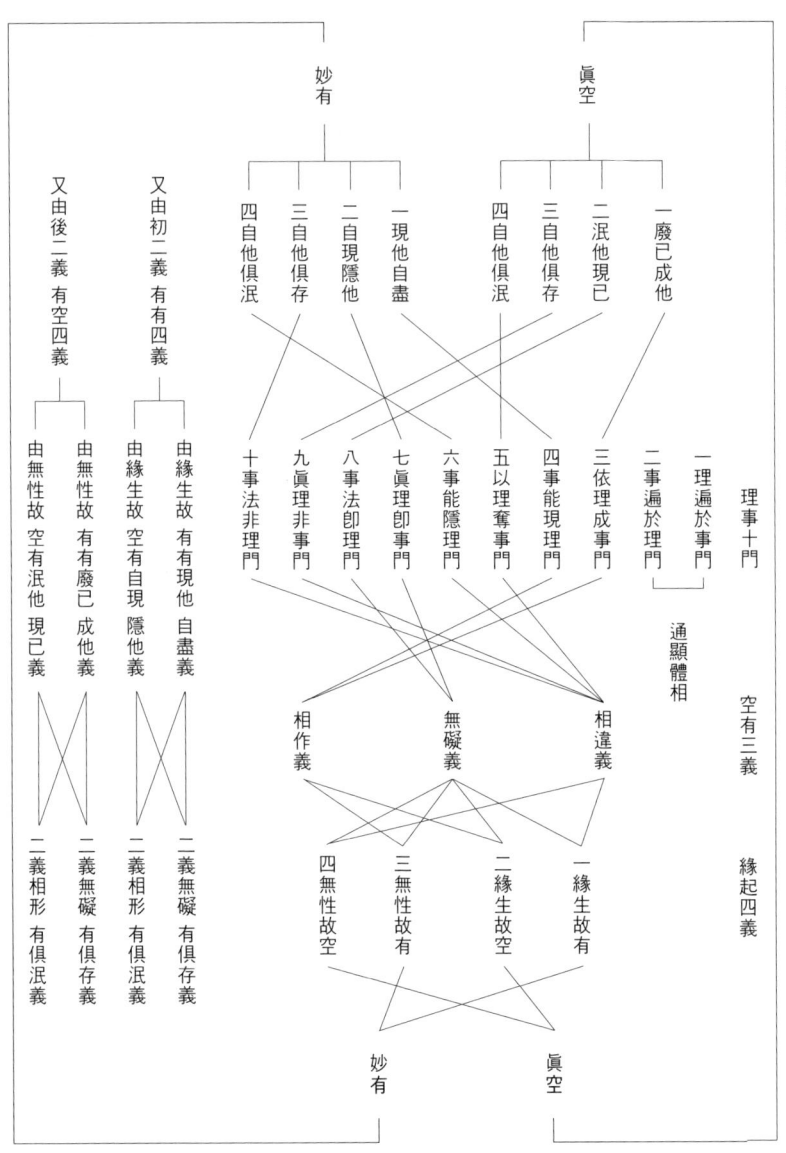

도표에 대한 해설

무릇 연기緣起의 네 가지 뜻과 진공眞空의 네 가지 뜻과 묘유妙有의 네 가지 뜻과 이사理事의 열 가지 문은, 모두 상위相違·상작相作·무애無礙의 세 가지 뜻을 벗어나지 않는다. 이 세 가지 뜻은 하나의 맛으로 융합하여 같아지니, 하나의 위대한 연기가 장애가 없어 역관과 순관이 자유로운 것이고, 덕을 갖춘 중도인 것이다. 그러므로 그림에서는 서로서로 돌아 나가니, 선후가 없음을 보이고 있다.

圖說

夫以緣起四義。又眞空四義。又妙有四義。又理事十門。捴不出相違相作無礙等三義也。三義融同一味。爲一大緣起無障無礙。逆順自在。具德之中道也。所以圖中回互出之。示無先後也。

반야심경략소연주기회편 후서後序

　　보편지장普徧智藏인 『반야심경』은 삼세의 불모佛母인 관세음보살이 묘창妙唱한 것이다. 문장은 간략하지만 뜻이 풍부하여 수행에 첩경이 된다. 그러므로 예나 지금이나 성대히 받아 지니는 것이다. 그런데 그 매우 깊은 의미를 탐구할 수 없었던 것은 대개 주석에 달린 비결을 볼 수 없었기 때문이다. 다행히도 시절의 인연이 반야에 계합하여 바다 건너 현수법장의 『약소』에 이르렀다. 환유와 진공을 변론함에 숨고 드러남이 장애가 없고, 역관과 순관이 자유로워서 덕을 갖춘 중도가 『반야심경』의 핵심 되는 뜻이라 판석하고, 대승종교와 돈교 및 원교를 올바로 배치하여 교상을 판별하고 뜻을 해석하였다. 일상적인 설들과는 다름이 있어 배우는 자들이 의문을 품자 옥봉 사회玉峯師會 선사가 『연주기』를 지어 성性과 상相을 관통하여 융회하고 깊은 뜻을 발양하여 『약소』의 뜻을 천명하니, 이 『반야심경』의 보배 거울이자 의심의 집착을 씻는 감로수라 할 만하였다. 그런데 소는 이미 경을 주석하고, 기는 곧 별도로 유행하여 검토하는 데 성가심이 있었다. 나는 나의 우매함을 생각하지 않고 회편하는 일에 종사하였고, 장인을 시켜 정교하게 판각, 인쇄하여 여러 곳에 보시하였다. 내가 힘을 다해 이렇게 한 까닭은 혼자서 전담하다가 불발不發되면 현수법장과 옥봉 사회의 법보시하는 마음을 책임져야 할까 보아서이다. 합포

合浦[211]의 신령한 진주 구슬이 파사국波斯國[212]에 들어가지 못한다니, 누가 그것을 분별할 수 있겠는가? 바라건대 우리나라의 역내에서 교학의 높은 인사들이 아침저녁으로 강의, 독송하여 마음의 등불을 돋우어 불사르게 하고, 영원히 반야의 빛을 밝히게 하고자 할 따름이다.

때는 청나라 강희康熙 연간 용집龍集 을유년(1705) 8월 해동국 석실石室 사문 명안明眼이 삼가 회편하다.

心經略疏連珠記會編後序[1]

普徧智藏般若心經。三世佛母觀音妙唱。文約義豊。進修捷徑。所以今古受持之盛。而不能究其甚深旨趣者。盖由不能得見。箋釋之秘訣也。幸哉。時緣契會般若。兼航泛海。而至賢首略疏。辨幻有眞空。隱顯無礙。逆順自在。具德之中道。判爲心經之宗趣。正配終頓。兼之圓敎。判敎釋義。有異常說。學者疑焉。玉峯師會禪師。造連珠記。通會性相。發揚幽趣。闡明疏義。可謂此心經之寶鏡。瀁疑執之甘露也。然疏已注經而記乃別行。尋討有艱。余不思愚瞽。從事會編。倩工繡梓。以施諸方。余之所以區區爲此者。若自專而不發。恐負賢首玉峯法施之心也。合浦神珠。不入波斯。孰能辨之。所冀欲使靑丘域內。義學上士。旦暮講誦。挑炷心燈。永曜般若之光云爾。

時。淸康熙龍集乙酉。仲秋日。海東石室沙門明眼謹編。

---
1) ㉑ 이 후서後序는 '일러두기(鱉合例言)' 앞에 있었는데, 편집자가 여기로 옮겨 둔 것이다.

---
211 합포合浦 : 옛날 지명으로 지금의 광서廣西 장족자치구 합포현 동북쪽이다. 진주 생산지로 유명했다.
212 파사국波斯國 : 지금의 이란. 고대 중국인들은 파사를 진기한 보물들의 생산지로 생각하였다.

원하건대 이 공덕으로 왕비 전하가 동일하게 만세를 누리고, 주상 전하가 만세를 누리며, 세자 저하가 천세를 누리기를 엎드려 축복한다.

전국에 맑은 불타의 해가 밝게 빛나서 보시한 대중들이 기뻐하기를 똑같이 원하노라.

천하는 태평하고 법륜이 구르며, 깨달음의 언덕에 올라가고 현생에는 천수가 늘어날지어다.

교감하고 증의한 제덕諸德은 무용 수연無用秀演·환성 지안喚惺志安, 도감都監[213]은 명진 도인明眞道人 경령鏡玲이고, 인권引勸[214] 및 교열은 원조圓照·태휘太暉이며, 조연助緣은 유지喩指·대균大鈞, 조연助緣은 설순雪順·구환九還이다.

대시주大施主는 자인自認·사연思衍·경희慶熙·확밀霍密·충탁忠卓·행원幸元·학장學莊·의명義明·보환普還·사선思善·삼혜三惠·보정普淨·정잠淨岑이고, 공덕 각원功德刻員은 현민玄敏·석탄釋坦·청연淸演·덕명德明이며, 연판鍊板은 능헌能軒이고, 공양주 거사供養主居士는 대운大云이다.

지리산(方壺) 사미 단숙端肅이 하동 칠불원七佛院에서 삼가 썼다. 원컨대 붓을 잡은 미미한 인연으로 혜광삼매에 들고, 오온이 공임을 비추어 알아 보타암寶陁嵒[215]에서 노닐기를.

강희康熙 경인년(1710) 여름 경상도의 강 오른쪽 하동부 땅 지리산 쌍계사에서 개간開刊하다.

---

213 도감都監 : 사찰에서 어떤 불사를 할 때 총책임을 맡은 승려.
214 인권引勸 : 남에게 시주하도록 권유하는 일.
215 보타암寶陁嵒 : 보타산寶陁山에서 유래한 듯하다. 보타산은 오대산五臺山·아미산峨眉山·구화산九華山과 함께 중국 불교의 4대 명산 중 하나로서 관세음보살의 성지이다. 중국 절강성 해안의 주산舟山 군도에 있다.

願以此功德。伏祝王妃殿下壽齊年。主上殿下壽萬歲。世子邸下壽千秋。
寶海澄淸佛日明。同願隨喜檀那衆。
天下太平灋輪轉。當登覺岸現增壽。
校證諸德。無用秀演。喚惺志安。都監。明眞道人鏡玲。引勸兼校對圓照太暉助緣喩指。大鈞。助緣。雪順。九還。
大施主。自認。思衍。慶熙。霙密。忠卓。幸元。學莊。義明。普還。思善。三惠。普淨。淨岑。功德刻員。玄敏。釋坦。淸演。德明。鍊板。能軒。供養主居士。大云。
方壺沙彌端肅。謹書於七佛院。願以秉筆微因。當入慧光三昧。照見蘊空。而遊戲寶陁嵒上。
康熙庚寅夏。慶尙江右河東府地智異山雙磎寺開刊。

찾아보기

가유假有 / 60
가행인加行因 / 204
강법랑康法朗 / 64
견실심堅實心 / 124
경령鏡玲 / 282
경연慶衍 / 112
경희慶熙 / 282
계경장契經藏 / 98
계숭契崇 / 274
계현戒賢 / 102
고산 지원孤山智圓 / 135
공종空宗 / 61, 64, 95
과지각果地覺(究竟覺) / 51
곽수廓修 / 112
관세음 / 141
관심觀心 / 170
관자재보살 / 141
관조반야 / 47
괄임括稔 / 112
『광찬반야경』 / 103
구환九還 / 282
규기窺基 / 122, 142, 158
근 공僅公 / 40
『금강경』 / 32
『금강경소기金剛經疏記』 / 276
금강장보살 / 149
김오일金吾一 / 112
김한세金漢世 / 112

김한의金漢儀 / 112

나那 / 264
나자문那字門 / 264
『능가아발다라보경』 / 55
능헌能軒 / 282

단공斷空 / 173
단숙端肅 / 282
단의端義 / 112
달민達敏 / 112
담언曇彦 / 112
대균大鈞 / 282
『대반야경大般若經』 / 31, 55, 57, 80, 132, 148, 229
『대법對法』 / 217
대비심大悲心 / 95
『대승기신론大乘起信論』 / 48, 129, 185, 187, 245
『대승법계무차별론』 / 201, 205
『대승장엄경론』 / 71
대운大云 / 282
『대지도론』 / 49, 89, 101, 108, 263
『대품경』 / 91, 103, 234, 238, 263

덕명德明 / 282
도피안到彼岸 / 128
『도행반야경道行般若經』 / 125
돈교頓敎 / 51
등무간연等無間緣 / 227

라囉 / 263
라사囉闍 / 263

『마하반야바라밀경』 / 70
말가려末伽黎 / 90
명안明眼 / 31, 37, 281
명주明呪 / 255
묘유妙有 / 60
무등등주無等等呪 / 255
무상관無相觀 / 209
무상주無上呪 / 255
무상진여無相眞如 / 44
무성관無性觀 / 209
무용 수연無用秀演 / 282
무유생사無有生死 / 258
『문수반야경』 / 185
『문수사리문경』 / 103
문연文演 / 112

바波 / 264
『반야바라밀다심경유찬』 / 122
『반야심경』 / 31, 80, 82
『반야심경략소般若心經略疏』 / 31
『반야심경략소연주기般若心經略疏連珠記』 / 31
『반야이취경』 / 103
『방광반야경』 / 103, 125
방편생사方便生死 / 258
『백론』 / 95
번뇌장煩惱障 / 244
『범망경』 / 99
법공法空 / 146
법상종法相宗 / 60, 63, 108
법성종法性宗 / 62, 66, 108, 176
법장法藏 / 31, 37, 117, 158
『법화경』 / 103, 142, 147, 222
변역생사變易生死 / 258
별상수다라別相修多羅 / 138
『보교편輔敎篇』 / 274
보로살사성補盧殺娑聲 / 120
보리菩提 / 144
『보살영락본업경』 / 56
보살장菩薩藏 / 98
『보성론』 / 167, 168
보정普淨 / 282
『보책寶册』 / 184
보타암寶陁嵒 / 282
보현보살 / 149
보환普還 / 282
본무론本無論 / 64
「부진공론不眞空論」 / 64

불공不空 / 117, 130, 274
『불성론』 / 203
『불조역대통재佛祖歷代通載』 / 273
비밀반야秘密般若 / 258

사능은리문事能隱理門 / 174, 179
사능현리문事能顯理門 / 179
사방四謗 / 75
사법비리문事法非理門 / 174, 179
사법즉리문事法卽理門 / 177
사선思善 / 282
사성제四聖諦 / 223
사연思衍 / 282
사유似有 / 60
『사익범천소문경』 / 82
사회師會 / 31, 37, 271, 280
살타薩埵 / 144
삼관三觀 / 104
삼론三論 / 92
삼론종 / 64
삼마사三摩娑 119
삼무성관三無性觀 / 208
삼성三性 / 59
삼특三特 / 112
삼혜三惠 / 282
상무자성성相無自性性 / 209
상위방相違謗 / 75
생무자성성生無自性性 / 209
『석마하연론』 / 46, 48, 76, 81, 186, 190
석벽石壁 / 32
석색관析色觀 / 166

석탄釋坦 / 282
선혜善惠 / 112
설순雪順 / 282
『섭대승론』 / 55, 61
『섭대승론석』 / 57
소보살 / 92
소연연所緣緣 / 227
소지장所知障 / 244
속제중도俗諦中道 / 63
손감방損減謗 / 75
『수능엄경』 / 47, 51, 202
수연秀演 / 33
수자송數字頌 / 79
숙교熟敎 / 108
승의무자성성勝義無自性性 / 209
승조 / 64
신주神呪 / 255
실법實法 / 60
실상반야實相般若 / 44
실아實我 / 60
심심深心 / 95
『십이문론』 / 57, 95
『십이문론종치의기』 / 46, 53, 56, 70, 71, 92, 195
『십지경론十地經論』 / 256
쌍계사 / 282

아阿 / 263
아뇩바타阿耨波陁 / 263
아제阿提 / 263
여량지如量智 / 252

여리지如理智 / 252
연려심緣慮心 / 123
연유緣有 / 60
『연주기』 / 101
『열반경』 / 196
『영락경』 / 188, 189, 220
5교 / 100
요인불성了因佛性 / 103
용수 / 220
『우란분경』 / 135
『원각경圓覺經』 / 51, 85, 100, 229
『원각경대소석의초』 / 95
『원각경략소초』 / 45
『원각경수증의』 / 100
원교圓敎 / 51
원만인圓滿因 / 204
원조圓照 / 282
원효元曉 / 108
위징偉澄 / 112
『유가사지론』 / 55, 61, 186, 223
『유마힐소설경』 / 45
유식唯識 / 156
『유식삼십론송』 / 210
유유생사有有生死 / 258
유재석有財釋 / 39
유전문 / 221
유지喩指 / 282
육단심 / 123
응득인應得因 / 204
응송應頌 / 79
의리성사문依理成事門 / 177
의명義明 / 282
의주석依主釋 / 39, 119, 130
이공二空 / 146

이구李覯 / 274
이리탈사문以理奪事門 / 174, 178
이사무애理事無礙 / 143, 172
이사무애법계 / 182
『이아』 / 79
이제二諦 / 53
이제중도 / 92
인공人空 / 146
인권引勸 / 112
인연因緣 / 227
인연생사因緣生死 / 258
『인왕경』 / 103
인출불성引出佛性 / 126, 203
일심삼관 / 185, 190
일행삼매一行三昧 / 185

ㅈ

자성주불성自性住佛性 / 126, 203
자인自認 / 282
장열張說 / 270
점교漸敎 / 51
정 공鄭公 / 40, 148, 158, 262, 267, 271
정만균鄭萬鈞 / 269
『정원신역화엄경소』 / 44, 105, 174
정인불성正因佛性 / 103
정잠淨岑 / 282
종밀宗密 / 32, 117
종취宗趣 / 106
『주역』 / 79
『주역약례』 / 49
『주화엄법계관문』 / 169
『중론』 / 45, 71, 95, 197

『중변분별론』 / 195
증발심證發心 / 205
증상연增上緣 / 227
증익방增益謗 / 75
지광智光 / 64, 95, 102
지득과불성至得果佛性 / 127, 203
지례知禮 / 118
지엄智儼 / 147, 164, 166
지업석持業釋 / 130
지의智顗 / 118
지자 / 188, 189
직송直頌 / 79
직심直心 / 95
진리비사문眞理非事門 / 174, 178
진리즉사문眞理卽事門 / 179
집기심集起心 / 123
집시송集施頌 / 79
징관澄觀 / 44, 103

차遮 / 264
차리야遮利夜 / 264
찬익贊翼 / 112
찰나제삼매刹那際三昧 / 44
청연淸演 / 282
체색관體色觀 / 166
추로조鶖鷺鳥 / 162
추자鶖子 / 162
축법태竺法汰 / 64
충탁忠卓 / 282
친광親光 / 118

태백泰伯 / 274
태휘太暉 / 282

풍송諷頌 / 79

학순學淳 / 112
학장學莊 / 282
『해심밀경』 / 61
해행발심解行發心 / 204
행원幸元 / 282
행책行策 / 32
현료반야顯了般若 / 134, 139
현민玄敏 / 282
혜광대정 / 153
혜광삼매慧光三昧 / 137
혜선慧詵 / 271
혜인원慧因院 / 271
화성化城 / 247
『화엄경』 / 31, 51, 55, 95, 100, 210, 220
『화엄경내장문등잡공목』 / 108, 217, 218
『화엄경소』 / 97
『화엄경수소연의초』 / 67
『화엄경탐현기』 / 45, 195, 222
『화엄공목장』 / 100
『화엄법계현경』 / 169, 182, 191

『화엄오교장』 / 100
화합식和合識 / 129
확밀霍密 / 282
환멸문 / 221
환성 지안喚醒志安 / 282
환유幻有 / 60
희론방戲論謗 / 75

한글본 한국불교전서

조·선·출·간·본

조선 1 작법귀감
백파 긍선 | 김두재 옮김 | 신국판 | 336쪽 | 18,000원

조선 2 정토보서
백암 성총 | 김종진 옮김 | 4X6판 | 224쪽 | 12,000원

조선 3 백암정토찬
백암 성총 | 김종진 옮김 | 4X6판 | 156쪽 | 9,000원

조선 4 일본표해록
풍계 현정 | 김상현 옮김 | 4X6판 | 180쪽 | 10,000원

조선 5 기암집
기암 법견 | 이상현 옮김 | 신국판 | 320쪽 | 18,000원

조선 6 운봉선사심성론
운봉 대지 | 이종수 옮김 | 4X6판 | 200쪽 | 12,000원

조선 7 추파집·추파수간
추파 홍유 | 하혜정 옮김 | 신국판 | 340쪽 | 20,000원

조선 8 침굉집
침굉 현변 | 이상현 옮김 | 신국판 | 300쪽 | 17,000원

조선 9 염불보권문
명연 | 정우영·김종진 옮김 | 신국판 | 224쪽 | 13,000원

조선 10 천지명양수륙재의범음산보집
해동사문 지환 | 김두재 옮김 | 신국판 | 636쪽 | 28,000원

조선 11 삼봉집
화악 지탁 | 김재희 옮김 | 신국판 | 260쪽 | 15,000원

조선 12 선문수경
백파 긍선 | 신규탁 옮김 | 신국판 | 180쪽 | 12,000원

조선 13 선문사변만어
초의 의순 | 김영욱 옮김 | 4X6판 | 192쪽 | 11,000원

조선 14 부휴당대사집
부휴 선수 | 이상현 옮김 | 신국판 | 376쪽 | 22,000원

조선 15 무경집
무경 자수 | 김재희 옮김 | 신국판 | 516쪽 | 26,000원

조선 16 무경실중어록
무경 자수 | 성재헌 옮김 | 신국판 | 340쪽 | 20,000원

조선 17 불조진심선격초
무경 자수 | 성재헌 옮김 | 신국판 | 168쪽 | 11,000원

조선 18 선학입문
김대현 | 성재헌 옮김 | 신국판 | 240쪽 | 14,000원

조선 19 사명당대사집
사명 유정 | 이상현 옮김 | 신국판 | 508쪽 | 26,000원

조선 20 송운대사분충서난록
신유한 엮음 | 이상현 옮김 | 신국판 | 324쪽 | 20,000원

조선 21 의룡집
의룡 체훈 | 김석군 옮김 | 신국판 | 296쪽 | 17,000원

조선 22 응운공여대사유망록
응운 공여 | 이대형 옮김 | 신국판 | 350쪽 | 20,000원

조선 23 사경지험기
백암 성총 | 성재헌 옮김 | 신국판 | 248쪽 | 15,000원

조선 24 무용당유고
무용 수연 | 이상현 옮김 | 신국판 | 292쪽 | 17,000원

조선 25 설담집
설담 자우 | 윤찬호 옮김 | 신국판 | 200쪽 | 13,000원

조선 26 동사열전
범해 각안 | 김두재 옮김 | 신국판 | 652쪽 | 30,000원

신·라·출·간·본

신라 1 인왕경소
원측 | 백진순 옮김 | 신국판 | 800쪽 | 35,000원

신라 2 범망경술기
승장 | 한명숙 옮김 | 신국판 | 620쪽 | 28,000원

신라 3 대승기신론내의약탐기
태현 | 박인석 옮김 | 신국판 | 248쪽 | 15,000원

신라 4 해심밀경소 제1 서품
원측 | 백진순 옮김 | 신국판 | 448쪽 | 24,000원

신라 5 해심밀경소 제2 승의제상품
원측 | 백진순 옮김 | 신국판 | 508쪽 | 26,000원

신라 6 해심밀경소 제3 심의식상품 제4 일체법상품
원측 | 백진순 옮김 | 신국판 | 332쪽 | 20,000원

신라 12 무량수경연의술문찬
경흥 | 한명숙 옮김 | 신국판 | 800쪽 | 35,000원

신라 13 범망경보살계본사기 상권
원효 | 한명숙 옮김 | 신국판 | 272쪽 | 17,000원

신라 14 화엄일승성불묘의 (근간)
견등 | 김천학 옮김 | 신국판 | 15,000원

고·려·출·간·본

고려 1 일승법계도원통기
균여 | 최연식 옮김 | 신국판 | 216쪽 | 12,000원

고려 2 원감국사집
충지 | 이상현 옮김 | 신국판 | 480쪽 | 25,000원

고려 3 자비도량참법집해
조구 | 성재헌 옮김 | 신국판 | 696쪽 | 30,000원

고려 4 천태사교의
제관 | 최기표 옮김 | 4×6판 | 168쪽 | 10,000원

고려 5 대각국사집
의천 | 이상현 옮김 | 신국판 | 752쪽 | 32,000원

고려 6 법계도기총수록
저자 미상 | 해주 옮김 | 신국판 | 628쪽 | 30,000원

고려 7 보제존자삼종가
고봉 법장 | 하혜정 옮김 | 4×6판 | 216쪽 | 12,000원

※ 한글본 한국불교전서는 계속 출간됩니다.

석실 명안石室明眼
(1646~1710)

경남 진주 출신. 성은 장씨張氏, 1646년(인조 24)생. 호는 석실石室 또는 설암雪巖, 자는 백우百愚. 부휴 선수浮休善修의 계보를 이어 활약했던 명안은 12세에 출가하여 백암 성총栢庵性聰으로부터 화엄원융華嚴圓融의 뜻을 받았으며, 수선修禪과 홍법弘法에 힘쓰다가 만년에는 서방도량을 결성하여 염불왕생문에 귀의하였다. 유고집으로 『백우수필百愚隨筆』 1권이 있다. 『회편』을 제작한 것은 59세 때인 1705년이며, 입적하는 해인 1710년(숙종 36)에 이르러 지리산 쌍계사에서 출간한다. 명안은 『회편』의 「후서」에서, 『약소』에 대해서는 "환유幻有와 진공眞空을 변론함에 숨고 드러남이 장애가 없고 역관과 순관이 자유로워서 덕을 갖춘 중도가 『반야심경』의 핵심되는 뜻이라 판석한다."라고 하고, 『연주기』에 대해서는 "성性과 상相을 관통하여 융회融會하고 깊은 뜻을 발양하여 『약소』의 뜻을 천명한다."라고 술회한다. 공空과 유有의 상위相違에 대한 화엄적 통합의 사유 가능성을 구현하고 있는 이 두 책의 특성이 명안에게 각별한 매력을 주었던 것이다.

옮긴이 강찬국

1969년생. 연세대 철학과에서 「용수의 공사상 연구」로 석사 과정을, 「삼론학의 방편적 이제설 연구」로 박사 과정을 이수. 현재 울산대 원효전집번역과종합해제 토대연구사업단 연구교수.

증의 및 윤문
김호성(동국대학교 인도철학과 교수)
한명숙(동국대학교 불교학술원 조교수)